高等教育应用型本科人才培养系列教材

U0868956

企业管理咨询与诊断

（第2版）

主　编　杨贵彬　彭尔霞　贾立江
副主编　卢尚坤

哈爾濱工程大學出版社
Harbin Engineering University Press

内容简介

咨询是现代企业提升自身管理水平的重要途径与方法之一，咨询知识与咨询能力也是管理相关专业毕业生所必须掌握的基本技能。本书从企业管理咨询的实践角度出发，以简明实用为基本原则，较为详细地介绍了企业管理咨询与方法、企业管理咨询的成果、企业管理咨询人员的职业要求等基本知识。同时为了突出对管理咨询基本知识的应用和解决企业管理中的实际问题，本书以企业战略管理咨询和人力资源管理咨询为例，给出了具体的咨询过程与方法。

本书在第1版的基础上，对部分内容进行了修订和优化，使之更符合应用型人才培养的需要。

本书既可作为自学考试学生的教材，也可以作为高等职业院校学生及应用型本科学生教材。

图书在版编目(CIP)数据

企业管理咨询与诊断/杨贵彬，彭尔霞，贾立江主编. —2版. —哈尔滨：哈尔滨工程大学出版社，2021. 9
ISBN 978-7-5661-3255-0

Ⅰ. ①企… Ⅱ. ①杨… ②彭… ③贾… Ⅲ. ①企业管理-咨询②企业诊断 Ⅳ. ①F272

中国版本图书馆 CIP 数据核字(2021)第 172570 号

企业管理咨询与诊断(第2版)
QIYE GUANLI ZIXUN YU ZHENDUAN (DI 2 BAN)

选题策划 夏飞洋
责任编辑 夏飞洋
封面设计 刘长友

出版发行 哈尔滨工程大学出版社
社　　址 哈尔滨市南岗区南通大街145号
邮政编码 150001
发行电话 0451-82519328
传　　真 0451-82519699
经　　销 新华书店
印　　刷 哈尔滨石市桥印务有限公司
开　　本 787 mm×1 092 mm　1/16
印　　张 11
字　　数 312千字
版　　次 2021年9月第2版
印　　次 2021年9月第1次印刷
定　　价 39.80元
http://www.hrbeupress.com
E-mail:heupress@hrbeu.edu.cn

第 2 版前言

时光荏苒，距离上一版《企业管理咨询与诊断》出版已经过去 6 年多了。在这期间，随着社会的进步，企业在科技的助力下，得到了空前的发展，企业的管理形式得到了更进一步的完善。企业的快速发展，使企业管理咨询和诊断服务更加重要，所以我们在第 1 版的基础上，根据学生和教师以及其他读者朋友的反馈，哈尔滨商业大学的卢尚坤老师作为副主编对本书的部分内容进行了适当修改，使之更加贴近现代企业发展的管理需求，形成了《企业管理咨询与诊断》第 2 版。

本次修订主要做了以下几项工作。

首先，增加了一些最新的企业管理形式说明，即包括对我国的一些小企业，个体私营企业等的说明。

其次，对一些概述的内容进行删减，增加一些更加实用的企业管理方法内容，以满足职业教育、自学考试学生以及应用型本科学生培养的要求。

最后，根据第 1 版在使用中得到的反馈，以及授课教师提出的宝贵建议进行了修订，在这里对他们一并表示感谢。

本书既可作为自学考试学生的教材，也可以作为高等职业院校学生及应用型本科学生的教材。

编　者

2021 年 6 月

第 1 版前言

从麻省理工学院教授阿瑟·李特于 1886 年在美国波士顿创办了世界上第一家管理咨询公司开始,管理咨询行业得到了快速发展。早期的管理咨询工作主要集中于企业生产组织和经营效率提高等方面,后来随着整个社会生产力水平的不断提高,企业的规模不断扩大,所面临的管理问题越来越复杂,管理咨询服务的领域越来越广泛。1926 年,美国西北大学会计学教授麦肯锡创建了麦肯锡咨询公司,之后一大批国际知名的管理咨询公司相继而生,如波士顿咨询公司、普华永道咨询公司、德勤咨询公司、安永企业咨询公司、罗兰·贝格国际管理咨询公司等,目前麦肯锡咨询公司已经成长为世界最著名的管理咨询公司。

我国的管理咨询业起步较晚,于 20 世纪 80 年代初开始兴起,是伴随着改革开放进程逐渐发展起来的,当时的咨询服务内容和咨询服务水平都相当有限。国外知名管理咨询公司进入我国市场,对我国管理咨询行业起到重大推动和促进作用。1993 年,国际最知名的管理咨询公司麦肯锡咨询公司在上海成立了中国内地第一家办事处;1993 年,埃森哲咨询公司(原安达信咨询)在上海建立分公司,开展中国业务;1994 年,欧洲最大的管理咨询公司——罗兰·贝格国际管理咨询公司进入中国市场。应该说,国外管理咨询公司的服务使我国更多企业逐步认识到了管理咨询的价值,它促使整个管理咨询行业的规模与发展水平上了一个新台阶。2000 年以后,我国本土的管理咨询机构开始崭露头角,很多企业在人才队伍、营业规模、服务能力和服务水平上得到了快速发展,涌现出了一批具有市场竞争力的本土化管理咨询公司。

随着管理咨询行业的不断发展,行业内对咨询专业人才的需求也越来越大。目前,我国对于管理咨询专业人才的培养主要有两个渠道:一是高等学校的学历教育;二是各咨询机构的内部培养。由于我国管理咨询专业人才相对匮乏,企业对相关人才的需求旺盛,因此越来越多的学校开始重视对学生管理咨询专业知识的讲授和咨询能力的培养。本书是针对高等学校管理类相关专业学生普及管理咨询知识而编写的,教材的特色在于简明实用、紧贴实际。本书第一部分咨询理论紧紧围绕着管理咨询活动的实践要求,从咨询整体概述、咨询程序与过程、咨询工具与方法、咨询成果、咨询人才的角度介绍管理咨询的相关理论知识,这些内容都是了解和从事管理咨询工作所必须掌握的知识内容。本书第二部分咨询实务以最常见的企业管理咨询领域——企业战略管理咨询和人力资源管理咨询为代表,介绍了基于不同任务和领域的管理咨询实践。

本书共分七章。第一章绪论,主要介绍了企业管理咨询的含义、业务领域、企业管理咨询的作用、工作原则,并对我国管理咨询行业的发展进行了分析和总结。第二章企业管理咨询的程序与过程,主要从咨询洽谈、调查诊断、正式改善方案形成、改善方案实施、追踪改进等五个阶段分析了每一个阶段的主要工作内容和工作要求。第三章企业管理咨询常用工具与方法,主要介绍了企业管理咨询中常用的调研、问题分析的方法与工具。第四章企业管理咨询成果,主要总结了各类常见咨询报告的写法。第五章企业管理咨询人员的职业要求,主要介绍了管理咨询人员的角色、职业要求、职业认证以及管理咨询人员的培养等相关要求与做法。第六章企业战略管理咨询,主要介绍了企业战略管理的基本知识和战略管理咨询的特点与工作内容，给出了企业战略管理咨询具体的工作程序与步骤，并介绍了适用于企业战略管理咨询不同工作任务的常用工具与方法。第七章企业人力资源管理咨询，主要介绍了企业人力资源管理的基本知识和人力资源管理咨询的任务与作用，给出了企业管理诊断的内容与方法，并从人力资源规划咨询、工作分析咨询、招聘录用咨询、员工培训与开发咨询、员工绩效管理咨询、薪酬管理咨询和职业生涯管理咨询等七个方面介绍了人力资源管理具体各职能的咨询做法。

本书由杨贵彬、彭尔霞、贾立江主编，其中第一、六、七章由杨贵彬编写，第二、三章由彭尔霞编写，第四、五章由贾立江编写，全书由杨贵彬统稿。学生任子瑜、王山、曾晓祺做了资料收集和整理工作。在本书的编写过程中，大量地参考和利用了国内外专家、学者相关文献资料，在此向专家和学者表示衷心的感谢。

由于水平的限制，书中难免有疏漏和不足之处，恳请专家、读者批评指正。

编　者

2014 年 11 月

目　　录

第一编　咨询理论

第二编　咨询实务

第一编　咨询理论

第一章 绪　　论

【本章学习目标】

(1)掌握咨询、管理咨询与管理诊断的含义。
(2)领会管理咨询与管理诊断的区别。
(3)了解管理咨询的业务领域和对企业的作用。
(4)掌握管理咨询的特点与工作原则。
(5)了解我国管理咨询业发展的现状、问题与趋势。

在现在的世界环境中,管理具有普遍意义。每一个组织都需要制定政策,协调各方面的活动,处理与人、财、物、信息等有关的事物,评价群体目标的完成情况。企业管理者在实施管理活动的过程中,可以采用多种管理方法,如行政方法、经济方法、法律方法、教育方法、咨询方法等。其中,咨询方法是指通过向管理者提供决策时可选择的建议和方案的形式来达到管理目的的方法。虽然这种方法我们从表面上看管理者处于被动地位,参谋者处于主动地位,但是其对管理效益起到的作用却是十分重要的。管理咨询已经成为现代企业管理中经常采用的一种方法。

第一节 咨询与管理咨询的含义

一、咨询

咨询活动作为人类的一种社会活动自古有之,它伴随着人类整个发展历程,已有数千年的历史。随着人类科学技术、社会生产力的不断发展,咨询活动经历了由简单到复杂、由个体到群体的发展过程。小至家庭、个人生活,大到一个企业、一个城市,乃至一个国家都需要咨询。目前,咨询业已经逐步走上了社会化与产业化发展的道路。作为咨询业的重要组成部分之一,管理咨询的诞生则是随着经济的发展而产生的,随着管理咨询为政府、企业或个人带来的价值日益增长,管理咨询的发展也促进了整个经济社会的发展,经济社会的发展反过来又促进了管理咨询的发展。

咨询(consultation)意为商讨、协商。在中国古代"咨"和"询"原是两个词,"咨"是商量,"询"是询问,后来逐渐形成一个复合词,具有询问、商议、谋划、商量、磋商、征询等意思。同时咨询也有质疑、磋商、会谈的含义。国外学者从行为学角度出发,将咨询视为一种"介入"和"干预",日本学者则将咨询视为"诊断"。目前,咨询作为一项具有参谋性、服务性的社会活动,已经成为政治、经济、社会活动中辅助决策的重要手段。在社会信息化大潮的推动下,咨询业作为知识经济中的一个朝阳产业得到了飞速发展,其影响力日益渗透到政治、经济、社会生活等各个领域,成为推动社会经济发展的重要因素。

咨询是一个发展中的概念,传统咨询仅限于政治、军事领域,现代咨询已经广泛渗透到社会生活的各个领域。随着人类咨询实践活动的深入发展，咨询定义的内涵不断扩展和延伸，相关研究日益增多，咨询理论逐渐丰富和完善起来。目前学术界对于咨询的定义并未统一，根据卢小宾（2012）的总结，其中比较有代表性的有以下几种：张培德（1982）认为咨询业务是根据用户的需要，提供知识、经验、技术、技能的一种服务行业。它与普通的劳务、代理、中间人等服务有所不同，它以专门的知识和技术为手段，协助用户解决各种复杂问题。国际劳工局（1985）认为咨询在本质上是一项参谋性的服务工作，咨询顾问不是受聘来管理机构或代替处在困窘状态的管理人员做出微妙决定的人，而是提供建议的人。他们的职责是要提出高质量、完善的建议，客户要承担采纳这种建议所产生的一切后果。崔槐青（1986）定义咨询是咨询方（咨询专家或咨询机构）根据委托方（政府机关、社会团体、企事业单位乃至个人等）提出的要求，以专门的知识、信息、技能和经验，运用科学的方法和手段，进行调查、研究、分析、预测、决策，客观地提供最佳的或几种可供选择的方案（或建议、报告等），帮助委托方解决复杂问题的服务。陈翔宇（1994）定义咨询是人们以信息为基础，对信息、情报、资料进行综合加工和创新，为社会有关用户提供各种服务的一项智力活动。柯平（2008）定义咨询是运用知识和智慧，为客户解决问题、改善客户工作系统与环境，并实现某一特定目标的活动。

综合国内学者的研究，本书采用焦玉英、陈远（2009）的定义，即从广义的角度看，咨询是人类不断获取知识和信息求生存的一种本能，这种本能决定了咨询是无处不在的，咨询是人类社会普遍存在的社会现象。从现代咨询进入经济领域看，咨询是一种服务性产业，它以专门的知识、信息、技能和经验，帮助用户解决各种复杂难题，提供解决某一问题的建议或方案，或为领导决策提供参谋性意见。从现代咨询介入管理领域看，它是一项提供与实际管理问题有关的专业化、知识化、技术化的高智力、创造性的科学研究活动。

由上述定义可见，咨询的实现至少包括咨询客体、咨询主体、咨询关系和咨询产品几个基本要素。咨询客体，即咨询的服务对象或咨询的委托者，可以是某一个人或某一个组织。咨询的委托者因在某方面缺乏足够的自信、技能或者有其他考虑时，就会产生向他人请教的需求；咨询主体，即咨询受托者，也可以是一个人或一个组织。通常，咨询主体是在社会中享有较高的智慧、知识信誉的人或群体，或经合法程序建立的机构，咨询主体的最主要特征是具有专门的知识或技能，具有为他人提供咨询的能力。咨询主体是咨询成果的直接生产者，咨询人员的素质、道德修养、知识结构及能力决定着咨询成果的质量。咨询关系，即咨询主体与客体的委托与受托、服务与被服务关系。咨询方与委托方的价值取向决定了现代咨询中的咨询关系，往往表现为正式的经济利益关系，处理该关系的依据是双方签订的合同。合理的咨询支出与收费、合同的法律约束机制是维系咨询双方经济关系的基础，因此咨询就发展为一种有偿的高智能服务业。咨询产品，即咨询主体为客体提供的专门知识和技能的帮助，这种帮助表现为委托者不擅长的专门知识或技能，或经精心策划设计的一个完整的实施方案。

二、管理咨询

关于管理咨询的含义，不同的组织和学者也给出了各自的定义：

美国咨询管理工程师协会（ACME）将管理咨询定义为："管理咨询是由训练有素和经验丰富的人们所提供的一种专业服务，帮助主管人员（经理）辨识和解决社会中各类单位的管理和作业问题，对这些问题提供和推荐切实可行的解决方案，并在必要时帮助实施。这一专业服务聚焦于改进这些单位的管理、作业和经济实绩。”

管理咨询国家协会欧洲联合会(FEACO)认为:“管理咨询是一种有关帮助解决管理问题的独立的顾问服务,包括辨识和调查问题或机会,推荐恰当的行动方案,以及帮助实施这些方案。”国际管理咨询协会理事会(ICMCI)对管理咨询的定义是:“管理咨询是一种对客户所提供的有关管理过程的顾问和帮助服务。”

学术界代表与实业界代表对管理咨询的组合定义是:“管理咨询是由训练有素和资质合格的人们以合约形式向各类组织提供的一种顾问服务。顾问在客观和独立的前提下,帮助客户组织辨识管理问题,分析这些问题,为解决这些问题推荐切实可行的方案,并在被要求时帮助实施这些方案。”

本书采用全国管理咨询师考试教材编写委员会对于管理咨询的定义,即管理咨询(management consulting)是由管理咨询人员根据客户的需求,运用科学的方法,通过深入调查、分析,找出客户在管理中存在的问题及其产生的原因,有针对性地提出科学的、切实可行的解决方案,并指导客户实施方案,提高客户管理绩效的智力服务。

从以上定义可知:

1. 管理咨询是由管理咨询人员和客户共同参与的工作

管理咨询的客体是一个组织,一般为企业。管理咨询通常建立在企业自愿的基础上,帮助企业寻找和解决存在的问题,提出改进的建议。管理咨询人员是拥有国家管理咨询专业机构认证资质或具有系统管理理论和丰富实践经验的、能够通过调查分析找出客户存在问题和原因的、能够向客户提出有针对性的改进意见并帮助实施的人员。客户是希望通过管理咨询来改善和提高管理绩效的企事业单位、社会团体和政府行政部门。没有客户的需求和参与,就不会有管理咨询服务。

2. 管理咨询的内容围绕经营管理展开

管理咨询的过程是管理咨询人员在透彻把握客户的管理问题及其原因之后,提出有效的解决方案并指导实施的过程。管理咨询追求的是对客户的管理问题的把握和解决,并提高客户的绩效。管理咨询以客户组织的经营管理为主体,提出各种优化方案,供领导决策时参考。管理咨询的目的是从根本上提高组织的素质,改善组织的经营管理和运作机制,增强组织系统对特定环境的动态适应能力和竞争能力,提高组织的经济社会效益,保证组织的持续稳定发展。也就是说,管理咨询的服务领域是经营管理,从而区别于其他领域的咨询。

3. 管理咨询是一种高智力的服务型活动

管理咨询不是一般的服务,而是为客户提供管理知识和技能的智力服务。它不同于管理者直接运用自己的知识、智慧来管理运作一个组织(企业),而是弥补管理者自身能力的不足或基于社会分工的需要,为其提供“外脑”帮助与指点,间接实现管理的效能。管理咨询不是中介机构的服务,而是只有“甲方”和“乙方”,没有起中介作用的第三方。

三、管理咨询与管理诊断

在企业管理中,除管理咨询外,管理诊断也是经常出现的一个名词。管理咨询与管理诊断既有区别又有联系,其实质是一个问题的两个方面。

管理咨询与管理诊断之间的区别主要在于:

1. 二者的含义不同

对于企业来讲,管理咨询就是请他人在自己的生产经营上给予忠告性的帮助。管理诊断则是咨询机构或经营顾问，为了完成管理咨询的委托到企业进行调查诊断，帮助企业找出并指导企业解决经营管理上的问题。

2. 二者的资料来源途径不同

管理咨询使用的资料是间接的，咨询机构或咨询顾问根据企业提供的资料，对改善企业的经营管理提出建议；而管理诊断采用的资料是直接的，是诊断者到受诊企业进行实地调查，从而利用所获得的第一手资料分析企业经营过程中存在的问题，并指导企业对提出的问题实施改进。

管理咨询与管理诊断之间的联系在于：管理咨询的核心问题是管理诊断。事实上，在日本，管理咨询被取名为管理诊断。通过这个概念不难理解管理咨询的实质：咨询主体运用自己的专业知识和技术，为用户提供经营管理各个方面的诊断，并开出处方（解决方案），帮助用户尽早解决在发展过程中不可避免要遇到的各类管理问题。

第二节　企业管理咨询的业务领域

企业管理咨询是由具有丰富经营管理知识和经验的专家，深入企业现场，与企业管理人员密切配合，运用各种科学方法，找出经营管理上存在的主要问题，进行定量及定性分析，查明产生问题的原因，提出切实可行的改善方案并指导实施，以谋求企业坚实发展的一种改善企业经营管理的服务活动。

企业管理咨询的主要工作内容有以下三个方面：①帮助企业发现或判断生产经营管理上的主要问题，找出原因，制定切实可行的改善方案；②指导改善方案的实施；③传授经营管理的理论与科学方法，培训企业各级管理干部，从根本上提高企业的素质。管理咨询内容直接涉及管理的全部领域，间接涉及所有层面。

具体来说，企业管理咨询主要包括以下业务领域方面：

1. 企业发展战略咨询

企业发展战略咨询即针对企业发展方向和技术路线开展咨询，找出企业在此方面的薄弱环节，经过调查研究提出各种优化方案。

2. 企业人力资源管理咨询

企业人力资源管理咨询包括劳动组织和定员咨询、工作分析咨询、招聘录用咨询、人才培训开发咨询、薪酬与考核咨询、职业生涯管理咨询等。

3. 企业财务咨询

企业财务咨询包括企业财务管理、资金筹集、资金使用情况、贷款安排、投资计划的实施等咨询。

4. 企业物流管理咨询

企业物流管理咨询的主要任务是分析判断物流是否顺畅，物流管理存在的问题，并提出相应的改善方案。

5. 企业生产管理咨询

企业生产管理咨询包括生产安排、各种规章制度的制定、产品质量检验、产品标准、库存控制等。

6. 企业市场营销咨询

企业市场营销咨询包括与市场有直接和间接关系的一切信息和因素。例如，协助客户调查社会对企业产品的购买力、消费者心理及消费者行为、产品使用情况、销售服务质量、广告效果等。

7. 企业商务咨询

企业商务咨询是指编制出版物,介绍各地投资及商业概况,解答客户问题,举办各种展览、研讨会等。

8. 企业组织设计咨询

企业组织设计咨询是指针对现有组织结构的不足,拟订出改进方案,以达到充分利用企业资源,提高管理效率,实现企业经营目标的目的。

9. 企业文化咨询

企业文化咨询即协助企业明确自身的文化优势和劣势,找到建设优秀企业文化的突破口和切入点,通过培植优秀文化,促使企业经营特色、管理风格的形成和良好人际关系和工作作风的形成。

10. 其他咨询

如信息管理、电子商务、企业并购及业务重组、国际化等方面的咨询、项目可行性研究、税务咨询、资本市场咨询、政策咨询等。

第三节 企业管理咨询的作用

一、为企业客户创造价值

管理咨询的服务对象绝大多数是企业,其终极意义就是为企业客户创造价值。管理咨询对于企业发展的作用主要体现在以下四个方面:

1. 预防与问题诊治

管理咨询项目的直接目的是帮助企业找出或判断生产经营上的主要问题,分析产生这些问题的原因,提出切实可行的改进方案。一般来讲,企业对其自身存在的问题,往往因为身处其中或视角问题而发现得并不及时和不够深入。通过管理咨询的综合诊断,通过"局外人"有可能让客户能够更充分地了解本组织在管理上存在的不足和需要改进的地方,为客户提前消除未来管理上可能出现的问题,起到预防的作用。咨询机构及咨询人员要根据经营目标与现状对比,进行企业经营诊断,找出存在的问题,以便采取措施,对症下药,最终帮助企业解决这些问题。

2. 纠错与方法培育

管理咨询可以帮助客户查清现有的管理问题及其成因,有针对性地提出纠正措施,并协助客户改正,起到纠错的作用。同时,管理咨询可以通过咨询实践来培育企业管理者主动发现问题、认识问题并有效地寻求解决问题的方法。企业可以利用这些方法不断对其管理体系进行审视、优化和创新,提高管理水平。方法培育是一个双向互动的过程,需要咨询机构和企业双方都投入其中,咨询机构要向企业传授管理之道,企业也要主动学习这些理论、方法,进行理解、消化和创新。

3. 管理提升与改善

通过管理咨询可以帮助客户了解与同行业管理先进水平之间的差距,改进、吸收同行业有益的管理方式,改善自身的管理水平。管理咨询可以传授给企业经营管理理论和科学方法，培训各级管理干部，提高企业管理者的管理层次与管理品质，从根本上提高企业素质。同时管理咨询可以帮助客户进行管理创新，使客户提升管理绩效，实现新的管理目标。

4. 理顺棘手的内部关系

从表象上看管理是对组织资源进行规划和调度的过程，而从更深层次上看还涉及权力的配置、利益的协调等问题，并且后者是前者的核心影响因素。权力配置不合理、利益协调不恰当，会从根本上影响组织运行的安全性和效率性。作为组织成员，面对涉及权力以及利益调整分配等方面的棘手问题，往往因关系复杂而使相应管理措施的执行受到阻碍，特别是在一些市场化程度不高的企业和人际关系复杂的非营利性组织内部尤为如此。此时，若及时引进管理咨询专家，就可以通过"外部行家"的行为，将科学的做法或"一把手"的想法体现出来，一方面增强了方案的权威性，便于推行，另一方面可以避免内部纷争的出现，有利于维护组织的安定局面。

二、为有志于从事管理咨询工作的精英提供职业选择

从管理咨询工作人员的角度考虑，管理咨询是一种充分为职业咨询顾问提供个人实现的职业。2001 年，最受美国前 10 所商学院毕业生欢迎的前 10 家雇主中有 6 家是管理咨询公司，首位即麦肯锡。管理咨询因其职业特点不是适合多数人从事的职业，尤其不是多数人可以长期从事的职业，但对于一部分人来说，管理咨询是理想的获得个人提升和个人实现的职业。

从事管理咨询行业是需要持续学习的。管理咨询顾问总是在不停拓展行业的知识与经验，率先接触最新的管理创新模式。每一个咨询项目的操作过程都是学习的经历，始终在一个可以大量接触行业专家的学习环境中。通过持续学习，咨询顾问个人可以获得快速提升。通常的说法是在管理咨询业一年的经验大致可抵上企业经理人三年的积累。如果个人相信自身的知识与经验的价值，而且具有强烈的意愿或责任感要去影响他人或整个商业社会，管理咨询就成了理想的职业。

三、通过咨询对象绩效的提升来推动经济社会进步

管理咨询行业的总体价值是所有管理咨询项目的价值的总和，这是一个相当大的数字。几乎全球500强企业在他们的发展历程中都曾经融合进管理咨询的价值。当前经济社会中普遍采纳的管理实施最初很多都来源于管理咨询业或缘于咨询业的推动，如业务组合的矩阵分析、平衡计分卡、价值链模式等。

第四节　企业管理咨询的特点与工作原则

一、企业管理咨询的特点

企业管理咨询不同于一般的科学研究活动，它不直接从事某一门学科的理论与实验研究，也不检验现今思想和行动所依据的学说和原理是否符合客观规律，而是有效地利用社会上各学科专家所拥有的知识，尤其是运用管理学的理论和方法去解决企业经营发展过程中存在的问题的一种实践活动，其最终的活动成果是为决策提供选择的方案或建议。企业管理咨询具有如下的特点：

1. 科学性

管理咨询不能主观臆断,感情用事,必须本着科学的态度,运用科学的方法来调查、分析与研究问题,总结与发现事物运行的内在规律。科学性是管理咨询赖以生存的根本。管理咨询的科学性体现在三个方面:其一,整个咨询过程遵循现代管理科学和其他相关学科的基本原理;其二,管理咨询的调查、研判过程符合由表及里、去伪存真、由局部到全局的事物认识过程;其三,管理咨询的过程,也是宣传管理科学理论与方法的过程,管理咨询解决方案讲求“一把钥匙开一把锁”的专业原则。

2. 知识性

管理咨询师作为有专业特长的专家,其首要具备的是要拥有和掌握专门的知识,依靠转让知识向委托人服务。因此,管理咨询业是典型的知识密集型产业,表现为它是精通各种专门知识的集合体,以提供知识产品为服务内容。

3. 创新性

创新性是管理咨询的生命力和活力源泉,管理咨询工作要经过周密的思考、高谋略的策划才能完成,从而要超越前人,打破现状,要体现管理创新,以创造性思维来谋求切实可行的改革方案。首先,解决方案的创新。管理咨询人员从管理理念、管理体制和机制、管理方法等多层次、多角度提出有利于客户提高管理绩效的方案。其次,诊断方法创新。管理咨询人员在提供管理咨询服务时,不断地运用新的思维方式、新的观点去观察新的客户,采用不同的方法和工具分析其存在的问题及原因,以科学和创新的精神设计切实可行又有所突破的咨询方案。

4. 有效性

有效性是管理咨询存在的基础和前提。管理咨询人员为客户所提供的管理咨询方案,应确保其质量,保证可操作,且必须能够产生实效。咨询的结论要有科学依据,咨询的效果要经得起实践的检验。

5. 独立性

管理咨询人员应该客观、中立地看待和思考客户存在的问题,并提出自己的独立见解。管理咨询人员的这些见解,是依据深入调研、科学分析得出的结论,不应受企业领导的意见或职工的情绪所左右,更不应受企业外力的作用而改变,以独立的立场、科学的态度进行咨询,否则就会使咨询失去客观性,进而失去其实际意义。

6. 合作性

管理咨询必须以委托人愿意委托、受托人愿意(能够)提供咨询为前提,每一项咨询业务契约的建立,都是双向选择的结果。在整个咨询过程中,各类管理咨询人员要组成咨询项目组一起合作完成工作。一方面咨询项目组成员之间必须紧密合作,才能发挥各自专长,形成团队力量;另一方面咨询项目组和客户之间要保持密切配合,相互沟通,相互信任。保持良好的合作性,是管理咨询项目取得成功的必要条件,也是对每名管理咨询人员的基本要求。

7. 长期性

管理咨询活动,无论是过程还是效果的显现都是长期性的。原因在于:其一,管理咨询项目的运作周期短则数月,长则可达数年;其二,管理咨询机构对客户的服务是一项长期性的工作,在为客户提供咨询方案后,咨询机构还要对客户保持长期的跟踪服务,以保证咨询方案的落实效果;其三,管理咨询效果的显现也具有长期性,这是由于管理咨询方案一般都是针对企业战略与管理问题提出的建议，而对这些涉及企业管理根本的大问题的整改工作不是一朝一夕就能到位的，需要客户长期坚持和努力才能真正奏效。

8. 有偿性

当管理咨询作为一种产业来运作时，就要使知识由“无价”转为“有价”，实行有偿服务。但咨询业“产品”的无形性和不可比的性质，使其定价有相当的难度。咨询的价格通常考虑咨询机构的信誉、咨询方案的未来收益性等因素，由咨询双方协商确定。

二、企业管理咨询的工作原则

开展企业管理咨询工作，应遵循以下原则：

1. 以内涵式发展为主的原则

在实现从粗放型经济增长方式向集约型经济增长方式转变的过程中，管理咨询必须坚持以内涵增长为主的原则，针对企业现状和实际存在的问题，提出切实可行的改进方案，充分利用企业现有的人、财、物等条件，使企业以最小的耗费生产出适销对路的产品，取得更大效益。

2. 坚持深入调查、时间短、见效快原则

管理咨询人员必须亲自调查、亲自测试、亲自分析各种数据，在短时间内找准企业管理问题的要害，做出有说服力的判断并提出改进方案。

3. 坚持企业自愿原则

管理咨询是面向企业、为企业服务的，必须坚持企业自愿的原则。企业提出申请后，由咨询组织选派咨询人员或小组进驻客户企业调查研究，与客户共同商讨、研究课题。咨询人员要与企业通力合作找准问题点，要考虑企业的实际情况，与企业协商拟定改进建议，方案不能强加于人。若双方产生分歧，应耐心地用科学的论证说服对方，用事实说话，调动企业对实施改革方案的积极性。没有企业的自愿配合，管理咨询不可能得到有效的成果。

4. 坚持群众广泛参与原则

管理咨询过程始终都要注意走群众路线，要同企业的领导和员工融洽相处。咨询人员进厂调查、现场观测、研究分析、制定改进方案等，都要与企业领导和员工沟通、交流，尊重他们的意见，引导他们理解和支持改进方案及其实施。

5. 坚持咨询与培训相结合的原则

咨询人员了解被咨询企业管理上存在的问题后，有针对性地举办管理讲座，使企业管理人员从中学到科学管理的方法。一般情况下，咨询报告会以后，咨询人员仍留在客户企业举办适量讲座，讲授现代化的管理知识，指导改进方案的实施，从根本上提高企业管理干部的素质，为企业培养管理骨干。

第五节　我国管理咨询业的发展

一、我国管理咨询业发展的过程与现状

现代科学、技术、经济和生产力的高速发展，使得一些有关科学、经济、社会的重大决策问题的复杂程度远远超出了任何管理者个人的智慧和才能的范围。问题的解决需要跨学科、跨行业，组织各方面的专家，利用集体的智慧，运用自然科学和社会科学各个领域的知

识，进行系统分析和综合研究，才能提出满意的方案，做出科学的决策，现代咨询业正是在这种背景下产生的。

咨询业务包含的范围十分广泛，如技术咨询、政策咨询、工程咨询、管理咨询和各种专业咨询等，其中管理咨询的发展速度最快，约占咨询业总数的三分之一。西方发达国家把管理咨询作为经济领域的重要产业予以扶持。在社会需求和政府鼓励的双重力量驱动下，大量的咨询机构相继出现，这些机构的最大特点是，它们本身不直接从事科学技术的理论与实验研究，而是靠专家运用自己的知识、智力、经验、阅历，探索科技、经济、社会发展中的各种问题，为决策提供预测、规划、协调、管理方案或建议，因此，被人们称为“智囊团”“思想库”和软科学组织机构。

从根本上来讲，管理咨询的发源地是英国、美国。咨询行业是19世纪后期和20世纪早期的美国先驱以及20世纪20年代之后的英国管理思想家和商人建立起来的。现代管理学的产生至今仅仅有100余年，而管理咨询工作的出现要远远晚于管理学的产生。因此管理咨询业是一门年轻的学科，而我国管理咨询业发展的时间则更短。我国自20世纪80年代开始，由中国企业管理协会牵头，在全国范围内通过“派出去，请进来”的办法学习与引进国外企业管理咨询的理论和方法，结合中国的国情及企业的实际，开展管理咨询。根据国内学者的研究与归纳，我国咨询业在发展过程中经历了如下几个阶段：

1. 初创阶段(20世纪70年代末至80年代初)

中共十一届三中全会确定了全党工作重点的转移，科学技术为国民经济建设服务被提到议事日程上来，广大科技人员在做好各自岗位工作之余，积极参与对国家“四化”建设有益的各种活动。1978年，中国科协首次创办内部刊物《科技工作者建设》，为科技工作者向政府提供咨询建议开辟了园地。该刊在最初创办的3年内，共刊载科技人员提供的重要咨询建议600余条，内容涉及工业、农业、交通、城市建设、环境保护、医疗卫生、自然资源、人才培训、科技政策等方面，其中的许多建议被各级政府采纳。

2. 稳定发展和壮大阶段(20世纪80年代至90年代中期)

1982年之后，中共中央和国家政府部门及中国科协系统制定了一系列有关咨询事业发展的指令性文件。如中国科协(84)科协发资字246号文件《关于科协系统咨询工作改革的几点意见》，国务院〔1985〕20号关于《完善咨询服务系统，赋予有资格的咨询公司以法律地位》的文件，1986年中国科协和财政部联合颁发的089号文件等。这些文件对咨询业管理中的收费及分配等政策问题做了具体规定。

在国家各项政策与法令的扶持下，各地咨询机构开展了内容广泛、形式多样的咨询服务活动，如对地区经济发展政策、调整改革的方向提供咨询建议；对资源的综合开发和利用、城市建设、环境保护进行考察和可行性论证；组织技术转移、技术转让活动；为工矿企业技术攻关和技术诊断提供服务；为企业经营管理提供建议；指导农业生产；组织生产承包；组织人才培训等。至此，在全国范围内形成了一个多系统、多类型、多层次的科技咨询队伍，1984年以后形成了以科技市场为主体的高潮。据当时统计，全国地、市以上科技市场已达1 100多个，各部委有140多个，1985年科技系统咨询机构达到12 000多家。1992年北京市认定登记的技术咨询合同总金额已超过2.4亿元。经过1989年的治理整顿，咨询从业人员的知识结构更加趋于合理，大学本科以上学历、专家、教授的比例明显上升，人员整体素质有了一定提高。除了官方和半官方咨询机构之外，还出现了一批民营咨询机构。

随着咨询业的稳步发展，参与咨询服务的人数有了大幅度增加。截至1994年底的统计数据显视，全国经工商注册的咨询企业和机构有4万多家，从业人员近200万人。仅北京市1994年就达到了2 000家，从业人员4万人。咨询业作为第三产业的一个重要组成部分，也实现了自身的经济价值。据北京市第二次第三产业普查表明，1992年与1985年相比较，咨询业的增加值、固定资产原值、实现利税指标年增长率分别达到56.6%，50.7%，59.7%，大大高于第三产业同期年平均增长水平。从技术市场发展情况看，1993年北京地区技术咨询合同成交额比1992年增长了20.86%，平均合同金额达10.04万元。与此同时，各种类型的咨询呈现出多元化发展态势。1993年年底上海市在市科委登记的597家独立咨询机构中，除262家科技咨询企业外，工程咨询企业89家，经济咨询企业108家，社会咨询、管理咨询、涉外咨询、决策咨询、法律咨询等企业纷纷登场。到20世纪90年代末，上海的咨询机构已发展到6 800多家，从业人员达11.7万余人，先后完成咨询项目12万多项，年咨询收入超过11.6亿元。

3. 巩固、提高阶段（20世纪90年代末以来）

咨询业在我国是一项新兴的事业，在科学决策和经济建设中发挥着越来越重要的作用，但尚缺少经验。为了提高咨询的整体水平，国家科委政策法规司与中国科协咨询中心于20世纪90年代之后，召开了多次全国性咨询工作研讨会，从理论和实践两方面总结了我国科技咨询工作领域的主要经验。提出了抓好咨询机构和咨询队伍建设，重视决策咨询、战略咨询研究等具体建议与措施，为咨询步入正规化发展轨道提供了理论依据。

4. 向管理咨询发展阶段（2000年以来）

在改革开放初期，聘请外来专家咨询的主要目的是解决企业发展中的技术革新问题，因此当时的科技咨询发展较快。随着市场体系的逐步完善，影响企业成败的因素转向了核心竞争力，企业的竞争越来越成为“综合素质”的竞争，而这种综合素质竞争的基础是完善的管理体系支撑。竞争力的提高主要依靠最佳的管理水平、管理人才、管理咨询与谋略。当大量的企业感觉到这一点之后，便自然产生了对管理咨询的需求。国际管理咨询机构价格高不可攀，本土咨询机构又名不见经传，于是一些先知先觉的企业想到了高校，尤其是以清华大学、北京大学为主的国内一流高校，院校咨询应运而生，管理咨询遇到了难得的发展机遇。

最早成立的本土管理咨询机构大体可以分为五种情况：第一种是依托院校咨询成立的；第二种是由那些在国际管理咨询机构积累了经验与工具、方法的咨询顾问自主成立的；第三种是从原来的策划机构转过来的；第四种是原来在政府或者科研机构从事软科学研究的人员成立的；第五种是因拥有客户资源或者相应社会关系而成立的。

最新的统计显示，截至目前，全国注册登记的管理咨询机构已经达到1.1万多家，专职管理咨询人员20余万人。目前，我国管理咨询行业一批规模较大、资质和信誉较好的管理咨询机构已逐步成长起来，在推动广大企业转型升级、提高经营管理水平、促进我国经济发展方面发挥了重要作用。

二、我国管理咨询业发展存在的问题

中国的管理咨询业发展到今天，已经取得了巨大的成绩，同时也存在很多方面的不足。如前所述，由于中国企业管理咨询起步较晚，加之企业管理者对管理咨询工作的重要性和必要性认识不足，造成管理咨询市场较窄、行业整体水平不高，与欧美等管理咨询发达国家之间存在一定的差距，主要体现在以下四个方面。

1. 管理咨询行业进入门槛低，缺乏有效监管

目前我国管理咨询行业政策法规不健全，缺乏统一的行业标准和有效的行业监督机构。美国法律对咨询程序有严格的规定，以确保咨询结果的科学性。如果在执行咨询合同过程中出现技术、数据、方法、推论等错误，咨询机构要承担法律责任，并按法律裁决赔偿经济损失。为保证咨询从业人员的素质，美国政府在工程、技术、医疗、法律、会计等咨询领域规定了执业准入资格标准，凡欲要获取执业资格者，要通过严格的考试和资格审查及注册登记程序。与国外成熟的管理咨询业法律规范体系相比较，我国至今没有出台管理咨询行业的专门法律，没有一部通过咨询立法强化咨询业地位与服务质量的咨询法，我国管理咨询业总体上仍处于不规范的发展过程之中。

2. 咨询机构服务水平和核心能力不足

由于我国管理咨询行业进入门槛较低，加之缺乏明确的法规制度规范，使得国内的管理咨询机构在服务能力和服务水平上都无法与国外大公司相比。很多管理咨询服务人员缺乏系统性的理论或者缺乏实际的企业管理经验，导致他们的管理咨询水平不高。由于进入门槛较低，国内管理咨询行业鱼龙混杂，一些公司把主要精力放在了发展业务上，从而忽视了企业的内部管理，致使很多管理咨询公司自己内部的管理较混乱，多数公司还没有建立规范的企业管理制度，结构松散，组织随意性强，不具备团队上的优势。当公司规模比较小的时候有些业务还可以勉强应付，一旦公司规模扩大，业务增多，各种矛盾逐渐暴露出来，经营的风险增加，竞争优势逐步丧失。在实际操作中，多数咨询活动缺乏针对性和创造性，方法简单粗糙，缺乏科学性，做出的咨询方案实用性差。在方案的实施过程中，往往缺乏后续的支持和指导，使方案的效果大打折扣。

3. 中西方文化及实际情况的差异，影响先进管理咨询理念的引入

管理咨询行业起源于西方发达国家，国外的一些管理咨询公司规模较大，管理体制较健全，咨询过程比较规范科学。但是由于国外一些先进管理咨询理论和经验的形成与发挥作用有其特定的背景和条件，若将国外的先进理论及经验生搬硬套地用于国内企业，而不注重与具体实际相融合，那么可能会收效甚微甚至会适得其反。目前国内管理咨询企业在咨询过程中，大量存在着教条主义生搬硬套现象，能自主进行咨询服务和咨询产品开发的公司甚少。

4. 管理咨询业缺乏有效的信息资源支持

信息是咨询行业发展的根本与核心，咨询产业从本质上讲就是对信息进行提取、传递、分析、处理和使用的过程。没有充足而准确的信息资源，咨询行业也就成了无源之水。一家咨询公司在一个区域市场的实力主要表现在数据积累、从业经验和咨询技术三方面。当前，我国管理咨询公司的数据库建设不容乐观，主要存在以下几方面问题：

(1)信息资源总量匮乏

主要是缺乏历史数据和最新数据，缺乏丰富的后台案例库支持。由于信息资源尚不完备，严重影响了对信息的加工、处理以及咨询质量。

(2)行业间缺少交流和沟通

共享数据库始终没有建立起来，资源利用率较低，没有充分做到信息资源的共享。

(3)信息资源质量普遍不高

主要反映在统计数据的口径混乱，信息失真现象比较严重。

(4)咨询业专业化程度低

每个咨询公司的业务都几乎包罗了管理中的所有问题，也几乎包容了由传统产业到高新技术产业的每个行业。因此，关于行业数据库、专项职能数据库等海量知识也就无法系统有效地存储、维护和使用。

三、我国管理咨询业发展的未来趋势

中国管理咨询业未来的发展趋势如下：

1. 大型化与专业化必选其一

激烈的市场竞争要求咨询机构要建立自己的品牌内涵，或者具有规模优势，能够为客户提供从战略到操作各层面的系统性解决方案；或者具有专业优势，能够为某一行业的客户或某一咨询专业领域提供深度咨询服务。既不专业也无规模的咨询机构将很难生存。

2. 管理研究与运作研究的地位越来越重要

中国管理咨询业是否有能力以现代管理理论为基础，结合中国企业运营与管理的实际情况进行管理研究，将在很大程度上影响咨询机构对客户的服务能力和对咨询师的吸引能力。同样，如何在中国市场开展管理咨询业务，如何加强对咨询业务的管理与监督，也是每个咨询机构需要面对的问题。这两方面的研究能力和研究成果对咨询机构的影响会越来越大。

3. 信息化咨询与信息化手段对传统咨询的渗透成为必然

一方面，企业信息化是大势所趋，信息化咨询在整个管理咨询中的比重将越来越大；另一方面，传统管理咨询的运作与实施越来越离不开各种信息化管理手段的支持。在客户越来越重视方案实施的背景下，利用信息化管理手段将传统管理咨询的内容固化下来供使用的情况越来越多。

4. 稳定有效的治理结构与内部管理机制成为咨询机构持续发展的基础

管理咨询机构在发展初期往往存在“医者不自医”的现象，治理结构不清晰、内部管理混乱等情况较为常见，这极大地影响了咨询机构的长远稳定发展。因此，建立稳定有效的治理结构，通过引入职业经理人、内部咨询等方式，不断改善和提高自身的管理水平，是未来咨询机构持续发展的基础。

【本章主要知识点】

本章是全书的绪论，通过本章的学习，要对企业管理咨询形成初步认识：

(1)本章在对咨询定义进行整理和归纳的基础上，分析了咨询所包括的4个基本要素，即咨询客体、咨询主体、咨询关系和咨询产品。

(2)本章给出了管理咨询的定义并提出管理咨询是由管理咨询人员和客户共同参与的工作，管理咨询的内容围绕经营管理展开，管理咨询是一种高智力的服务型活动。

(3)管理咨询与管理诊断之间既有联系又有区别，二者之间的联系在于管理咨询的核心问题就是管理诊断；二者的区别在于各自含义不同、二者的资料来源途径不同。

(4)企业管理咨询的主要工作内容是帮助企业发现或判断生产经营管理上的主要问题，找出原因，制订切实可行的改善方案；指导改善方案的实施；传授经营管理的理论与科学方法，培训企业各级管理干部，从根本上提高企业的素质。管理咨询内容直接涉及管理的全部领域，间接涉及所有层面。在具体的咨询实践中，包括企业战略管理咨询、人力资源管理咨询等多个方面。

(5)企业管理咨询的作用在于为企业客户创造价值,为有志于从事管理咨询工作的精英提供职业选择,通过咨询对象绩效的提升来推动经济社会进步。

(6)企业管理咨询工作特点有科学性、知识性、创新性、有效性、独立性、合作性、长期性和有偿性。

(7)企业管理咨询工作应坚持的原则:以内涵式发展为主原则;深入调查、时间短、见效快原则;企业自愿原则;群众广泛参与原则;咨询与培训相结合的原则。

(8)我国管理咨询业发展大致经历了 4 个阶段,目前仍然存在着诸多问题,未来的发展将向大型化、专业化、注重管理与运作研究、更加注重信息化手段、更加注重咨询机构自身的治理结构与内部管理机制建设的方向发展。

【复习与思考】

1. 什么是管理咨询？管理咨询与管理诊断有哪些区别与联系？
2. 管理咨询对于咨询企业有什么样的意义？
3. 企业管理咨询的特点有哪些？
4. 企业管理咨询应坚持什么样的工作原则？
5. 我国管理咨询业发展存在的主要问题和发展趋势有哪些？

第二章　企业管理咨询的程序与过程

【本章学习目标】

(1)了解企业管理咨询的程序与过程,对整个咨询工作形成整体认识。
(2)掌握咨询洽谈阶段具体的工作步骤和工作要点。
(3)熟悉咨询预备调查的主要任务和基本过程。
(4)掌握项目建议书的主要内容和编写要求。
(5)了解管理咨询项目招标的一般过程和咨询合同的主要内容。
(6)熟悉咨询调研分析的工作步骤。
(7)掌握诊断报告的主要内容。
(8)领会咨询改善方案的质量要求。
(9)了解咨询机构在改善方案实施阶段的主要工作任务。
(10)熟悉管理咨询项目总结与评价的主要内容。

在咨询活动过程中,为了达成双方合作和实现咨询目标,咨询主体和咨询客体之间往往需要多次交流与接触,逐步明确咨询活动过程中的事项,不断进行信息交流,这些活动就是咨询过程中的工作程序。随着企业管理咨询实践的深入发展,不同的管理咨询机构都在不断总结和归纳企业管理咨询的基本程序与过程。企业管理咨询程序是指开展管理咨询活动所必须经历的若干工作环节及其相互关系,包括工作阶段划分、工作内容安排及工作方法选择等,它反映了整个咨询过程中各阶段的工作内容、方法及其相互关系。对于管理咨询机构而言,明确管理咨询的基本程序,对于成功开展咨询工作具有重要意义。从咨询活动开始到咨询活动完全结束,根据活动的进度和阶段性成果,咨询活动可以分为多个阶段。虽然目前关于企业管理咨询过程应包含哪些阶段的说法并未完全统一,但是各种划分大同小异。

国际劳工局在其第四版《管理咨询专业指南》中将管理咨询的业务过程分成五个阶段,即准备、诊断、行动规划、实施和结束。然而,咨询活动有大小、难易之分,不能认为所有的咨询活动都按照一个模式安排,要从实际出发,根据咨询对象和内容的不同而有所不同。不过,人们从长期咨询实践中总结出来的一些基本步骤是任何咨询活动都必须参照或遵循的。

咨询程序是一个连续、动态的过程。阶段的划分主要是为了能够相对清晰地理解这个程序。在实际工作中,咨询程序各阶段有时是很难严格区分的,有时还存在前后阶段反复循环,有时同一项工作内容在不同阶段都存在,有时有些阶段甚至可以省略。因此,咨询阶段的划分在咨询实践中是相对灵活的。本书采用的是五个阶段划分,即咨询洽谈阶段、调查诊断阶段、正式改善方案形成阶段、改善方案实施阶段和追踪改进阶段。

第一节 咨询洽谈阶段

咨询洽谈阶段是企业管理咨询的第一阶段，是从企业提出咨询需求开始，经过咨询机构和企业的相互了解、洽谈，直至签订管理咨询服务合同为止的全过程。业务洽谈阶段是整个管理咨询活动的起始阶段，是正式开展咨询活动的前奏。咨询洽谈阶段是咨询人员和客户双方彼此了解的开端，管理咨询机构的主要任务是在短暂的交谈过程中初步了解企业的需求和基本情况，同时也要让企业了解管理咨询机构的特长和能力，树立咨询组织形象，并与企业建立良好互动关系，争取企业信任，签订管理咨询服务合同。为此，咨询人员必须认真做好洽谈的准备工作，并在交流中运用恰当的交流方式和方法。这项工作一般应由经验丰富、有一定权威的管理咨询师承担。

根据全国管理咨询师考试教材编写委员会的界定，咨询洽谈阶段具体的工作步骤和工作要点如表 2. 1 所示。

表 2. 1 咨询洽谈阶段具体的工作步骤和工作要点

<table>
<tr><th>工作步骤</th><th>工作内容和要点</th></tr>
<tr><td>1. 获取咨询需求信息</td><td>(1)商业洞察力，抓住机会；
(2)启发、了解委托方的咨询需求</td></tr>
<tr><td>2. 初步洽谈</td><td rowspan="4">(1)详细了解企业需求；
(2)准确把握企业一把手的要求；
(3)查阅、统计、分析企业的基础资料；
(4)准确判断、系统把握企业的需求；
(5)编写“打动客户”的咨询项目建议书；
(6)向企业展示项目建议书和咨询能力</td></tr>
<tr><td>3. 预备调查</td></tr>
<tr><td>4. 拟定项目建议书</td></tr>
<tr><td>5. 展示咨询机构实力</td></tr>
<tr><td>6. 商务洽谈</td><td rowspan="2">(1)确定咨询合同内容，明确双方责任、权利、费用与支付方式、争议处理、保密条款、咨询组成员等；
(2)签订正式的咨询合同</td></tr>
<tr><td>7. 签订咨询合同</td></tr>
</table>

一、获取咨询需求信息

获取咨询需求信息是所有咨询机构开展咨询服务的第一步，如何获取数量更多、质量更高的咨询需求信息是咨询机构市场竞争的开始。一般来讲，咨询需求信息的主要来源有以下五个方面。

1. 网络

咨询客体通过网络搜索了解管理咨询机构信息，并与管理咨询机构建立初步联系是当前最常见的一种咨询需求信息来源。这就要求管理咨询机构不断对自己的网站和网络搜索结果进行优化，以吸引那些潜在的客户。

2. 培训与会议

通过组织或参与管理培训及相关各类会议，使企业在需求信息产生之前，能够对管理咨询机构有所了解和信任，这是咨询需求信息的重要来源。相比网络信息来源，通过该渠道得来的信息的真实性与有效性更强。

3. 书籍与文章

通过将自身的知识储备以书籍、报刊文章等方式予以发表，并对客户产生帮助，使客户对管理咨询机构产生信任，这已经成为有效咨询需求信息的重要来源。

4. 合作伙伴

通过与培训机构、管理软件供应商、会计师事务所、行业管理机构等组织建立合作伙伴关系，在这些机构为企业提供服务时捕捉企业由此产生的咨询需求，也是非常重要的信息来源。在这种方式下获得的信息将得到合作伙伴强有力的支持。

5. 老客户

为企业提供优质的管理咨询服务，与企业中高层管理人员建立良好的关系，在企业产生新的咨询需求时将会得到后续项目需求信息。由于此前已经建立了良好的合作关系，该类信息对管理咨询机构的价值最大。

二、初步洽谈

初步洽谈是管理咨询机构获取需求信息后与企业的初步交流。交流的方式可能是管理咨询人员拜访企业，也可能是邀请企业人员来访，还有可能完全通过电话、邮件等远程沟通方式进行。

1. 初步洽谈前的准备

咨询主体在获取企业初步的需求信息后，应该通过一定的方式对拟洽谈的企业进行了解，确定项目谈判的负责人及支持小组，做好初步洽谈前的准备。咨询机构可以通过网络、报刊等渠道了解拟洽谈企业的基本信息，根据其咨询需求信息、所在行业领域等安排合适的管理咨询人员以电话、网络等方式进一步了解企业的咨询需求，并与企业就咨询需求、下一步工作进行前期沟通与了解。

2. 初步洽谈的主要内容

在初步洽谈过程中，既可以是咨询客体首先向咨询主体介绍本企业的基本情况、企业咨询需求产生的原因与背景、企业希望咨询的内容和想要达到的目的，也可以是咨询机构首先向咨询客体介绍管理咨询的程序、方法、本机构的基本情况、专长和业绩等。在明确企业初步咨询意向后，双方应就下一步工作，包括资料的提供、下次的洽谈或预备调查等达成一致，以利于咨询项目的推进。

3. 初步洽谈应注意的事项

通过初步洽谈应判断清楚企业的意图，对企业的需求因势利导。初步洽谈一般是从企业对管理咨询和咨询机构的了解入手进行的，企业的咨询需求意向是在逐步深入交流中提出来的，管理咨询机构不宜操之过急。初步洽谈的结果是希望企业能够提供更加详细的资料，最好能进行预备调查。如果首次洽谈没有就预备调查达成一致，仍应与企业保持良好关系，以便在适当的时候可以继续与之联系。此外还要注意对初步洽谈内容进行专门的记录。

三、预备调查

预备调查是项目洽谈中很重要的一个环节，能够有效地提高咨询项目洽谈的成功率。

1. 预备调查的主要任务

预备调查的目的并不是提出解决问题的措施,而是确定和规划咨询任务或项目,判定咨询项目应解决的主要问题,把握咨询项目的范围和质量要求,了解客户进行变革和有效解决问题的潜力,为顺利进行项目洽谈铺平道路。预备调查的结果是为拟定项目建议书提供充足的依据。

2. 预备调查的基本过程

(1)和企业的领导或主管领导沟通见面

此阶段管理咨询人员需根据企业对管理咨询和本管理咨询机构的了解程度和疑虑,对本机构和咨询业绩承诺等做适当介绍,树立自身形象。管理咨询人员应尽可能多地从企业领导那里了解咨询所需要的信息。根据会面实际情况,适当交流一些企业感兴趣的其他问题。

(2)现场参观

对于初次接触的企业,管理咨询人员可以通过现场参观的方式建立对企业的感性认识,初步了解企业的生产过程、业务流程和员工精神状态,感受企业的管理水平。在征得企业同意的基础上,管理咨询机构应与企业共同确定参观的范围。

(3)收集必要的资料

在可能的情况下,应尽量多地收集企业内部资料,包括企业介绍资料、企业历史、企业战略规划、以往年度工作报告、各项规章制度、企业经营报表等。当然,由于还处在项目洽谈的前期阶段,且尚未与企业签订服务合同与保密协议,企业很难提供深入详细的经营管理信息。同时为避免企业产生不必要的疑虑,也不宜在此阶段要求企业提供过多过细的资料。

(4)询问调查

此阶段管理咨询人员应了解企业的组织机构、运营现状、员工感受、企业自身对问题的看法等。同时要沟通与咨询内容相关的其他问题,如所涉及的工作目前开展状况等。

(5)信息的汇总、整理与分析

通过对预备调查中所得信息资料的整理分析,管理咨询人员应对咨询需求进行判定,如企业希望进行咨询的项目是否真实存在、项目的重要性和难易度、本咨询机构是否接受该咨询项目、咨询安排及报价等。

3. 预备调查中的注意事项

(1)管理咨询人员应具备较为全面的知识

根据预备调查的过程和任务,调查人员需要根据短时间的调查资料,对企业管理中存在的问题做出准确的判断,因此参与调查的主要人员应具有管理领域全面的知识和丰富的管理咨询实践经验。

(2)管理咨询人员要基于事实做判断

管理咨询人员在调查中应注意收集事实,尽量不要收集观点。只有在事实的基础上,运用系统的管理理论和观念以及科学的分析方法得出的结论,才是可靠和令人信服的。管理咨询人员要运用系统的管理理论以及科学的分析方法,透过现象看本质,做出对问题的判断。

(3)应妥善保存预备调查的资料

预备调查得到的信息资料很宝贵,不宜交给企业,应系统地整理并在咨询机构保存。

四、拟定项目建议书

项目建议书是咨询机构在对企业进行预备调查之后，向企业说明其存在的问题、咨询项目的内容、解决问题的思路和框架，以说服企业向咨询机构委托咨询项目的书面材料。

1. 项目建议书的主要内容

项目建议书的内容一般包括 7 个方面，如表 2.2 所示。

表 2.2　项目建议书的主要内容

项目建议书结构	具体内容
项目背景和目的	指企业提出咨询需求的内外环境和咨询要达到的目的
企业面临的问题	用事实和数据表述出企业存在的问题并作必要的解释；证明问题存在；阐述问题的重要性、紧迫性、难易度等
解决客户问题的思路和方法	结合企业的实际问题，简单明了提出解决问题的技术思路与方法，体现咨询机构的能力与专业性
项目内容和成果描述	指出项目所包括的具体内容和边界，项目完成后的具体咨询结果以及每一类工作成果以何种方式体现和提交
项目时间进程、初步计划和费用预算	界定项目的周期，具体包括工作步骤、工作顺序与衔接、每个步骤所需时间、项目主要里程碑、项目收费的预算等
项目组构成与分工	项目组人员构成，项目总监和项目经理等核心成员的介绍
管理咨询机构简介	一般包括管理咨询机构资质、公司背景、专业强项和成功案例介绍等

从上述内容结构可以看出，虽然因咨询项目的差别，项目建议书内容会有所不同，但是一个合格的企业管理咨询项目建议书应该向客户展示以下关键核心内容，即对企业当前的问题有一个清楚的描述；提供一个明确的解决问题的途径；明确项目成果及其对企业的价值；客观展示咨询公司的实力；说明可能的工作方式；给出一个合理的收费预算。

2. 项目建议书编写的要求

(1)深度合适

项目建议书内容的阐述深度，应方便客户理解，并为企业最终决策提供必要的依据。切忌故弄玄虚，让企业摸不着头脑。

(2)具有针对性

项目建议书应针对企业的特定问题“量身定做”而不能泛泛而谈。它的针对性主要体现在三个方面：对企业问题的理解、解决思路和项目成果。

(3)具有体系性

项目建议书应将项目方案比较详细、具有体系性地表达出来，以便企业中的新介入者阅读和决策。

(4)以适当方式表达

项目建议书多以文本和幻灯片(powerpoint)方式完成。管理咨询机构往往需要现场向企业讲解建议书，并回答企业的相关疑问，与企业进行沟通。

3. 咨询机构准备项目建议书的要点

(1)对客户企业所处行业及业务的了解,弄清客户企业对项目结果的期望;

(2)确定本公司是否有能力做好这个项目;

(3)进行风险分析,包括客户企业的费用支付能力、项目复杂程度、可能出现的冲突、可能产生的公众形象影响等;

(4)确定项目的范围、人员、时间和费用;

(5)以客户的问题作为着眼点,按照要求认真准备项目建议书;

(6)提交项目建议书时最好以报告形式为客户企业认真讲解,既可以详细解释建议书的具体内容,还可以表达诚意,建立互信关系;

(7)尽可能与客户企业沟通,回答客户企业疑问,获得反馈。

五、展示管理咨询机构实力

早期国内管理咨询机构实力的展示,更多的是通过项目建议书展示的方式进行。但随着国内管理咨询行业的不断发展,很多企业对管理咨询机构的实力展示提出了更高的要求,即采用招投标的方式。

在项目建议书展示的过程中,管理咨询人员要认真准备,把本管理咨询机构对企业问题的理解、解决方案以及质量保证等情况真实地展示出来,争取得到企业的认可。在展示中需注意逻辑清晰、突出重点和特色,以及给企业留有提问的机会。

管理咨询项目的招投标过程一般包括招标、投标、讲标、评标和中标五个过程。招标是指企业事先公布有关咨询项目内容、条件和要求,邀请管理咨询机构参加投标。招标的程序包括编制招标文件,发布招标公告与投标邀请书,审查投标人(管理咨询机构)的资格等。投标是指管理咨询机构按照企业提出的要求和条件,参加投标竞争的行为。投标的程序包括编制投标文件、投标等。讲标是指企业将所有的投标文件启封揭晓后,由投标人对投标文件进行讲解演示,并与客户进行充分沟通的过程。评标是指对投标文件及管理咨询机构的建议书、现场表现等,按照规定的标准和方法进行评审,选出最佳投标人。中标是指企业的评标小组根据中标条件和评标标准程序选出符合招标要求的投标人。

在招投标方式下,管理咨询机构需要向企业展示的内容主要包括管理咨询机构介绍、管理咨询机构的规模和专长、相关项目的案例经验、知识储备与专业研究、重点客户的评价反馈、项目经理的能力、售后服务的承诺、对项目的认识与理解等。

六、商务洽谈

商务洽谈主要围绕管理咨询合同逐条具体化,形成规范的文字表述草案,供双方最后签字。商务洽谈涉及的主要方面包括管理咨询内容与细化的成果、咨询项目的周期、咨询项目组主要人员与结构、咨询过程中合作方式、咨询费用和付款方式、培训的内容以及企业关心的其他内容。

1. 管理咨询合同的主要内容

咨询合同是咨询公司与客户之间就有关的相互承诺达成的一个正式并具有法律效力的文件,是咨询公司以自己的知识、技术和劳动为客户提供咨询服务,而客户接受咨询服务并同意支付报酬的协议。咨询合同应该在正式咨询前以书面形式将咨询公司与客户的关系固定下来。咨询合同通常包括的内容有:确定项目范围、目标以及项目成功的关键因素;

确定双方或者多方各自的角色和责任；说明影响项目时间及费用的主要假设；确定费用及具体的付款方式。目前，国内并没有法定的管理咨询合同范本，但管理咨询合同一般应包括以下主要内容。

(1)订立合同的甲乙双方，即委托方与受托方；

(2)项目名称；

(3)项目涉及范围及主要内容；

(4)项目成果、成果提交与验收方式；

(5)项目总体时间、工作计划框架或项目里程碑；

(6)项目双方合作方式；

(7)双方项目组成员及主要职责；

(8)双方在管理咨询项目中各自承担的工作、权限与义务；

(9)保密与知识产权条款；

(10)总体费用、支付方式、需单独付费的项目以及付款条件和方式；

(11)项目中止、延期处理、其他争议处理与违约责任；

(12)合同附件，一般会将项目建议书或投标文件作为管理咨询合同的附件。

对上述(3)和(4)两项内容应尽可能地加以量化。

由于管理咨询过程中管理咨询人员会接触到企业大量的商业机密，因此企业往往对保密条款非常重视，必要时还需要签订单独的保密协议。同时，随着知识经济的兴起，知识产权也变得越来越重要了，如何处理咨询中所涉及的知识产权，需做出明确的规定。

2. 管理咨询的报价与付款方法

管理咨询项目的费用是企业和管理咨询机构都非常关注的内容。管理咨询的报价通常有成本定价报价法、企业增益报价法、管理咨询人员工作时间报价法等几种。在咨询款项支付方式上，咨询客体一般采取分期支付的方式，通常分为项目首期付款、中期付款和结尾款三大部分。

七、合同确认与签订

当管理咨询机构与企业双方就合同条款和细节达成了一致，并形成了最终经过双方确认的管理咨询合同文本之后，则可签订咨询合同。合同签订的过程实际是履行法律手续的过程。签订前需注意两点：①由双方的法律专家，从法律的角度对合同文本草案进行最后审核；②对双方单位名称、法人资格、签字人的资格（法人代表或其授权人）进行确认。

第二节　调查诊断阶段

管理咨询合同的签订，标志着正式管理咨询活动的开始。为了科学有效地满足咨询客体提出的咨询需求，形成符合实际、切实可行的正式咨询方案，必须要对咨询客体的实际情况和存在问题进行详细的调查诊断。

调查诊断阶段是从依据咨询服务合同着手准备咨询开始，经过调研分析明确咨询客体存在的问题和产生问题的原因，厘清改善建议的方向和重点、编写诊断报告书，向咨询客体汇报交流，直至使诊断报告得到认可为止的全过程。调查诊断阶段的主要任务是围绕咨询项目，经过详细调查与分析，找出企业存在的问题，分析这些问题产生的根本原因，并明确解决问题的思路框架，编写咨询诊断报告，研究改善方法和改善方案，确定和统一解决问题的思路。为此，管理咨询机构必须在做好诊断准备的基础上，进行调研分析、诊断报告拟定、诊断结果确认等工作。

一、诊断准备

诊断准备工作是在管理咨询人员正式开展调研分析之前，由管理咨询机构和咨询客体双方所做的组织上、思想上、技术上和物质条件上的准备工作，以便咨询活动顺利开展。双方需准备的内容包括项目组的组建、项目工作计划的制订、项目调查提纲的准备、项目组内部启动会、资料收集、项目组办公和生活条件准备、项目启动会等。

1. 咨询主体的诊断准备

作为咨询机构，为了更好地开展诊断及调查活动，需要准备的事项如下。

(1)项目组的组建

具体包括项目总监的确定、项目经理的确定、项目成员的挑选。

(2)制订咨询项目工作计划

在项目启动前，项目经理应根据合同要求及了解的初步情况，制订初步的项目计划，将项目主要阶段、项目组成员的分工、进驻企业前的准备工作、需要客户提供的书面资料等关键问题划分清楚。同时需要以周为单位，制订项目的工作进度表并做好人员分工。具体包括项目的总体计划、项目阶段计划、项目周工作计划等。

(3)项目调查提纲的准备

项目经理根据预备调查的结果、客户单位概况、项目内容和范围，拟定调查内容、调查方法和分工。特别要列出由客户提供的资料名称、需要访问的中高层领导与核心员工名单和时间安排等。

(4)项目组内部启动会

项目组组建完毕，应召开项目组内部启动会，启动会应达到动员、培训、确立项目运作的内部规则，讨论安排前期的准备工作、基本工作分工及初步计划等目的。

(5)外部资料收集

项目组成员根据分工从专业期刊、网站、图书、行业等多渠道收集与本项目有关的资料，为咨询项目的顺利进行做充分的资料准备。

2. 咨询客体的诊断准备

为了更好地配合管理咨询工作，咨询客体也应做好一定准备，具体包括组建相应的项目组、为咨询机构准备办公和生活条件以及筹划与咨询主体共同召开项目启动大会等。一般来讲，项目启动大会的参加人员应包括双方高层领导、双方项目组成员、企业中高层管理人员和方案实施中涉及的骨干员工等。项目启动会具有标志性的意义，标志着项目的正式启动。通过项目启动会，将管理咨询的相关信息传达给企业所有员工，使他们知道、认可并积极参与配合管理咨询项目，这是项目取得成功的一个重要因素。

二、调查分析

调查分析阶段的任务是围绕咨询项目内容，运用多种调查分析的手段，找出企业存在的问题及问题产生的原因，为制订改善方案指出方向和要点。不论咨询项目具体的内容和范围是什么，调研分析一般都会分为两个环节进行：①综合调研分析，主要是对企业的整体情况、管理现状进行调研；②专题调研分析，即针对咨询项目的具体内容，找出企业存在的问题和产生问题的原因。

1. 综合调研分析

综合调研分析是管理咨询的基础，其主要目的是建立起对企业的整体认识。综合调研分析主要通过研究企业内部资料、访谈高层管理人员和现场参观感受等，对企业的基本情况和管理状况进行信息收集与分析。主要工作包括：

(1)企业基本情况调研。包括企业历史、主要经营数据、主要业务情况、通过的认证与荣誉、员工数量及构成、薪酬与激励方案框架、中高级管理人员基本情况、企业股权结构等。

(2)企业管理状况调研。包括企业未来几年发展战略思路、企业组织结构与各部门核心职责、企业管理制度的健全程度、企业管理制度的执行情况、核心企业文化等。

2. 专题调研分析

专题调研分析是诊断阶段的核心工作，其工作质量的好坏对咨询项目的成功与否起着至关重要的作用。专题调研围绕咨询项目的主要内容，通过充分地了解和掌握企业的管理现状，运用数据和资料分析企业在管理方面存在什么问题、对经营产生的影响程度如何、产生这些问题的原因是什么，从而为下一步提出改善方案奠定良好基础。管理咨询人员在专题调研分析过程中，要基于事实而不是基于主观感受或企业员工观点来做出判断，而要明确标准、搞清现状、综合比较分析，并找出问题的原因。在专题调研中，要注意以下几个方面：

(1)建立明确的判断管理问题的标准。

(2)认真查清现状。

(3)采用正确的分析方法做出独立判断。

(4)查清问题对企业经营的影响。

(5)彻底查清问题产生的原因。

(6)找准问题及原因，明确解决问题的方向和重点。

3. 调研分析的工作步骤

由于咨询项目的大小、涉及范围不同，调研分析过程的工作步骤、占用的时间和运作的难易程度也不尽相同。一般过程如下。

(1)向企业提交所需要的内部资料清单，并对企业提供的资料进行研究。

(2)和企业领导见面。管理咨询人员进入企业，应立即安排和企业领导见面。一是礼节性的因素；二是为及时了解企业的基本情况。

(3)了解企业的主要业务流程。了解企业的主要业务流程就能快捷地了解企业的业务活动，这是为企业提供有针对性的咨询服务必备的条件。

(4)参观业务现场。参观企业的业务现场，既是了解企业业务的需要，又是现状调查的方法之一。

(5)根据项目需要安排对企业高、中层部分领导及员工进行访谈。

(6)根据项目需要确定是否进行问卷调查。

(7)收集和整理参观现场、访谈、问卷调查所得到的资料和数据。

(8)对以上资料和数据进行统计和分析。

(9)在调查分析的基础上，项目组全体人员共同分析、归纳，最后形成问题列表，并明确其对客户经营的影响。

(10)对问题产生的原因进行分析,如需要可进行补充调研,并拟定改善建议的方向和重点。

三、诊断报告拟定

诊断报告是咨询项目组经过对企业的调研和分析后,对企业在管理中存在的问题、原因及解决思路的书面意见。该报告是咨询机构在实施管理咨询过程中交付给企业的第一份正式报告,在整个咨询活动中具有阶段性小结和启动后续工作的意义,对于展示咨询机构的专业性、确立管理咨询机构与企业良好的合作关系、确定解决方案都具有重要意义。由于咨询项目的大小和范围存在差别,管理咨询诊断报告并无统一格式,本书采用中国管理咨询师考试教材编写委员会给出的一般框架,咨询机构可以根据具体的项目情况进行取舍。企业管理咨询诊断报告的一般框架包括5个部分,具体如下。

1. 对诊断阶段所做工作的说明

在诊断报告的开始部分,需要简单介绍一下咨询项目组在诊断阶段所做的工作。通过对诊断阶段所使用的工具方法的介绍和说明,使企业了解咨询机构进行了深入细致的调研。另外,通过让企业明白诊断结果是通过科学的方法经过分析研究得出来的,在此基础上形成的诊断报告可信度也就大大增加。

2. 通过诊断得出的主要结论

这是诊断报告的核心部分,是整个报告的灵魂和提纲。在这部分,要围绕核心问题将主要结论系统地、逻辑清晰地表述出来。通常,这部分内容的主要受众是企业的高层管理人员。这部分的内容既要有高度,又要贴近企业实际,把握住企业的核心问题。

3. 对每个需要说明的专项问题加以论证

本部分应首先描述专项问题及该问题在所有问题中的地位;其次说明问题的分析过程,要将如何判断企业存在这个问题的论据讲清楚,并进行严密的论证;再次要分析这个专项问题产生的根源;从次要分析这个专项问题对其他问题可能产生的影响;最后要对这个问题的重要性和限制性条件等予以说明。

4. 行业或者其他企业先进经验的借鉴

这一部分并不是所有诊断报告里面都需要的,但是如果能够对相关行业或者企业的先进经验予以介绍,将使企业更加认可管理咨询机构的专业能力,也对未来问题的解决更有信心。

5. 提出针对问题的总体性解决思路

在诊断报告中仅有诊断的内容是不够的,诊断报告中同时要体现出解决问题的基本思路和框架,便于与企业沟通和后续工作的开展。

四、诊断结果确认

一般来讲,在企业管理咨询过程中,咨询机构应就诊断报告的内容向咨询客体进行专门的讲解和汇报,目的是经过双方讨论后达成共识,为下一阶段正式咨询方案的形成做好准备。诊断报告必须经过咨询客体的认可和确认方可进入管理咨询的下一阶段。对诊断报告的内容和结论,咨询客体的决策层往往会发表总结性意见,这是诊断结果确认的基调。如果企业最高领导对诊断报告的意见是肯定性的,则只需要根据企业意见对诊断报告进行适当修改就可以最终提交,并附书面确认书由企业最高领导或授权代表签字确认即可。如果企业最高领导对诊断报告不满意，则诊断结果确认就较为复杂，可能需要对重要信息进行重新调研，对诊断报告进行较大的改动，并重新进行诊断报告汇报后才能完成确认程序。最严重的情况是企业因对诊断报告不满意而与管理咨询机构解除合约。

第三节　正式改善方案形成阶段

正式改善方案的形成是指经过调查诊断，在弄清问题实质、根本原因及提出解决问题基本框架得到确认的基础上，为解决问题制订各种改善方案，并对其可行性和实效性进行评价，对方案进行修改，使其更完善，并得到企业相关方面认可的解决方案的全过程。制订咨询问题的正式改善方案是整个企业管理咨询过程中最为关键的环节。诊断报告中对问题的解决如果只有方向和思路是不能解决存在的问题的，还必须进行与之配套的详细方案设计，并以此指导员工的行动，才能克服管理上存在的问题。改善方案是帮助企业消除实际与标准之间差距的一系列措施的有机整体。设计和确定改善方案，是管理咨询工作的重要内容之一。由于企业总是受内外部环境因素的制约，因此改善方案应力求在限制条件下追求最佳。改善方案质量的高低，直接影响着企业问题解决的成效，而且也关系着咨询组织的声誉。因此，明确改善方案的质量标准，掌握设计与确定改善方案的基本程序和方法，对咨询人员来说是十分重要的。

在很多的咨询任务中，往往在调查诊断阶段花费了太长时间，等到改善方案的设计阶段，各方面都要求尽快完成项目，给咨询主体留下的时间很少，无法设计几个备选方案，只能匆忙制订一个方案。因此，制定合理的时间表，确保留出足够时间寻求最佳解决方案十分重要。拟订改善方案的重点不再是分析工作，而是革新与创造。本阶段的目标不是为问题的存在寻找更多的数据和进一步的解释，而是要创造出新的问题解决思路与办法。正式改善方案的形成一般包括改善方案的设计、改善方案的讨论、改善方案的确认与完成3 个步骤。

一、改善方案的设计

改善方案的设计是依据诊断阶段提出的改善方向和重点，对业务流程、操作规程和管理制度重新建立或在原有基础上进行修改、补充和完善的过程。这个过程包括改善方案的构思、改善方案构思的验证、改善方案文本草案的形成三个环节。

1. 改善方案的构思

任何一个设计在正式方案出台之前，都有一个构思的过程，即把方案的框架结构和重要环节的要点，逐一描绘出来，并且进行平衡、修改、补充，使之逐步完善。

(1)改善方案的基本内容

由于企业情况不一样，咨询项目的内容不一样，改善方案所包括的内容也会不一样。通常，改善方案一般包括业务操作层面和管理活动层面的内容。两个层面都涉及有关部门或岗位的权限与责任、质量要求、业务操作、工作流程、管理或操作方法、需要的条件等内容，还涉及阻碍方案执行的因素等其他内容。

(2)改善方案构思的来源

改善方案构思的来源，通常有以下几个角度。①在原有做法的基础上梳理和完善，即通过对企业内部已有的做法进行梳理和完善，形成新的解决方案。对企业原有做法中不合适的内容进行调整,不足的内容进行补充,使之成为完整的方案。②借鉴其他企业成功的做法,即根据拟解决的问题,吸收其他企业,特别是先进企业行之有效的实际做法。③多种方案的整合,即对于企业在某个方面存在的管理问题,虽然企业本身并没有形成一套完整可行的解决方案,但是许多员工对解决该问题都有自己的建议。这些建议单个看可能并不完整,但却能够从某一个方面解决一定的问题。此时,出于形成咨询建议的目的,需要在确立有效的解决思路的基础上对大家的建议进行取舍和整合,从而形成最终的建议方案。④改善方案构思的创新,即针对企业一些非常棘手的管理难题,需要管理咨询人员以管理基本理论为依据,深入分析问题的本质,并通过各种方法创造性地提出解决思路,提出创新性的方案。

在改善方案构思过程中,要注意问题的解决方案最好能够构思三套左右的备选方案,便于后期进行评价和选择。同时要注意改善方案的构思要发挥咨询客体的作用,让企业充分参与,发挥他们的实践经验。企业的参与也有利于他们对改善方案的理解,对方案的顺利执行也有帮助。

2. 改善方案构思的验证

改善方案构思出来之后,需要加以必要的讨论或试验验证,验证方案的有效性、可行性、实用性。对验证中暴露出来的问题或不足,应逐一加以修正和完善。改善方案的验证过程应由管理咨询人员主持,同时吸收企业有关人员参加。对于有可能影响正常生产经营活动的试验验证,或需要花费资金、材料设备的实验,应请示企业高层主管领导批准,以防止产生负面后果。

3. 改善方案文本草案的形成

这里的文本是指在改善方案的基础上所形成的完整的文字资料。在设计改善方案构思完成之后,由负责该部分的管理咨询人员进行整理、加工,形成设计方案文本草案。改善方案文本草案的形成要经过咨询项目组内部讨论,即在改善方案构思正式确立之前,应先在咨询项目组内部讨论一下。这样做既可以充分听取其他管理咨询人员的意见和建议,吸取他人的经验,发挥团队作用,又可以在咨询团队内部实现资源共享。方案构思是否可行,由项目经理决定。改善方案文本的表达形式通常以咨询建议的形式或管理文件和操作规程的形式体现。

二、改善方案的讨论

在整体的咨询改善方案初步形成以后,咨询团队应与企业进行深度的沟通交流和研讨,全方位地对已经形成的改善方案征求意见。改善方案研讨的基本目的是确定和提升方案的有效性和可操作性。改善方案质量的高低主要体现在方案实效上,作为一个合格的管理咨询改善方案,应满足以下几个方面的质量标准。

1. 可行性

改善方案的可行性是指若按照此方案实施,能否解决现实存在的问题。就方案本身而言,应符合事物发展的基本规律,不仅在道理上讲得通,而且在应用上行得通,具有可操作性。其具体而言,包括技术、经济、社会等方面的可行性。衡量改善方案是否具有可行性,一是看企业是否具备实施这一解决方案所需的资源;二是看企业能否接受改善方案实施的成本;三是看企业是否具备解决这一方案所必需的能力;四是看改善方案同企业的文化氛围和管理风格是否相适应。

2. 适用性

由于在诊断的时候，对存在的问题及其原因作了透彻的分析并提出了改善的方向和重点，因此，改善方案的构思如果能够紧扣诊断报告所规定的方向和重点，一般能够保证改善方案本身的适用性。管理咨询客体要求的往往不是最先进的方案，而是最管用的方案。因此，在咨询实践中，应注意结合客户企业的实际情况，为企业量身定制切实可行的改善方案，而不是追求理论上最先进的模式，当然也不能简单照搬其他企业的做法。

3. 简易性

在保证方案本身科学性和适用性的基础上，应该尽可能地简化操作程序，不要过分地装饰，故作高深，确保方案简洁、易懂，以增强方案的可操作性。

4. 预见性

方案不仅要有短期效应，在目前一段时间内帮助企业适应环境、解决问题，而且要留有对不测事件的调节余地，不致使企业因环境变化而陷于被动局面。因此在改善方案设计过程中，应关注企业内外环境的可能变化及其趋势，并将其融入对方案的思考过程，以此增强方案的应变力和生命力。具体而言，不仅要预测方案的正负效果，而且还应预测环境的机遇、风险，在方案中提出对未来风险的防御对策，对机遇的把握措施。

5. 系统性

方案中既要反映战略目标的要求，又要具有短期的战术效用。方案既要措施完整，还要有完善的配套方案、应变方案或应急方案。要本着企业整体效率和效益最大化的原则，配置企业资源，协调方案关系。

6. 效益性

改善方案应能直接（或间接）地、显著地改善企业经济效益。最佳的咨询改善不仅要满足企业的具体需求，解决企业所关注的核心层面问题，而且要联系实际，考虑到企业的实际情况。对企业来说，如果一个改善方案具有很强的说服力，但是实施成本比较高，那么改善方案的价值会大打折扣，并容易引起企业的质疑，同时加大了辅导实施阶段的咨询工作难度，形成咨询项目风险。改善方案的实施是由企业为主来完成的，作为辅导员的管理咨询人员，在改善方案实施过程中发挥的是辅助作用。因此，咨询方案的实施必须与企业现阶段的人力、资源等综合能力相匹配，否则咨询方案将无法落实。每一个组织都有自己独特的文化氛围，这种文化氛围是影响咨询价值的一个重要因素。一套成熟有效的管理改进方案，如果与组织的文化氛围背道而驰，往往会被废弃，最好的结果也只能是勉强被采纳。

三、改善方案的确认与完成

改善方案的确认是指由咨询机构所完成的改进方案需经咨询客体的讨论审查，提出意见后经过修改并最终定稿的过程。一般改进方案的确认需要经过咨询机构的汇报。咨询机构应就改进方案的汇报做好准备，如准备详细的设计报告并汇编成册，确定汇报方式和做好演示用的幻灯片文件等。汇报的过程要体现出咨询机构的专业性，叙述要清晰易懂，逻辑缜密。要根据听众的具体情况，平衡分析、研究、解释方案三部分内容的时间。报告要尽量使用具体、直观、生动的表格、图表等工具进行说明，增加感染力。

改善方案汇报完成后，咨询机构应认真听取企业领导和各部门的意见，并进一步完善改善方案。改善方案在正式出台以前必须与企业中高层及相关人员进行详细沟通，听取他们的意见与建议，并进行适当的改动。针对方案中存在的异议，需要根据实际情况予以应对,并把握几个关键:①必须坚持自己提出的核心结论,有依据地向企业阐述;②对某些非原则性问题可以根据企业的意见进行修改;③必须获得企业最高决策者的支持;④确实存在不足的,要及时修正。

改善方案形成阶段的结果是完成详细的改善方案设计报告书。整个咨询报告书至少由诊断阶段的诊断报告书和改善方案设计阶段的详细设计报告书两部分组成。除此之外,咨询报告还应包括其他内容,有关最终咨询报告的内容,本书将在第四章予以详细介绍。

第四节 改善方案实施阶段

方案实施阶段是指改善方案被企业认可定稿后,管理咨询机构在一定时间段内指导、协助咨询客体实施方案并最终结束咨询项目的过程。改善方案实施工作只能由企业自身组织,管理咨询机构无法代替。由于改善方案的实施是一场变革,变革中会遇到观念、技术等问题,因此,一般情况下,企业都要求管理咨询机构在改善方案实施期间给予指导,管理咨询机构也有义务帮助企业落实改善方案。

任何组织的管理不会自发地走向精细,唯有不断地推进变革才能使管理绩效得到持续提升。企业现有管理模式的形成往往具有历史原因——受过去成长经验和文化的影响。因此,咨询机构在为不同的企业设计改善方案的时候,需要考虑企业的实施能力。方案的设计必须考虑方案的可操作性和员工的接受程度。改善方案实施阶段的中心任务是改变旧的企业行为,形成新的企业行为规范。该阶段咨询人员不仅要通过交流来帮助指导企业实施改革方案,而且要身体力行,通过言谈举止表达出自己对改革的热情,与企业管理者同舟共济。除了表现出热情,在方案的实施过程中,与客户企业领导及员工的交流要充满自信,如果咨询人员都不自信,企业人员的信心将受到更大影响。

为了做好改善方案的实施,咨询机构必须辅助和指导企业制订实施计划,对涉及的人员和部门组织培训,对实施中的重点环节实施指导,对方案进行必要的修订,提升各级管理人员的变革管理能力等几方面开展一定的工作。

1. 指导企业制订实施计划

咨询方案的实施是一个系统工程,涉及方方面面的内容,需要统筹安排才能保证实施工作的顺利进行。实施计划关注的要点是变革的顺序问题。因为在变革过程中,往往出现几个因素在一起互为条件,需要安排先后次序。例如,欲实施绩效考核,但是计划没有制订,或计划的制订非常不认真,那么考核工作就不可能顺利展开。而要把计划安排合适,没有各级一把手亲自出面布置、检查、决定也不行。没有领导的关注,对计划执行结果进行检查也将成为形式。为此,管理咨询人员在制订咨询方案实施计划安排时,一定要学会计划的编制方法并掌握记录计划执行情况的要领,然后,由相关部门组织编制和确定计划,计划期末按规定进行考核。

2. 对企业相关人员和部门进行培训

咨询方案实施过程的培训一定要注意培训的针对性和实用性,切忌泛泛而谈。培训的内容包括对方案实施的认识、对方案的理解、方案实施的困难、实施中各部门人员的协调等。总之,实施中需要解决的问题,都可以列入培训内容。培训的方式要灵活多样,可以是大型培训班,也可以是小型研讨会,必要时可进行个别辅导,还可以根据需要组织企业相关人员参观行业内的标杆企业。总之,通过培训企业可以达到促进方案实施的目的。

3. 对实施中的重点环节进行辅导

咨询方案实施的时候,有些重点环节需要管理咨询人员进行辅导。例如,指导各部门编制工作计划,可以先选出一两个具有代表性的部门,由管理咨询人员和企业计划管理部门人员直接帮助选出的部门编制出计划并作为样板,依此指导其他部门。对于某些实施起来比较重要而且技术性比较强的环节,管理咨询人员必须深入指导,直到教会为止。

4. 对方案进行必要的修改与完善

咨询方案毕竟是方案,实施过程中还会遇到许多新问题。因此,咨询项目组必须依据实际情况对咨询方案做必要的修改和调整。咨询方案既要修订,又不能轻易修订。管理咨询人员既不能因为企业提出的修改意见与自己的设想不同而不去修改,那样可能会导致方案难以执行,也不能不加思考地附和企业的建议,做出影响全局的修改,因为这种修改从局部来看也许是合理的,但从全局来看可能是致命的。管理咨询人员对于修改意见一定要认真地进行调查,同时还要思考原方案存在的理由,在此基础上做出是否修改的决定。对于不便修改的地方,管理咨询人员一定要和提议者认真沟通,听取意见,耐心地说服对方,让原来的方案得以实施。

5. 提升企业管理人员的变革管理能力

方案的实施往往是在企业推行一种新的管理变革,各级管理人员的变革管理能力对于方案的实施具有非常重要的意义。咨询方案开始实施时,需要考虑企业的管理体系是按照新方案一步到位,还是以一种更为稳妥的方式逐步到位。一般而言,循序渐进的方式可能会取得更好的效果,风险也会小一些。但是这种变革方式必须能够保证是持续的,因为最终目的是实现管理体系脱胎换骨的改变。一般情况下,激进式变革往往是企业被迫选择的,是企业对外部环境变化的一种被动适应过程,在企业的变革过程中不会经常发生。而渐进式变革则是企业主动选择的,是由组织的不稳定和日常偶发事件驱动的,变革是不间断且连续地通过大量较小的管理调整而逐步实现质变,应该成为企业管理变革的一种常态。激进式变革往往需要强有力的领导和相适应的企业文化突变,要求企业员工能够不断克服自己的惰性,改变自己的既有行为模式。而渐进式变革则要求企业管理层对外部细微的变化保持敏感,要求在企业内部建立持续变革的文化,要求员工不断调整自己的工作方式,最终达到理想的目标。

第五节　追踪改进阶段

追踪改进阶段的中心任务是继续协助客户顺利实施项目,并尽可能地帮助客户把新出现的问题及时解决掉。该阶段咨询人员在与客户的接触中一定要表现出热情,不怕麻烦,要体现无微不至,可以采用定期询问走访客户和客户随叫随到的方式进行。只有这样,才可以给予客户信心,才可以留住老客户,才可以形成好的口碑,同时也可以得到项目实施后续阶段的宝贵信息资源。

一、项目团队撤出

当管理咨询机构协助企业推进改进方案实施一段时间以后,在项目取得一定的实施效果后，咨询机构应选择适当的时间和方式撤出咨询企业，咨询合约正式结束。在撤离客户企业时，咨询人员要写一份总结报告。该报告应包括两方面内容：①对整个咨询工作的总结；②对咨询效果的评价，包括咨询主体离开后如何维护、控制和发展由咨询主体帮助引进的新系统的建议。结束咨询主体与咨询客体关系的气氛和方式将影响客户继续实施项目的积极性，以及客户对今后可能使用同一咨询主体的态度。

二、项目的总结与评价

方案实施后，咨询机构需要对整个咨询项目的实施效果进行总结、分析、评价，主要是在定量、定性分析的基础上对实施效果与预期目标之间的差异及其原因进行分析，评价实施效果，研究改善措施。项目总结是管理咨询机构完成知识积累、提升咨询能力的重要手段，必须高度重视。一般来说，项目总结应该从以下几个方面进行。

(1)项目实施效果如何，企业对项目的整体评价如何。这是评价一个咨询项目是否成功的最关键因素，因为管理咨询机构只有不断为企业创造价值，使企业对每一个咨询项目都满意，才能够真正得到发展。

(2)项目运作管理是否完善，在项目运作过程中是否有值得固化和推广的创新思路与方法。这方面的总结使管理咨询机构能够通过一个个项目的积累，逐步形成自己的咨询知识体系和项目运作管理体系，有效提升管理咨询机构的实力。

(3)咨询项目组搭配是否合理，各管理咨询人员是否有能力完成工作，也是需要认真总结的。一个管理咨询机构不论多么庞大，在某个具体项目上和企业深度接触的只有项目组成员，保证合理搭配项目组、保证每个管理咨询人员都有充分的能力是项目能否成功的关键。

(4)项目具体咨询内容的总结，包括对咨询项目形成内部培训案例，提交完整的咨询报告和重要过程文件，形成某一领域的咨询业务指南等。这是一个管理咨询机构业务能力不断提升的保证。

(5)其他方面的总结，如项目财务方面、项目运作中存在的问题与建议等。对于一个管理咨询机构而言，尽管在客户处已经完成了项目，但只有认真完成以上项目总结工作之后，该咨询项目才算正式结束。

三、项目的持续沟通与追踪

为保证方案实施的效果，在方案正式实施一段时间之后，咨询师还应该定期与客户联系，对实施过程中遇到的各种问题给予及时解答。展开跟踪服务，是咨询主体了解咨询业务对客户的真正影响以及客户可能产生的新问题的宝贵信息资源。这些跟踪服务可能带来新的咨询任务。客户也可以发现，通过跟踪服务可以在新问题变得严重之前被发现并被解决。但是如果客户不感兴趣，就不应强迫其接受跟踪服务。

任何一次的客户合作机会都是下一笔业务的来源目标，通过已经完成的项目所建立起来的客户关系和信任，可以为进一步的咨询业务合作提供机会。所以针对已经结束的咨询项目，持续的跟踪与沟通是取得再次合作机会的重要机遇，可以通过探索客户新的管理需求，争取深入和扩大咨询合作范围。

附：企业管理咨询合同举例

企业管理咨询服务合同

合同编号：

甲方：

乙方：

依据《中华人民共和国民法典》和有关法规的规定，甲乙双方经友好协商，就乙方向甲方提供企业管理咨询服务的事宜达成一致，签订本合同，以兹共同遵守：

第一条　服务范围

甲方聘请乙方为甲方提供管理咨询服务，服务内容如下：

1. 组织结构咨询：含总部和各子公司

2. 制度、流程咨询：梳理、撰写制度和流程，详见《体系文件清单》

乙方应当对甲方企业所处的内外部环境进行深入的访谈、调研，客观中立地审视，提出有前瞻性和建设性的基础建设变革思路，制订切实可行的计划方案，从而强化高层、中层和基层管理人员的管理意识、提高管理技能以及提高员工的工作积极性。

第二条　服务期间

1. 本协议约定的咨询服务期间自2021年2月起至2021年5月底止（共计4个月）。

2. 集中咨询时间（包括企业调研诊断、项目方案规划设计、项目推动实施和项目运行）乙方咨询顾问应保证其中4月和5月有<u>　20天　</u>在甲方所在单位办公，若不足应顺延补足。甲方也可以根据实际情况与咨询顾问协商调整工作时间。

3. 除集中咨询期间外，乙方咨询顾问可以通过电话、邮件、传真、信件以及其他方式向甲方提供不定时服务，具体服务时间和方式由咨询顾问与甲方协商确定。

第三条　咨询费用及支付方式

1. 本协议约定的专业咨询项目总费用为人民币<u>　40 000　</u>元（大写<u>　肆万元整　</u>），甲方于2021年3月5日支付乙方人民币<u>　10 000元　</u>（大写壹万元整），剩余款项甲方通过银行转账的方式汇至乙方指定账户。

开户银行：

银行账号：

2. 专业咨询项目费用从签约之日起计算，合同签订之日起7个工作日内，甲方即支付前期咨询费用<u>　10 000　</u>元，从咨询服务期的第二个月起，应于每月最后一天前向乙方支付<u>　10 000　</u>元整，直至本合同履行届满或者终止。

3. 咨询顾问服务期间，甲方提供食宿，往来车费实报实销。

第四条　咨询项目工作要求

1. 为保证本项目的顺利进行，甲方应确定1位主要联系人，负责甲方和乙方咨询顾问进行项目日常工作的接洽与沟通。

2. 乙方咨询顾问在甲方所在地的工作期间，甲方应提供完善的办公条件（可上网）、1台打印机和足够的办公用纸。

3. 甲方应给予乙方咨询顾问适当的授权，即乙方咨询顾问对认为与本项目有关的企业资料有知晓的权力，并可要求甲方配合提供有关资料。如甲方无法提供部分资料，应与乙方进行沟通，协商解决的办法。

第五条　双方权利义务

（一）乙方的权利义务

1. 必须遵守职业道德和执业纪律。

2. 应当勤勉尽职，依法在合同约定范围内维护甲方的最大利益。

3. 应当及时向甲方发表顾问意见，按时完成提交项目报告。

4. 对甲方的商业秘密或个人隐私应当保守秘密。

（二）甲方的权利义务

1. 与乙方诚信合作，为乙方开展工作提供便利，向乙方提供与服务事项相关的情况和资料，并保证其真实、合法、有效。

2. 如有关的情况和事实发生变化，应及时告知乙方。

3. 按照约定支付服务费。

第六条　合同的终止

1. 因客观情况发生变化，甲乙双方协商终止合同。

2. 乙方向甲方提交的方案与约定的有较大差距，而乙方拒绝按照甲方意见做出修改的，甲方有权终止合同。

3. 合同因以上原因而终止的，对于乙方提交的方案，甲方应支付相应阶段的咨询费。

第七条　违约责任

1. 甲方逾期付款，应向乙方支付每日万分之六的违约金。逾期一个月，乙方除可终止合同，已收取的费用不予退还，对于逾期期间内乙方所提交的经甲方签字认可的方案，甲方应支付咨询费。

2. 因乙方原因造成未按时完成工作超过1个月，甲方除可以终止合同、收回已付的尚未完成工作的费用外，乙方还应向甲方支付相当于总费用10%的违约金。

3. 乙方将在甲方了解到的有关情况、甲方向乙方提供的材料及本项目方案泄露给第三人，造成甲方损失，乙方应承担相应的赔偿责任。

4. 甲方擅自变更或解除本合同，乙方不退还甲方已支付的费用；乙方擅自变更或解除本合同，应退还已收取的费用。

第八条　其他事项

1. 本协议书自双方签字盖章之日起生效。

2. 双方之间发生争议的，双方应当进行友好协商解决，在无法通过协商解决的情况下，任何一方均可向甲方所在地仲裁委员会申请仲裁处理。

3. 本协议书未尽事宜，甲乙双方应持积极态度友好协商解决，并达成书面的补充协议。

4. 本协议书一式二份，甲乙双方各执一份，具有同等的法律效力。

5. 其他约定事项：____

甲方：____________________　　　　　　乙方：____________________

授权代表人：

______年______月______日　　　　　　______年______月______日

【本章主要知识点】

本章主要介绍企业管理咨询的程序与过程，通过本章的学习，要能够形成对于企业管理咨询过程的总体认识。

（1）企业管理咨询的过程一般包含相互联系的5个阶段，分别为咨询洽谈阶段、调查诊断阶段、正式改善方案形成阶段、改善方案实施阶段和追踪改进阶段。

（2）咨询洽谈阶段是企业管理咨询的第一阶段，是从企业提出咨询需求开始，经过咨询机构和企业的相互了解、洽谈，直至签订管理咨询服务合同为止的全过程。咨询洽谈阶段的主要工作有获取咨询需求信息、初步洽谈、预备调查、拟定项目建议书、展示咨询机构实力、商务洽谈、签订咨询合同等7个步骤。

（3）获取咨询需求信息的主要来源渠道有网络、培训与会议、书籍与文章、合作伙伴、老客户等5个方面。

（4）企业管理咨询预备调查的基本过程为与企业的领导或主管领导沟通见面、现场参观、收集必要的资料、询问调查、信息的汇总整理与分析。参与预备调查的管理咨询人员应具备较为全面的知识，管理咨询人员要基于事实做出判断并妥善保存预备调查的资料。

（5）项目建议书是咨询机构在对企业进行预备调查之后，向企业说明其存在的问题、咨询项目的内容、解决问题的思路和框架，以说服企业向咨询机构委托咨询项目的书面材料。其基本内容应包括项目背景和目的、企业面临的问题、解决客户问题的思路和方法、项目内容和成果描述、项目时间进程、初步计划和费用预算、项目组构成与分工、管理咨询机构简介等。编写要求是深度合适，具有针对性、体系性并以适当方式表达。

（6）管理咨询项目的招投标过程一般包括招标、投标、讲标、评标和中标五个过程。在招投标方式下，管理咨询机构需要向企业展示的内容主要包括管理咨询机构介绍、管理咨询机构的规模和专长、相关项目的案例经验、知识储备与专业研究、重点客户的评价反馈、项目经理的能力、售后服务的承诺、对项目的认识与理解等。

（7）咨询合同是咨询公司与客户之间就有关的相互承诺达成的一个正式并具有法律效力的文件，是咨询公司以自己的知识、技术和劳动为客户提供咨询服务，而客户接受咨询服务并同意支付报酬的协议。咨询合同的签订应尽量做到条款明确和量化。

（8）诊断报告是咨询项目组经过对企业的调研和分析后，对企业在管理中存在的问题、原因及解决思路的书面意见。企业管理咨询诊断报告的一般框架包括5个部分：对诊断阶段所做工作的说明、通过诊断得出的主要结论、对每个需要说明的专项问题加以论证、行业或者其他企业先进经验的借鉴、提出针对问题的总体性解决思路等。

（9）一个合格的管理咨询改善方案，应满足可行性、适用性、简易性、预见性、系统性、效益性的质量标准。

（10）改善方案实施阶段是指改善方案被企业认可定稿后，咨询机构在一定时间段内指导、协助企业实施方案并最终结束咨询项目的过程。为了做好改善方案的实施，咨询机构必须在辅助和指导企业制订实施计划、对涉及的人员和部门组织培训、对实施中的重点环节实施指导、对方案进行必要的修订、提升各级管理人员的变革管理能力等几方面开展工作。

（11）咨询项目总结评价应该从以下方面进行：项目实施效果及企业对项目的整体评价；项目运作管理是否完善，在项目运作过程中是否有值得固化和推广的创新思路与方法；

咨询项目组搭配是否合理;项目具体咨询内容的总结;其他方面的总结,如项目财务方面、项目运作中存在的问题与建议等。

【复习与思考】

1. 企业管理咨询一般包括哪几个阶段?
2. 管理咨询洽谈阶段的基本工作步骤有哪些?
3. 管理咨询初步洽谈的主要内容是什么?
4. 咨询预备调查应该注意哪些方面?
5. 项目建议书的主要内容有哪些?
6. 咨询机构在准备项目建议书时的要点有哪些?
7. 管理咨询合同一般包括哪些内容?
8. 管理咨询诊断中的调研分析应如何进行?
9. 咨询诊断报告的主要内容有哪些?
10. 咨询机构为企业设计改善方案的基本思路是什么?
11. 在改善方案实施阶段,管理咨询机构应做哪些工作?
12. 咨询项目总结评价应该从哪些方面进行?

第三章　企业管理咨询常用工具与方法

【本章学习目标】

(1)了解企业管理咨询调研的常用方法。
(2)熟悉访谈法、问卷调查法和现场参观调查法的实施过程与要点。
(3)了解资料收集法的信息来源渠道。
(4)理解企业管理咨询常用问题分析方法。
(5)掌握头脑风暴法和德尔菲法的实施过程与要点。
(6)熟悉并能运用企业外部环境分析的PEST模型。
(7)掌握并能够运用波特五力分析模型、波士顿矩阵分析模型、7S模型。
(8)理解和熟悉企业价值链分析的思想。
(9)掌握并能够运用SWOT分析法。
(10)了解平衡计分卡的基本原理。

第一节　企业管理咨询常用调研方法

管理咨询机构在完成咨询任务的过程中,深入咨询对象——企业进行调研,获取必要的信息,进行问题诊断,这是管理咨询工作必须要进行的环节。因此,掌握必要的调研方法对于管理咨询工作的顺利开展具有重要意义。

一、访谈法

访谈是管理咨询中最常用的调查方法之一。访谈是管理咨询人员就企业管理现状和问题与企业有关人员进行直接交谈的信息收集方法。访谈法不同于日常生活中的谈话式问答,需要调查者具备较强的交流沟通技巧,并按照调查目的,预先收集资料,准备好问题提纲,在融洽开放的气氛中完成访谈调查任务。同时,访谈法也不同于一般的新闻采访,应以客观中立的态度,不掺杂个人好恶地收集反映企业实际情况的材料,用于分析研究。访谈涉及的基本内容有对象、场所、时间、目的、手段、数量、结果等。对其中的每个要素,都可以从四个方面进行提问,包括现状、问题原因、能否改善的预见、改善的策略及措施。

在访谈中,管理咨询人员以问为主,通过对被访谈者的回答进行分析总结,逐步明确企业的问题所在,并了解企业的管理团队和员工队伍。访谈法的优点是能够很快了解企业存在的问题的线索,信息量大,能直接了解管理者和员工的情况;缺点是不同访谈者由于立场和位置不同,提供的企业情况往往带有主观色彩,夹杂着大量主观性的意见和看法,故不能完全作为确定问题的依据。应用访谈法的基本要素如下:

1. 访谈对象

根据被访谈对象身份的不同,访谈可以分为内部访谈(访谈企业内部人员)与外部访谈

(访谈企业外部人员)。一般的咨询项目以内部访谈为主,但如果项目内容涉及消费者、供应商和合作伙伴时,则需要进行外部访谈。对企业的中高层领导一般都需要进行内部访谈,有时根据项目情况,还需要对部分员工进行访谈。

2. 访谈形式

访谈是一名被访者和数名管理咨询人员在一起单独进行的。对高层领导的访谈一般由项目经理主持和提问,其他管理咨询人员负责记录,在时间允许的情况下,也可以适当进行补充提问。对中层领导及员工的访谈一般需要分组进行,此时需要确定各组的主访人与记录人。

3. 访谈提纲与访谈计划的准备

访谈应有提纲。提纲内容是根据项目内容、项目组预先对结果的假设以及调研目的而拟定的。为了保证良好的访谈效果,需要事先把访谈目的、日期、开始和结束时间、地点、内容和联系方式等告诉被访谈者,以便其做好准备。

4. 访谈实施

在访谈实施的过程中需要注意以下事项:①访谈正式开始前,要向被访谈者说明访谈目的和保密原则,打消被访谈者的顾虑,从而能够得到更多的信息;②访谈过程中一定要做好记录,对重点问题要复述,确定双方理解无误;③一般情况下不要打断被访谈者的谈话,但当被访谈者严重跑题时,要通过合适的方式引导其回到正题;④问题要尽量集中,但应避免使用诱导性的提问,以保证访谈结果真实有效;⑤访谈过程中不要轻易发表对企业问题的看法,不要用自己的观点影响被访谈者的看法;⑥避免影响被访谈者的工作,保证每次访谈的效果,访谈时间一般不要超过两个小时;⑦访谈结束前,一定要向对方致谢,如果访谈中有不明确的问题,可以说明在其他时间另约;⑧访谈结束时,向被访谈者询问是否有相关书面资料可以提供,并约定提供的内容和时间。

5. 访谈总结

在访谈过程中,管理咨询人员每天接触到大量的企业员工,并从他们那里听到众多的企业信息,如果不能够及时对访谈情况进行总结,可能会造成后期的信息混淆和遗漏,不利于下一步的诊断和建议。

访谈法按照形式可以分为专访法、函访法、座谈法、小组研讨法等,如表 3.1 所示。

表 3.1　访谈形式及内容

访谈形式	内容
专访法	采访者根据预定提纲,进行专人或专题采访,通常采取面对面、一对一的形式,有时借助于电话、录像机等设备,与受访者深入交流、征询意见来收集资料
函访法	通过信函或电子邮件的形式,将设计好的访谈问题或问卷提纲发给受访者,再对反馈结果进行分析。该方法优点明显,可以克服地域的限制,使受访者有比较充分的思考和准备时间,缺点也比较明显,耗时较多,而且回收率不能保证
座谈法	座谈法是一种非正式的会议形式,在各个咨询阶段都可以采用。它指召集项目相关人员,以座谈的形式,了解客户需求、相关情况介绍,沟通、讨论、研究需要解决的问题
小组研讨法	小组研讨法一般根据所需要了解的特定问题,邀请与之相关的不同类型人员,采用小范围集体讨论的形式来收集资料,分析和解决问题。采取该方式可以集思广益、广开言路,但召集齐相关人员往往比较困难

由于访谈需要较强的人际交流和沟通技巧，因此需要注意采访的提问与过程掌控艺术，具体包括：

(1)要选择最了解相关业务情况的主管作为主要访谈对象，其他人员可以根据需要作为补充。

(2)提问时一般采取由易到难、逐步深入的方式，即先从感受明显、容易回答的问题开始，然后深入到咨询问题的起因、进展、对策及其他需要经过思考才能回答的问题。

(3)访谈所使用的语言要通俗明了，并注意耐心启发受访者，不要进行套问、逼问，以免使受访者产生疑问、焦虑和不信任心理，导致访谈效果降低，使收集到的信息失真。

(4)咨询顾问要善于掌握访谈的节奏，既要营造一个适于交流恳谈的氛围，又要随时注意访谈始终围绕调查主题进行。因此，要引导访谈话题尽量不偏离预定目标，并随时对受访者提到的零散信息进行快速分析和提炼，分清主次，去伪存真，找到问题的症结所在。

二、问卷调查法

问卷调查法也称量表调查法，是将所需要了解的问题设计成书面问卷，并要求被调查者以书面的形式做出答复，然后由调查者对答案进行统计、分析的信息收集方法。在企业管理咨询活动中，经常需要将与研究目标有关的问题整理成表格，发放给调查对象，集中征求意见和建议，并采取统计方法对回收的问卷进行具体测度和量化描述。借助问卷调查的形式，可以得到比较广泛的调查资料，尤其借助于网络及电子邮件，提高了问卷的覆盖范围及调查效率，减少了时间和经济成本，所以它是使用率很高的一种调查研究方法。问卷调查的优点是覆盖面广，不受时间限制，效率高，信息量大，可以获取针对性的信息。缺点是只能针对特定问题展开，获得的信息事实少，看法多，故多数结果不能作为确定问题的直接依据。

1. 问卷调查对象

根据咨询项目涉及的内容和要求不同，问卷调查的范围可以根据需要确定，既可以是企业的全体员工，也可以是某个部门或者职系，还可以采用抽样的方式进行调查对象的选择。所谓抽样，是指从研究对象中选取一部分进行研究，并推断出整体情况的一种方法，通常分为随机抽样和非随机抽样。随机抽样是指按照随机原则，从总体中提取出样本，又可细分为简单随机抽样、等距抽样、分层抽样、整群抽样、多阶段抽样等方法。非随机抽样通常是在人力、财力、时间方面有困难的情况下，由调查者根据自身所掌握的情况，有目标地选择样本进行调查的方法。

2. 问卷调查形式

根据问题的提问方式不同，问卷调查分为封闭式问卷和开放式问卷两种。通常情况下采用封闭式问卷，即调查问卷对题目设定了固定数目的答案选项，对一问一答的题目，被调查者只要挑选一个最符合的答案选项即可；对一问多答的题目，被调查者只要挑选规定数目内最符合的答案选项即可。开放式问卷则没有答案选项，会占用被调查者较多的时间，而且统计分析起来有一定难度，一般不被单独使用，而是作为封闭式问卷的辅助。

3. 问卷设计

在企业管理咨询中，问卷的设计应该满足以下几点要求：①应有明确的目标和重点；②围绕目标尽可能多地了解信息；③题目与答案选项设计要简明扼要，但从体系上不能够有所遗漏；④题干与答案选项无明显歧义，方便回答；⑤方便汇总、整理和分析。

4. 问卷调查实施

在实施问卷调查时应该注意以下几点：

第一，问卷的发放和回收要安排细致，尤其是问卷的回收，应该事先告诉被调查对象是由咨询项目小组回收，而不是让企业内部人员回收，从而使员工能够按照真实想法填写问卷。

第二，对员工填写完毕的问卷应该注意保密，不能够让企业人员接触到原始问卷。

第三，对于较为复杂的问卷应该事先安排培训，以方便员工理解和填写。

第四，咨询项目小组应该根据问卷的内容事先确定相应的统计难度，设计完善的统计表。

第五，对于有条件进行网络调查的，可以使用网络调查。

第六，问卷使用完毕后，应该加以整理，在项目结束后带回管理咨询机构保存。

5. 问卷调查统计分析

统计分析一般在问卷设计者的指导下完成，统计分析的核心目的是找到对咨询问题形成判断的有价值信息。统计的规则和方式应根据实际情况，如可以统计不同类别的人员对同一问题的答案，并根据统计数字，分析员工的倾向性意见等。

三、现场参观与调查法

现场参观即参观企业的业务现场，这对于管理咨询人员了解企业经营活动和企业各种经营要素的运动、直接感受企业管理水平、发现企业管理中存在的问题非常重要。但由于时间比较短，所见所闻难以直接当作证明问题存在的依据，而只能作为补充依据。

现场调查比现场参观更深一步。现场调查是管理咨询人员深入到企业需要调查的工作环节，通过一定时间的观察，收集和测定相关的工作数据。在企业提供的资料里，有时缺少某些环节的数据资料，而这些资料在判定问题或原因的时候又不可缺少，如生产能力、定额水平等，因此就需要利用现场调查来具体测定出相应数值。此时管理咨询人员可以利用感官或辅助工具，如照相机、录音机、录像机等，直接观察并记录客户的现场表现，对所要解决的问题取得直观且全面的认识和诊断。

四、资料收集法

资料收集法是指收集企业内部和外部与咨询项目有关的资料，并进行整理、加工的过程。资料可以分为一手资料和二手资料两类。一手资料是指由咨询顾问直接或委托第三方通过亲自访谈、问卷调查和现场参观调查等方式得到的资料。二手资料通常指的是那些已经有他人或机构获得的资料，其优点在于有较高的准确性，资料来源丰富，所需费用较低。

二手资料的内容可以分为数据资料和文字资料两类。这些资料是企业在经营过程中逐渐积累下来的，包括企业情况、发展战略、内部管理制度、各类文件和决定、领导讲话以及各种统计数据等。管理相对完善的企业，都有比较健全的内部和外部资料库。只要管理咨询人员提出来，办理一定的手续就可以从资料库中调用资料。但是更多的企业缺少完善的资料管理系统，资料的内容、格式、记录方式等管理咨询人员并不了解，从而难以直接使用。因此需要管理咨询人员到有关部门了解它们有哪些资料、记录的形式如何，从中选择有价值的内容进行收集和整理。二手资料的来源有很多，主要包括以下 6 种。

1. 年鉴

年鉴是以全面、系统、准确地汇总编辑上年度重要文献资料，逐年编纂连续出版的资料性工具书。年鉴作为可以查询的公开信息来源中最为重要的一种，具有资料权威、信息量大、连续出版等特点，可以获得比较完整和有连续性的大量信息。年鉴一般分为综合性年鉴和专业性年鉴，包括综合年鉴、统计年鉴、经济年鉴、工业年鉴、市场年鉴以及国家年鉴、行业年鉴、城市年鉴等，几乎涵盖了所有领域。当然年鉴也存在一定的滞后性，需要其他资料的弥补。

2. 行业协会报告

行业协会经常汇聚行业内的专家对某些专题作专门深入的研究，所以其报告不仅能对咨询结论提供科学依据，而且咨询人员还可以有机会和行业内专家进行交流，获得宝贵的参考意见。

3. 上市公司报告

上市公司报告主要提供以下信息：公司基本情况、会计数据和业务数据摘要、股本变动和股东情况、董事、监事等高级管理人员和员工情况、公司治理结构、股东大会情况、董事会报告、监事会报告、重要事项、财务报告等。在使用这些资料时应留意关于数据资料的说明，并与往年或其他数据结合使用。

4. 期刊

很多行业都有自己的内部期刊，一般都有行业内的综述报告、动态分析、技术发展趋势以及行业内主要产品销售情况与价格变化趋势的分析等。这些资料可以为咨询顾问在对该行业的客户提供咨询服务时提供丰富的行业资料。

5. 专业信息资料机构

专业信息资料机构一般都有一套资料收集的办法，能够提供比较系统并与行业发展状况密切相关的信息。这样的机构包括：政府主办信息机构、专业咨询公司和民营信息机构等，国际组织机构和国外大型公司也会定期或不定期地提供大量信息资料，是咨询顾问帮助客户了解国际市场的重要信息来源。

6. 互联网

互联网是现代高科技的产物，是全球性的信息系统，是人类社会有史以来第一个世界性的图书馆和第一个全球性论坛。可以说，只要在咨询项目中需要的信息资料，就离不了互联网上的资料搜寻，它已经成为咨询工作中必不可少的助手和工具。

第二节　企业管理咨询常用问题分析方法

通过调研得到的信息、数据和资料，需要借助一定的问题分析方法才能进一步发现其中的知识，形成对咨询问题的判断。企业管理咨询中对问题进行分析的方法很多，以下仅列举一些常用的方法。

一、对比分析法

对比分析法是把待研究的事件和一个已知的基准进行比较得出判断结果的分析方法，比较法是一种基础思维方法。在企业管理咨询活动中，比较法应用的范围非常广泛。对比的内容可以各种各样，可以是定量的，也可以是定性的。凡是通过对比能得出大小、好坏、优劣、是非等表明差异结果的，都可以运用对比分析。应用对比分析一定要选择一个比较基准。比较基准范围很广，根据不同的标准，可以有不同类型的比较方法，如定性比较和定量比较、静态比较和动态比较、横向比较和纵向比较、宏观比较和微观比较、全面比较和局部比较等。

在咨询活动中，习惯使用的比较法可以划分为两大类：基于时间维度的纵向比较和基于空间维度的横向比较。按照时间进行纵向比较，是将事物在不同时期的某一指标进行比较，动态认识和把握该事物发展变化的历史、现状和未来走势。空间上的横向比较是将不同国家、地区、部门的同类事物进行对比，以找出差距、判明优劣。在实际应用中，时间和空间的比较通常是结合在一起的。进行比较分析时，主要从以下几个方面着手：

（1）将本期与上期或以前各期的相同指标进行比较。例如：将本期的销售额与上期的或以前各期的销售额进行对比，看看其增长有无异常情况。

（2）将本期与上期同期相同项目指标进行比较。例如：将本期销售额与去年同期销售额进行对比，查看有无异常变动。

（3）将本期与历史最高水平（最佳水平）相同项目指标进行比较。例如：本期销售利润率与历史最高销售利润率进行比较，分析差异情况，寻求解决策略。

（4）将本期实绩与计划相同项目指标进行比较。例如：计划销售指标为 1 000 万元，实际完成 900 万元，占计划的 90%，尚有 10% 的指标未完成。根据这个差异进行深入调查，找出问题所在。

（5）将本企业与同行业同类企业相同项目指标进行比较。例如：本企业期内产品单位成本与同行业同类企业相同产品的单位成本进行对比，就可以找出差异，发现企业存在的问题。

（6）将企业内部各部门之间相同项目指标进行比较。例如：甲车间的产品质量与乙车间的产品质量进行比较，就可以找出差异，发现问题所在。

（7）将企业制定的经营方针政策与实施的实际结果进行比较。

二、因果分析法

因果分析法是找出事物之间的因果联系的分析方法。任何现象都有其产生的原因，而任何原因都必然会导致一定的结果，这是事物之间普遍存在的一种联系形式。通过因果分析法，可以找出事物发展变化的原因及规律。因果分析法中最简单的情形是单一原因对应单一结果，较为复杂的情形主要有多因一果、一因多果、多因多果以及因果循环等。因果分析法主要分为求同法、求异法和共变法三种形式。

1. 求同法

如果在不同的场合观察到相同的现象，这些发生在不同场合的现象各有若干原因，但其中只有一个原因相同，那么可初步确定这个共同的原因就是产生该现象的原因。

2. 求异法

如果所观察的现象在第一种场合出现，在第二种场合不出现，而这两种场合只有一个原因不同，那么可初步确定这个不同的原因就是引发该现象的原因。

3. 共变法

如果在所观察的现象均发生变化的各种场合里，其他原因都没有变化，只有一个原因发生了变化，那么可初步确定发生变化的原因是使所观察的现象发生变化的原因。

三、相关分析法

两个或多个事物之间有时会相互影响,呈现出某种共同的规律性变化,这时称它们之间有相关关系。例如,许多消费品的销售额随着人均收入的增长而增加。相关关系有正相关,也有负相关;有线性相关,也有其他函数形式的相关,其中回归分析是一种典型的相关分析。回归分析是一种统计学上分析数据的方法,目的在于了解两个或多个变量间是否相关、相关方向与强度,并建立数学模型以便观察特定变量来预测研究者感兴趣的变量。回归分析法是管理咨询、各种实验、社会调查、数据分析与处理、科学研究等众多领域中广泛使用的典型方法,是进行预测的基本方法之一。

回归分析的预测过程大致是:先从一组数据出发,确定变量间的定量关系,接着对这些关系式的可信程度进行统计检验,然后从影响某一变量的许多变量中,判断哪些变量的影响是显著的,哪些是不显著的,最后利用回归方程或回归模型进行预测。回归分析法,按照事物变化因素的多少,可分为一元线性回归、多元线性回归和非线性回归等。

四、趋势分析法

趋势分析法是运用数理的工具和方法,把历史数据体现于坐标图中,坐标横轴为时间,纵轴为数据值,根据数据的历史变化规律预测未来的趋势。时间序列分析法是趋势分析最主要的方法。时间序列分析遵照连续的原则,把某种统计指标的数值,按时间先后顺序排列起来,根据一定的规律性来预测未来。它是进行市场和经济预测最常见的工具。

时间序列分析法基于两个基本的假设:①决定事物过去发展的因素,在很大程度上仍决定事物未来的发展,并且这些因素的作用机理和数量关系几乎不变或者变化不大;②未来发展的过程是一个渐进的过程,而不是跳跃式的变化。因此,时间序列分析法难以预测事物发展的突变。时间序列分析法的预测过程如下:根据所给的有序数据的集合,进行统计规律分析,优选出适合这个时间序列的最佳数学模式,浓缩时间序列的信息,简化时序的表示;利用此最佳数学模式进行未来预测,并计算出预测结果的误差分析,做出关于未来发展趋势的解释。

常用的时间序列分析法,有简单算术平均预测法、移动平均预测法、指数平滑预测法、趋势预测法等。趋势分析可以使用绝对值,也可以使用相对值。如比例分析法就是先计算某项经济指标的各构成因素值占总体的比重,再分析这些构成比例的变化,从而观察构成要素变动趋势的方法。

五、问题树分析法

在企业管理咨询工作中,在界定问题后经常会发现与问题有关的因素纷繁复杂,让人无从下手。此时就需要对问题所涉及的众多因素进行梳理,才能厘清头绪、弄清原因、形成分析结论。问题树法是实现这一目标的有效工具。问题树是麦肯锡咨询公司常用的一种分析问题的方法,又称逻辑树、演绎树或分解树等,是一种以树状图形系统地分析存在的问题及其相互关系的方法。它的原理是将问题的所有子问题分层罗列,从最高层开始,并逐步向下扩展。把一个已知的问题当成树干,然后开始考虑这个问题和哪些相关问题或者子任务有关。每想到这一点,就给这个问题(也就是树干)加一个"树枝",并标明这个"树枝"代表什么问题。一个大的"树枝"上还可以有小点的"树枝",以此类推,找出问题的所有相关项目。问题树方法主要是帮助咨询师厘清自己的思路，不进行重复和无关的思考，该方法能保证解决问题的过程的完整性，它能将工作细分为一些利于操作的部分，确定各部分的优先顺序，明确地把责任落实到个人。

六、头脑风暴法

头脑风暴法由被称之为“风暴式思考之父”的 A. F. 奥斯本于 1938 年创立，是通过专家们的相互交流，在头脑中进行智力碰撞，产生新的智力火花，使专家的讨论不断集中和精化。头脑风暴法是一种集思广益的方法，它运用集体智慧，激发每个人对问题进行创造性思考，这一过程中每个人的思绪波涛翻滚，有如暴风雨袭来，故而得名。

头脑风暴法的特点是让与会者敞开思想，使各种设想在相互碰撞中激起脑海的创造性风暴，其可分为直接头脑风暴法和质疑头脑风暴法。前者是在专家群体决策基础上尽可能激发创造性，产生尽可能多的设想的方法；后者则是对前者提出的设想或方案逐一质疑，发现其现实可行性的方法。这是一种集体开发创造性思维的方法。头脑风暴法的原则是：没有对观点的批评；追求观点的数量；在彼此的观点之上建立新观点；鼓励狂热的和夸张的观点；不准参加者私下交流，以免打断别人的思维活动等。

从程序来说，组织实施头脑风暴法关键在于以下几个环节：

1. 确定议题

一个好的头脑风暴法从对问题的准确阐明开始。因此，必须在会前确定一个目标，使与会者知悉通过这次会议需要解决什么问题，同时不要限制可能的解决方案的范围。一般而言，比较具体的议题能使与会者较快产生设想，主持人也较容易掌握。比较抽象和宏观的议题引发设想的时间较长，但设想的创造性也可能较强。

2. 会前准备

为了使头脑风暴畅谈会的效率较高，效果较好，可在会前做一定准备工作，如收集一些资料预先给大家参考，以便与会者了解与议题有关的背景材料和外界动态。就参与者而言，在开会之前，对于要解决的问题一定要有所了解。会场可作适当布置，座位排成圆环形的环境往往比教室式的环境更为有利。

3. 确定人选

一般以 8 ~ 12 人为宜，也可略有增减。与会者人数太少不利于交流信息，激发思维；而人数太多则不容易掌握，并且每个人发言的机会相对减少，也会影响会场气氛。只有在特殊情况下，与会者的人数可不受上述限制。

4. 明确分工

要确定 1 名主持人，1 ~ 2 名记录员。主持人的作用是在头脑风暴会开始时重申讨论的议题和纪律，在会议进程中启发引导、掌握进程，如通报会议进展情况、归纳某些发言的核心内容、提出自己的设想、活跃会场气氛，或者让大家静下来认真思索片刻再组织下一个发言高潮等。记录员则应将与会者的所有设想都及时编号，简要记录，最好写在黑板等醒目处，让与会者能够看清。记录员也应随时提出自己的设想，切忌持旁观态度。

5. 规定纪律

根据头脑风暴法的原则，可规定几条纪律，要求与会者遵守。如要集中注意力积极投入，不消极旁观；不要私下议论，以免影响他人的思考；发言要针对目标，开门见山，不要客套，也不必做过多的解释；与会者之间相互尊重，平等相待，切忌相互褒贬等。

6. 掌握时间

会议时间由主持人掌握，一般以几十分钟为宜。时间太短与会者难以畅所欲言，太长则容易产生疲劳感，影响会议效果。经验表明，创造性较强的设想一般在会议开始10～15分钟后逐渐产生。倘若需要更长时间，就应把议题分解成几个小问题分别进行专题讨论。

七、德尔菲法

德尔菲法（Delphi technique），是由美国兰德公司于20世纪50年代初发明的最早用于预测，后来推广应用到决策中来的一种企业管理咨询常用问题分析方法。德尔菲是古希腊传说中的神谕之地，城中有座阿波罗神殿可以预测未来，因而借用其名。德尔菲法是专家会议法的一种发展，是一种向专家进行调查研究的专家集体判断。它是以匿名方式通过几轮函询征求专家们的意见，对专家小组在每一轮的意见都进行汇总整理，作为参考资料再发给每一个专家，供他们分析判断，提出新的意见。在德尔菲法中，专家之间不得互相讨论，不发生横向联系，只能与调查人员发生关系。通过多轮次调查专家对问卷所提问题的看法，经过反复征询、归纳、修改，最后汇总成专家基本一致的看法作为预测的结果。这种方法具有广泛的代表性，较为可靠。德尔菲法区别于其他专家会议方法在于三个明显的特点，即匿名性、函询、多次反馈。

德尔菲法的实施步骤一般如下。

（1）组成专家小组。按照咨询项目所需要的知识范围，确定专家。专家人数的多少，可根据预测课题的大小和涉及面的宽窄而定，一般不超过20人。

（2）向所有专家提出所要预测的问题及有关要求，并附上有关这个问题的所有背景材料，同时请专家提出还需要什么材料。

（3）各个专家根据他们所收到的材料，发表自己的观点和意见。

（4）将各位专家第一次判断的意见汇总，列成图表，进行对比，再分发给各位专家，让专家比较自己同他人的不同意见，修改自己的意见和判断。也可以把各位专家的意见加以整理，或请身份更高的其他专家加以评论，然后把这些意见再分送给各位专家，以便他们参考后修改自己的意见。

（5）将所有专家的修改意见收集起来，汇总，再次分发给各位专家，以便做第二次修改。逐轮收集意见并为专家反馈信息是德尔菲法的主要环节。收集意见和信息反馈一般要经过三轮左右。在向专家进行反馈的时候，只给出各种意见，但并不说明发表各种意见的专家的具体姓名，对这一过程重复进行，直到达到预想设定统计标准为止。

在管理咨询工作中运用德尔菲法具有以下优点：①能充分发挥各位专家的作用，集思广益，准确性高；②能把各位专家意见的分歧点表达出来，取各家之长，避各家之短；③可以避免权威人士的意见影响他人，克服有人碍于情面而不提意见的弊端。

八、数据挖掘法

数据挖掘（data mining）技术出现在20世纪80年代末期，是面向商业应用的研究。在经过多年的发展以后，目前数据挖掘技术的研究重点已经从理论方法转向系统应用，并且更加注重多种技术集成和多种学科之间的相互渗透，以此来挖掘信息的情报价值。数据挖掘技术可以为管理咨询活动提供更加科学准确的解决方案。所谓数据挖掘，是指从大量的、不完全的、有噪声的、模糊的和随机的实际数据中，提取出隐含在其中的、人们预先不知道但又有潜在价值的信息和知识(模型或规则)的过程。数据挖掘的要求是数据源必须是真实的、大量的、含噪声的;所发现的应该是用户感兴趣的信息和知识;所得到的信息应该具有先前未知、有效和实用特征的,它是在没有明确假设的前提下去挖掘信息、发现知识的。

数据挖掘其实是一种深层次的数据分析方法。在数据挖掘中,原始数据可以是结构化的,如关系数据库中的数据,也可以是半结构化的,如文本、图形和图像数据,甚至是分布在网络上的异构型数据。因此,数据挖掘是一门交叉学科,涉及数据库、人工智能、数理统计、可视化、机器学习、并行计算等方面的技术。数据挖掘核心技术经过数十年的发展,把人们对数据的应用从简单查询,提升到从数据中挖掘知识,提供咨询和决策支持。如今,这些成熟的技术,加上高性能的关系数据库引擎以及广泛的数据集成,让数据挖掘技术进入了实用的阶段。数据挖掘和信息分析与决策咨询有着密切的关系。在数据挖掘中,应用较多的信息分析方法有分类、预测、估值、关联或相关分析、聚类分析等。由于对分类、关联分析、聚类分析等分析方法的研究早于数据挖掘,相对成熟,因而在数据挖掘领域被广泛应用。而自然语言分析等是数据挖掘方法中更高层次的信息分析方法,网络数据挖掘、生物信息或基因的数据挖掘及文本数据挖掘是发展方向。目前,已经有一些咨询公司在利用数据挖掘技术及方法从事相关的咨询研究,如利用专利信息数据挖掘技术,可以评估技术人员创造的智力成果,或者测评企业的技术创新与转化能力等。

第三节　企业管理咨询常用工具模型

模型分析法就是依据各种成熟的、经过实践验证的管理模型对问题进行分析的方法。这些管理模型有的是由高校研究机构建立的,也有一部分是由大企业或者管理咨询机构建立的,它们在长时间的企业管理理论研究和实践过程中,将企业经营管理中一些典型的相关关系以一个固定模型的方式描述出来,供企业用来分析自己的经营管理状况。由于这些模型揭示了企业系统内部很多本质性的关系,因此对分析企业问题非常有帮助,管理咨询人员在分析问题的过程中或多或少地都需要用到它们。针对企业管理的方方面面有许多模型可以使用,在使用模型的时候必须具有针对性,还要考虑模型成立的背景条件,不能为了使用模型而使用模型。本章给出在企业管理咨询中常用的一些模型。

一、企业外部环境分析常用模型

1. PEST 分析模型

PEST 分析主要是对企业所处的宏观环境进行分析。宏观环境又称一般环境,是指影响一切行业和企业的各种宏观力量。对宏观环境做分析,不同行业和企业根据自身特点和经营需要,分析的具体内容会有差异,但一般都应对政治法律(political)、经济(economic)、社会文化(social)和技术(technological)这四类影响企业的主要外部环境进行分析。

(1)政治法律环境

政治法律环境是指对企业经营活动具有实际与潜在影响的政治力量和有关的法律、法规等因素。具体来说,政治环境主要包括国家的政治制度与体制、政局的稳定性以及政府对外来企业的态度等因素。法律环境主要包括政府制定的对企业经营具有刚性约束力的法律、法规,如反不正当竞争法、税法、环境保护法以及外贸法规等。

(2)经济环境

经济环境主要包括宏观和微观两个方面的内容。宏观经济环境主要指一个国家的人口数量及其增长趋势,国民收入、国民生产总值及其变化情况以及通过这些指标能够反映的国民经济发展水平和发展速度。微观经济环境主要指企业所在地区或所服务地区的消费者的收入水平、消费偏好、储蓄情况、就业程度等因素。这些因素直接决定着企业目前及未来的市场大小。需要重点监测的关键经济变量包括国内生产总值(gross domestic product,GDP)及其增长率、贷款的可得性、可支配收入水平、居民消费(储蓄)倾向、利率、通货膨胀率、规模经济、政府预算赤字、消费模式、失业趋势、劳动生产率水平、汇率、证券市场状况、外国经济状况、进出口因素、不同地区和消费群体间的收入差别、价格波动、货币与财政政策等。

(3)社会文化环境

社会文化环境是指企业业务涉及地区的民族特征、文化传统、价值观、宗教信仰、教育水平、社会结构、风俗习惯等情况。文化传统和教育水平会影响居民的需求层次;价值观会影响居民对组织目标、组织活动以及组织存在本身的认可与否;社会结构反映不同的群体的比例构成,不同的群体有不同的社会态度、爱好与行为,从而表现出不同的市场需求和不同的消费行为。

(4)技术环境

技术环境指国家科技体制、科技政策、科技水平和科技发展趋势等。除了要考察与企业所处领域活动直接相关的技术手段的发展变化外,还应及时了解国家对科技开发的投资和支持重点、该领域技术发展动态和研究开发费用总额、技术转移和技术商品化速度、专利及其保护情况、与企业生产有关的新技术、新工艺、新材料的出现和发展趋势以及应用前景等。

在从事具体的企业管理咨询工作中,有时也会采取定性与定量相结合的方式开展PEST分析,此时一般可以按照以下步骤来进行:①列出环境变化分析过程中确定的关键宏观因素;②根据各因素对于企业的具体影响来确定权重,赋予各因素以权重;③按照企业现行的战略对各个关键因素进行评分;④用每个关键因素的权重乘以它的评分,得出每个因素的加权分数;⑤将所有因素的加权分数相加,得到企业所处的宏观环境的总的加权分数。

2. 波特五种竞争力分析模型

五种竞争力模型(five forces model)是由哈佛商学院教授迈克尔·波特提出的,模型对企业战略制定产生了全球性深远影响。该模型被用于竞争战略的分析,可以有效地分析客户的竞争环境,可以有助于识别行业或者部门内竞争的来源。波特在1980年发表的著作《竞争优势:行业与竞争对手分析的工具》一书中指出,在任何行业中,无论是国内的还是国际的,无论是提供产品还是服务,竞争的规则都包含在五种力量之内,如图3.1所示。这五种力量分别为新进入者、替代产品、购买者、供应商、竞争对手。

(1)新进入者

一个行业新进入者通常会带来大量资源和额外的生产能力,并且要求获得市场份额。除了完全竞争的市场以外,行业新进入者可能使整个市场发生动摇,尤其是当有步骤、有目的地进入某一行业时更是如此。

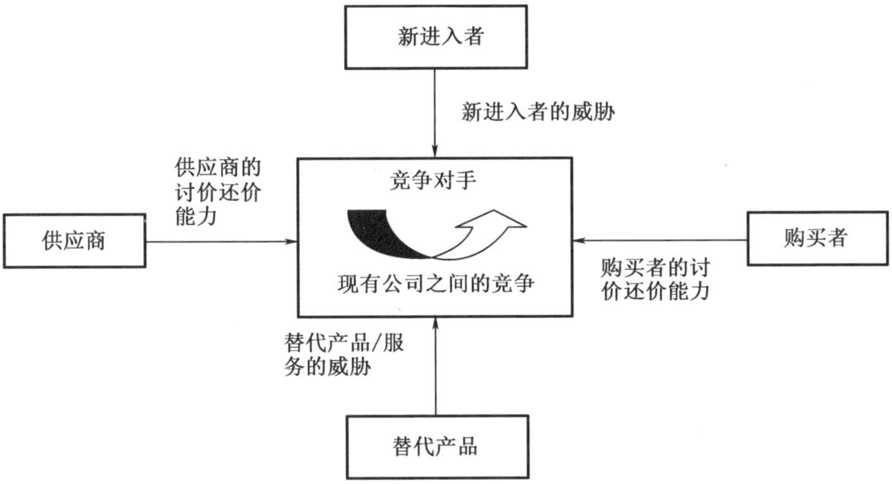

图 3.1　波特五种竞争力分析模型

行业新进入者威胁的严峻性取决于一家新的企业进入该行业的可能性、进入壁垒以及预期的目标,其中第一点主要取决于该行业的前景如何,行业增长率高说明未来的盈利性强,而眼前的高利润也会具有诱惑力。进入壁垒是那些想成功进行竞争的新进入者所必须克服的障碍。进入壁垒通常会延缓潜在进入者进入市场的时机,但不会构成永久的障碍。进入壁垒通常包括规模经济、进入市场的资金要求、进入分销渠道的门槛、经验、预期的目标、立法、政府行为及差异化等。新进入者威胁的大小取决于现有企业的反击程度和进入壁垒的高低。如果现有企业对新进入者相当排斥,展开了强烈的反击,并且行业的进入壁垒很高,那么,新进入者所产生的威胁就小,反之则大。

(2)替代产品

替代产品是与客户产品具有相同功能或类似功能的产品,如洗面奶从功能上可替代香皂,飞机远距离运输可能被火车或轮船替代等。生产替代产品的企业本身就会给客户或行业带来威胁,替代竞争的压力越大,对客户的威胁也越大。决定替代产品压力大小的主要因素有替代产品的盈利能力、替代产品生产企业的经营策略、购买者的转换成本。当客户转向其他选择时,替代产品就会减少客户对某一特定“类别”产品的需求,甚至会导致该类产品或服务再也无人问津,这取决于替代产品能否带来更高的预期效用或价值。替代产品的威胁在于替代产品的价格一般比较低,它投入到市场后会使市场价格的上升受到限制,从而降低行业的整体利润。在极端的情况下,它们会使企业的产品完全显得多余。一旦市场上出现替代产品,随后出现的往往是本行业企业的集体反击。但是,如果替代产品是由那些实力雄厚,有广阔发展前景的企业生产的,并且替代产品的销路还远好于现有产品,那么与其抵制,还不如积极引进。

(3)购买者

购买者的讨价还价能力如果很强,将会降低企业获得高利润率的能力。如果一家公司被一个强有力的购买者锁定,那么它在短期内的战略选择可能会受到限制。购买者的讨价还价能力主要取决于其购买量的大小、产品的差异化程度、购买者的转换成本、购买者的信息掌握程度等几方面。

(4)供应商

供应商的讨价还价能力可以限制获得低成本供应商的能力,尤其是当他们提价时。供应商对本企业的讨价还价能力主要表现为提高供应产品的价格,降低产品质量及服务质量,延长供货时间等。供应商的讨价还价能力主要表现在供应商所处的行业集中程度、供应商产品对本企业的影响程度、产品差异性、供货量大小等几方面。

(5)竞争对手

市场竞争使得公司为了增强自己的竞争能力,在市场竞争中占据优势位置,必须在研发、营销等方面做出投资,而且可能还要降低价格。价格竞争越激烈,潜在的利润就会越低。现有竞争者对企业产生的威胁大小主要取决于行业的增长速度、产品差异性、高的固定成本或库存成本等。

波特认为,上述五种竞争力量都非常关键,因为它们将影响既定行业中公司产品服务的价格、成本以及必要的投资。五种竞争力量的实力会因为行业的不同而不同,它们的集合实力将决定该行业中各个公司的盈利能力和水平。如果公司在对付这些竞争力量方面胜于竞争对手,它们就能够获得竞争优势。

二、企业内部环境分析常用模型

1. 波士顿矩阵分析(经营单位组合分析法)

波士顿矩阵(BCG)是美国波士顿咨询公司提出的一种业务组合分析方法,它主张大部分企业都有两个以上的经营单位,在确定经营方向时,应综合考虑企业或经营单位在市场上的相对竞争地位和业务增长情况。波士顿咨询公司通过研究发现,销售增长率与相对市场占有率两个因素相互作用,会出现四种不同性质的产品类型,形成不同的产品发展前景:①销售增长率和相对市场占有率“双高”的产品群(明星类产品);②销售增长率和相对市场占有率“双低”的产品群(瘦狗类产品);③销售增长率高、相对市场占有率低的产品群(问题类产品);④销售增长率低、相对市场占有率高的产品群(现金牛类产品),如图3.2所示。波士顿矩阵的发明者、波士顿咨询公司的创立者布鲁斯认为:“公司若要取得成功,就必须拥有销售增长率和相对市场份额各不相同的产品组合。组合的构成取决于现金流量的平衡。”如此看来,波士顿矩阵的实质是为了通过业务的优化组合实现企业的现金流量平衡。

在明确了各项业务单位在公司中的不同地位后,就需要进一步明确其发展目标。一般来讲,企业可以采取以下四种基本的策略:①发展,继续大量投资,目的是扩大战略业务单位的市场份额,主要针对有发展前途的问题业务和明星业务;②维持,投资维持现状,目标是保持业务单位现有的市场份额,主要针对强大稳定的现金牛业务;③收获,实质上是一种榨取,目标是在短期内尽可能地得到最大限度的现金收入,主要针对处境不佳的现金牛业务及没有发展前途的问题业务和瘦狗业务;④放弃,目标在于出售和清理某些业务,将资源转移到更有利的领域,这种目标适用于无利可图的瘦狗和问题业务。

(1)明星产品(标准化产品)

明星产品是指处于高增长率、高相对市场占有率象限内的产品群,这类产品可能成为企业的现金牛产品,需要加大投资以支持其迅速发展。对明星类产品应采用发展战略,即积极扩大经济规模和市场机会,以长远利益为目标,提高市场占有率,加强竞争地位。对于明星产品的管理与组织最好采用事业部形式,由对生产技术和销售两方面都很内行的经营者负责。

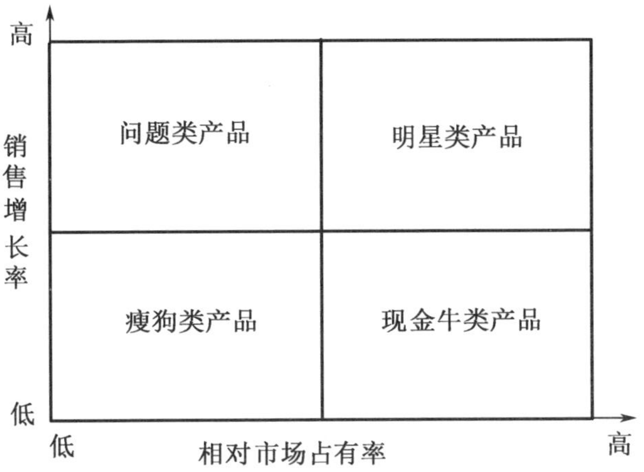

图 3.2　波士顿矩阵分析

(2)现金牛产品(成熟型产品)

现金牛产品又称厚利产品,它是指处于低增长率、高相对市场占有率象限内的产品群,已进入成熟期。其财务特点是销售量大,产品利润率高,负债比率低,可以为企业提供资金,而且由于增长率低,也无须增大投资,因而成为企业回收资金,支持其他产品,尤其是明星产品投资的后盾。对这一象限内的大多数产品,市场占有率的下跌已呈不可阻挡之势,因此可采用收缩战略,即所投入资源以达到短期收益最大化为限。对于这一象限内的销售增长率仍有所增长的产品,应进一步进行市场细分,维持现存市场增长率或延缓其下降速度。对于现金牛产品,适合于用事业部形式进行管理,其经营者最好是市场营销型人物。

(3)问题产品(创新型产品)

问题产品是处于高增长率、低市场占有率象限内的产品群。前者说明市场机会大,前景好,而后者则说明在市场营销上存在问题。其财务特点是利润率较低,所需资金不足,负债比率高。例如在产品生命周期中处于引进期,因种种原因未能开拓市场局面的新产品即属此类的问题产品。这类产品如果发展得好,则会成为很有发展前途的明星类产品,一旦发展不好,则会向瘦狗类产品转化。对问题产品应采取选择性投资战略,即首先确定对该象限中那些经过改进可能会成为明星类产品的进行重点投资,提高市场占有率,使之转变成明星产品;对其他将来有希望成为明星类产品的则在一段时期内采取扶持的政策。因此,对问题产品的改进与扶持方案一般均列入企业长期计划中。对问题产品的管理组织,最好是采取智囊团或项目组织等形式,选拔有规划能力,敢于冒风险、有才干的人负责。

(4)瘦狗产品(个性化产品)

瘦狗产品也称衰退类产品,它是处在低增长率、低市场占有率象限内的产品群。其财务特点是利润率低、处于保本或亏损状态,负债比率高,无法为企业带来收益。对这类产品应采用收缩、撤退和转移战略,即首先应减少投资,逐渐撤退,对那些销售增长率和市场占有率均极低的产品应立即淘汰;其次是将剩余资源向其他产品转移;再次是整顿产品系列,最好将瘦狗产品与其他事业部合并,统一管理。

由上述介绍可以看出,在进行企业管理咨询的过程中,可以利用波士顿矩阵分析的方法,将咨询对象的产品或者业务单元按各自的销售增长率和相对市场占有率的不同归入不同象限,这样将会使企业现有产品或业务组合一目了然,同时便于对处于不同象限的产品或业务单元做出不同的发展决策。其目的在于通过产品或业务单元所处不同象限的划分，便于企业采取不同决策，以保证其不断地淘汰无发展前景的产品，保持“问题”“明星”“现金牛”产品的合理组合，实现业务及资源分配结构的良性循环。同时，波士顿矩阵分析可以帮助我们分析一个公司的投资业务组合是否合理。如果一个公司没有现金牛业务，说明它当前的发展中缺乏现金来源；如果没有明星业务，说明在未来的发展中缺乏希望。一个公司的业务投资组合如果是不合理的，则应该加以调整。

2. 价值链分析

价值链分析由波特教授提出，该方法源于一种叫作价值分析的会计工具。波特教授把组织中所有单位的运作过程联结起来，然后赋予每一个活动一定的价值，即价值链分析。价值链分析是一种描述组织内以及组织外各种活动的方法，通过这种活动分析来确认公司经济优势的源泉，进而评价公司的竞争优势。每个企业的运作都有其目的，都是为了取得价值的最大化。为了达到这个目的，需要进行一系列的运作活动，包括设计、生产、营销以及对产品起辅助作用的各种活动的综合，所有这些活动都可以用价值链表示出来，如图 3.3 所示。

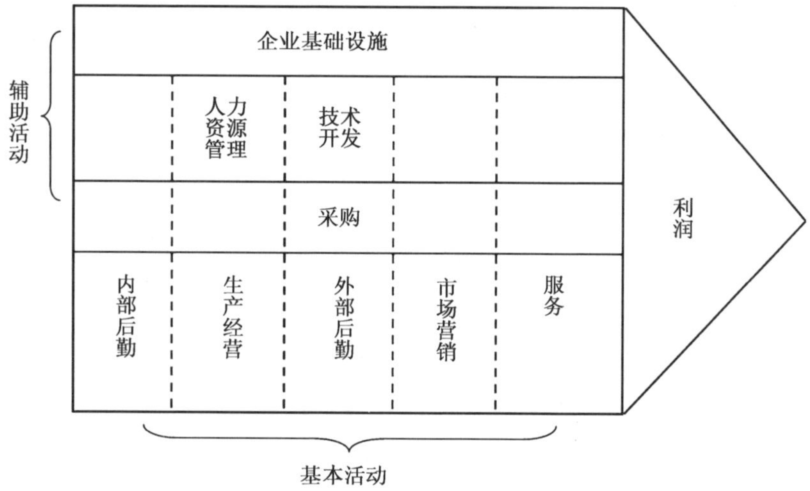

图 3.3　价值链分析模型

从图中可以看出，价值链分析将企业价值活动分成基本活动和辅助活动两类。基本活动是涉及产品的物质创造及其销售、转移给买方和售后服务的各种活动。辅助活动是辅助基本活动，并通过提供外购投入、技术、人力资源以及各种公司范围的职能以相互支持。价值链分析主要包括识别价值活动和确立活动类型两大方面。

(1)识别价值活动

识别价值活动要求在技术上和战略上有显著差别的多种活动相互独立。如前所述，价值活动有两类：基本活动和辅助活动。

基本活动可分为：

①内部后勤　指与接收、存储和分配相关联的各种活动。

②生产经营　指与将各种投入转化为最终产品相关联的各种活动。

③外部后勤　指与集中、仓储和将产品发送给买方相关联的各种活动。

④市场营销　指与提供一种买方购买产品的方式和引导它们进行购买相关联的各种活动。

⑤服务　指因购买产品而向顾客提供的、能使产品保值增值的各种服务，如安装、维修、零部件供应等。

辅助活动有四种，它们是：

①采购　指购买用于企业价值链各种投入的活动。

②技术开发　每项价值活动都包含着技术成分，既包括技术诀窍、程序，也包括工艺设备中所体现的技术。技术开发由一定范围的各项活动组成，这些活动可以广泛地体现为改善产品和工艺的各种努力。技术开发可以发生在企业中的许多部门，与产品有关的技术开发对整个价值链起辅助作用，而其他的技术开发则与特定的基本活动和辅助活动有关。

③人力资源管理　指与人员的招聘、培训、职员评价以及工资、福利相关联的各种活动。它不仅对单个基本辅助活动起作用，而且支撑着整个价值链。

④企业基础设施　企业基础设施由大量活动组成，包括总体管理、计划、财务、会计、法律、政治事务和质量管理等。它与其他辅助活动不同，它不是通过单个活动而是通过整个价值链起辅助作用。

（2）确立活动类型

在每类基本和辅助活动中，都有三种不同类型。

①直接活动　涉及直接为买方创造价值的各种活动，例如零部件加工、安装、产品设计、销售、人员招聘等。

②间接活动　指那些使直接活动持续进行成为可能的各种活动，如设备维修与管理、工具制造、原材料供应与储存、新产品开发等。

③质量保证　指监控其他活动质量的各种活动，例如监督、视察、检测、核对、调整和返工等。

在价值链分析中，不同的活动有着不同的经济效果，对企业竞争优势的确立起着不同的作用，应该加以区分，权衡取舍，以确定核心和非核心活动。一般来讲，企业的竞争优势可以来源于价值活动本身、价值链内部联系和价值链的外部联系三个方面。在具体运用价值链分析模型对客户内部各关键要素进行分析时，首先应对构成客户价值链的基本活动和支持活动的各个具体内容确定评价标准，然后予以量化评价分析。

价值活动本身是构筑竞争优势的基石。企业从事各种不同价值活动，虽然所有这些活动对企业的成功都是必需的，但是确认那些支持企业竞争地位的价值活动仍然很重要。因此，对一个企业而言，在关键价值活动的基础上建立和强化这种优势很可能获得成功。另一方面，由于价值活动已列在企业的价值链中，只要同其他企业对比，就不难发现自身竞争优势之所在。

价值链并不是一些独立活动的综合，而是由相互依存的活动构成的一个系统。价值活动是由价值链的内部联系联结起来的，基本活动之间、不同支持活动之间、基本活动与支持活动之间均存在着联系，这些联系是某一价值活动进行的方式和成本与另一活动之间的关系，竞争优势往往来源于这些联系。如成本高昂的产品设计、严格的材料规格或严密的工艺检查也许会大大减少服务成本的支出，而使总成本下降。

价值链的外部联系不仅存在于企业价值链内部，而且存在于企业价值链与供应商、渠道价值链和买方价值链之间。供应商、渠道买方的各种活动进行的方式会影响企业活动的成本或利益，反之也是如此。供应商是为企业提供某种产品式服务的，销售渠道具有企业产品流通的价值链，企业产品表示买方价值链的外购投入，因此，它们各自的各项活动和它们与企业的价值链间的各种联系都会为增强企业的竞争优势提供机会。

咨询公司应提醒企业对价值链的内部联系、外部联系给予高度的关注。对这些联系进行规划,既可以提供独特的成本优势,又可以以此为基础将组织的产品或服务与其他组织区分开来,从而实现差异化。

需要说明的是,不同的产业具有不同的价值链。在同一产业,不同企业的价值链也不同,这反映了它们各自的历史、战略以及实施战略的途径等方面的不同,同时也代表着企业竞争优势的一种潜在来源。同一企业在不同的时期,也具有不同的价值链。因此,在进行企业价值链和行业价值链分析时,要考虑到价值链的各种特点,使分析全面、合理、科学。

3. 7S 模型

7S 模型是麦肯锡顾问研究中心设计的研究组织中“硬件”与“软件”相互作用方式的工具。7S 模型指出了企业在发展过程中必须全面考虑各方面的情况,包括战略、结构、系统、风格、共同价值观、员工、技能等 7 个组织因素。也就是说,企业仅具有明确的战略和深思熟虑的行动计划是远远不够的,因为企业还可能会在战略执行过程中失误。因此,战略只是其中的一个要素。在模型中,战略、结构和系统被认为是企业成功的“硬件”,风格、员工、技能和共同价值观被认为是企业成功经营的“软件”。“软件”和“硬件”同样重要,它们与公司的成败息息相关,且都应当加以管理,绝不能有所偏颇或者忽略。7S 模型的基本内容如图 3.4 所示。

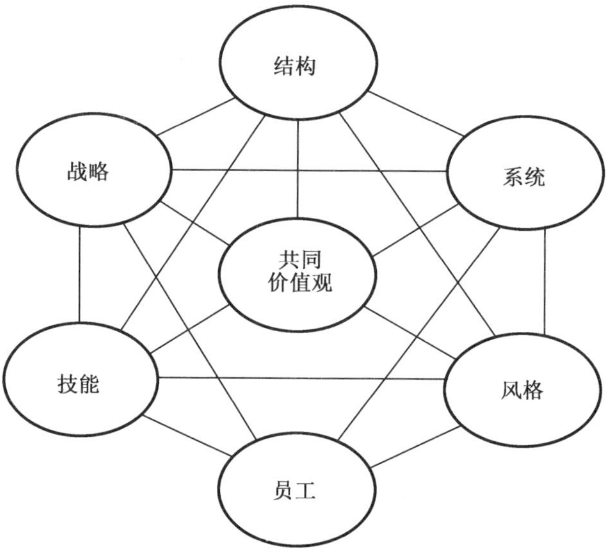

图 3.4　7S 模型

(1)共同价值观

由于战略是企业发展的指导思想,只有企业的所有员工都领会了这种思想并用其指导实际行动,战略才能得到成功实施。因此,战略研究不能只停留在企业高层管理者和战略研究人员这一个层次上,而应该让执行战略的所有人员都能够了解企业的整个战略意图。企业成员共同的价值观念具有导向、约束、凝聚、激励及辐射作用,可以激发全体员工的热情,统一企业成员的意志和欲望,齐心协力地为实现企业的战略目标而努力。这就需要企业在准备战略实施时,要通过各种手段进行宣传,使企业的所有成员都能够理解它、掌握它,并用它来指导自己的行动。共同价值观是麦肯锡 7S 模型的核心。

(2)战略

战略是有关企业发展全局性、长远性的谋划,是企业根据内外环境及可取得资源的情况,为求得企业生存和长期稳定发展,对企业发展目标、达到目标的途径和手段的总体谋划,它是企业经营思想的集中体现,是一系列战略决策的结果,同时又是制订企业规划和计划的基础。

(3)结构

企业组织结构一定要适应实施企业战略的需要,它是企业战略贯彻实施的组织保证。组织结构是企业的组织意义和组织机制赖以生存的基础,它是企业组织的构成形式。组织结构是企业的组织要素,如目标、人员、职位、相互关系、信息等的有效排列组合方式,是将企业的目标任务分解到职位,再把职位综合到部门,由众多的部门组成垂直的权利系统和水平分工协作系统的一个有机的整体。组织结构是为战略实施服务的,不同的战略需要不同的组织结构与之对应,组织结构必须与战略相协调。

(4)系统

系统也翻译成制度。企业的发展和战略实施需要完善的制度作为保证,而实际上各项制度又是企业精神和战略思想的具体体现。所以,在战略实施过程中,应制定与战略思想相一致的制度体系,要防止制度的不配套、不协调,更要避免背离战略的制度出现。

(5)风格

现代组织都处在集权与分权统一的基础上,都在集权和分权之间进行着权衡。优秀的企业一般都呈现出既中央集权又地方分权的宽严并济的管理风格,它们一方面让生产部门和产品开发部门极端自主,另一方面又固执地遵守着流传久远的价值观。

(6)员工

战略实施还需要充分的人力准备,有时战略实施的成败取决于有无适合的人员去实施。实践证明,人力准备是战略实施的关键。企业在做好组织设计的同时,应注意配备符合战略思想需要的员工队伍,将他们培训好,分配给他们适当的工作,并加强宣传教育,使企业各层次人员都树立起与企业的战略相适应的思想观念和工作作风。

(7)技能

在执行公司战略时,需要员工掌握一定的技能,这有赖于严格、系统的培训。

在 7S 模型中,每个因素有着相同的重要性,各因素之间又相互作用、相互依赖。因此,在企业发展过程中,要全面考虑企业的整体情况,只有在软硬两方面 7 个要素能够很好地沟通和协调的情况下,企业才能获得成功。在不同的经营环境下,采取不同的战略将决定哪个因素起重要作用。忽视其中任何一个因素都可能会使战略在实施过程中难以逃避失败的命运。

三、企业综合战略分析模型

1. SWOT 分析

SWOT 分析方法是在 20 世纪 80 年代,由美国旧金山大学的韦里克教授提出来的一种多用途的企业战略分析方法。SWOT 分析被大量地用于战略分析过程,但是它同时也是一个有效地进行战略制定的工具。SWOT 是优势(strengths)、劣势(weaknesses)、机会(opportunities)和威胁(threats)英文单词首字母缩写词。SWOT 分析法是将企业外部环境的机会(O)与威胁(T)、内部环境的优势(S)与劣势(W)同列在一张十字形图表中加以对照。

这样可以一目了然地看出企业的环境情况，又可以从内部环境条件的相互联系中做出更深入的分析评价。优势和劣势是对企业内部能力的总结和评价，而机会和威胁是对企业外部竞争环境的综合和概括。在管理咨询过程中，企业内部环境的优势、劣势，外部环境的机会与威胁分析的关键因素如表3.2所示。

在企业管理咨询活动中，SWOT分析模型可以帮助咨询师概括主要的事实，分清企业所面临的主要问题和次要问题，制定与企业内部能力（强处和弱点）和外部环境（机遇和威胁）相适应的战略。SWOT分析通过优势、劣势、机会、威胁的交叉组合，可以为企业战略的制定提供4种选择和建议：SO（优势机会组合）、WO（劣势机会组合）、ST（优势威胁组合）、WT（劣势威胁组合）战略，如表3.3所示。

表3.2　SWOT分析中的潜在关键因素

内部优势(S)	内部劣势(W)
• 专有技术 • 充足的资金 • 高市场份额 • 政治保护 • 良好的战略 • 良好的顾客认知 • 优良的研发机构 • 优秀的管理层 ……	• 管理不善 • 缺乏资金 • 缺乏战略方向 • 弱的营销技能 • 缺乏原料供应 • 高成本结构 • 低产品质量 • 缺乏创新 ……
外部机会(O)	**外部威胁(T)**
• 进入新的市场 • 多元化经营 • 争取到新的客户群 • 高增长预期 • 出口市场 • 政府合同 ……	• 新的低成本竞争者 • 技术上的替代者 • 增长缓慢 • 外汇汇率波动 • 顾客需求变化 • 政府管制 ……

表3.3　SWOT分析的4种战略交叉组合

内部	外部	
	机会(O)	威胁(T)
优势(S)	SO组合（增长型战略） 依靠内部优势 利用外部机会	ST组合（多种经营战略） 利用内部优势 回避外部威胁
劣势(W)	WO组合（扭转型战略） 克服内部劣势 利用外部机会	WT组合（防御型战略） 减少内部劣势 回避外部威胁

2. 平衡计分卡

平衡计分卡(balanced score card,BSC)源自哈佛大学教授卡普兰(Robert S. Kaplan)与复兴全球战略集团总裁诺顿(David P. Norton)于20世纪90年代所从事的“未来组织绩效衡量方法”研究计划。它提供了一个将策略转换成行动方案或工作计划的思维模式,同时平衡计分卡已经逐渐发展成一项战略实施与监控的管理制度,并结合战略与绩效管理协助企业实现愿景。平衡计分卡从四个层面关注企业绩效:客户层面、内部业务层面、学习与成长层面和财务层面。这样就使企业的使命和战略转化为一套绩效指标,作为衡量企业战略执行状况和监控企业运作的工具,如图3.5所示。

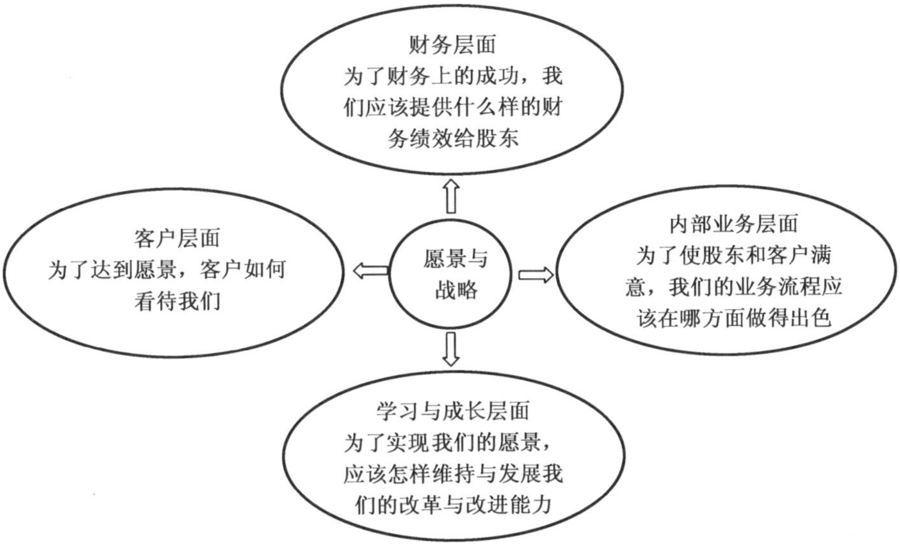

图3.5 平衡计分卡模型

平衡计分卡四个层面之间相互支撑。财务指标是企业最终的追求和目标,也是企业存在的根本物质保证。要提高企业的利润水平,必须以客户为中心,满足客户需求,提高客户满意度,而要满足客户需求,必须加强自身建设,提高企业内部的运营效率。提高企业内部运营效率的前提是平衡计分卡四个层面之间相互支撑。也就是说这四个层面构成一个循环,从四个角度解释企业在发展中所需要满足的四个因素,并通过适当的管理和评估促进企业发展。当某一个循环结束后,企业又会面临新的战略目标,开始新的创新、新的循环。具体为:

(1)财务层面

平衡计分卡的财务绩效衡量层面显示企业的战略及其实施和执行是否正在为最终经营结果的改善做出贡献。其目标是解决“股东如何看待我们”和“企业运作达到什么样的标准才能使股东满意”问题。常见的指标包括资产负债率、流动比率、速动比率、应收账款周转率、存货周转率、资产净利率、销售毛利率等。

(2)客户层面

平衡计分卡的客户层面衡量的内容包括客户的满意程度、对客户的挽留、获取新的客户、获利能力和在目标市场上所占的份额。其目标是解决“客户如何看待我们”和“要达成财务目标，我们必须满足怎样的客户要求”的问题。在现今这个客户至上的年代，如何向客户提供所需的产品和服务，从而满足客户需要，提高企业竞争力，已经成为企业能否获得可持续性发展的关键。客户层面正是从质量、性能、服务等方面，考验企业的表现。顾客因素在平衡计分卡中占有非常重要的地位，因为如果无法满足或达到顾客的要求时，企业的愿景及目标是很难实现的。

（3）内部业务层面

内部业务层面重视的是对客户满意程度和实现组织财务目标影响最大的那些内部过程。其目标是解决“我们的优势是什么”和“要使股东和顾客满意，必须在哪些业务流程和内部运作上超越他人”的问题。平衡计分卡方法把革新过程引入到内部经营过程之中，要求企业创造全新的产品和服务，以满足现有和未来目标客户的需求。这些过程能够创造未来企业的价值，推动未来企业的财务绩效。平衡计分卡认为应关注导致企业整体绩效更好的流程、决策和行动，特别是对顾客满意有重要影响的企业过程，如内部运作效率、成本降低、质量和服务水平进一步提高、生产流程优化和周期缩短、新产品开发速度，这些因素将会在很大程度上决定企业在激烈的竞争中是否真正占有主导地位。

（4）学习与成长层面

组织的学习与成长有三个主要的来源：人才、系统和组织程序。平衡计分卡会揭示人才、系统和程序的现有能力与实现突破性绩效所必需的能力之间的巨大差距，从而投资改进。其目标是解决“我们如何提高自己的能力”和“为实现财务目标和客户需要，需要员工具备什么样的技能和知识”的问题。通常来讲，一旦公司的战略重点发生调整，公司的运作模式和组织流程就会随之发生调整，相应地，也就对员工队伍的知识结构、技能水平提出更高的要求。企业的成长与员工和企业能力素质的提高息息相关，而从长远角度来看，企业唯有不断学习与创新，才能实现长远的发展。企业需要根据战略要求和企业重点，随时打造符合公司的战略要求的员工队伍。

企业要想实施平衡计分卡，一般可以按照以下步骤来进行：

①建立公司的愿景与战略。确定公司的行业及发展，找到当前的位置以及未来的目标。公司的愿景与战略要简单明了，使其能够采用一些业绩衡量指标；

②构建或确定公司发展的关键能力。应成立平衡计分卡小组去解释公司的愿景和战略，并建立财务、客户、内部业务、学习与成长四类具体的目标，当然出于战略的考虑也可以增加其他方面的目标；

③确定成功的关键因素。采用系统思考的方法，充分考虑标准之间的相互影响，确保它们“平衡”地反映所需考虑的各方面内容；

④加强企业内部沟通与教育。利用各种不同的渠道沟通各层管理人员，让企业员工知道公司的愿景、战略、目标与业绩衡量指标，获得他们的认可；

⑤制定具体业绩考核指标。确定每年、每季、每月的业绩衡量指标的具体数字，并与公司的计划和预算相结合。注意各类指标间的因果关系、驱动关系与连接关系，确保它们既包含短期目标，也包含长期目标；

⑥执行和评价。按照行动计划的优先级加以执行，将每年的报酬奖励制度与平衡计分卡挂钩；

⑦反馈与调整。经常采用员工意见修正平衡计分卡衡量指标，并改进公司战略。

【本章主要知识点】

本章主要对企业管理咨询中常用的方法与工具进行介绍，目的是通过本章学习，可以对管理咨询常用工具与方法形成初步了解，并能够加以运用。

(1)访谈法是管理咨询人员就企业管理现状和问题与企业有关人员进行直接交谈的信息搜集方法，该方法是管理咨询中最常用的调查方法之一。访谈法按照形式可以分为专访法、函访法、座谈法、小组研讨法等。访谈法的基本要素涉及访谈对象、访谈形式、访谈提纲与访谈计划的准备、访谈实施、访谈总结。

(2)问卷调查通常分为封闭式问卷和开放式问卷两种。在设计问卷时应有明确的目标和重点，要围绕目标尽可能多地了解信息，题目与选项设计要简明扼要，题干与答案选项无明显歧义，方便汇总、整理和分析。

(3)资料收集可以分为一手资料和二手资料两类。一手资料是指由咨询顾问直接或委托第三方通过亲自访谈、问卷调查和现场参观调查等方式得到的资料；二手资料的来源有很多，主要包括年鉴、行业协会报告、上市公司报告、期刊、专业信息资料机构、互联网等。

(4)对比分析法是把待研究的事件和一个已知的基准进行比较得出判断结果的分析方法。根据不同的标准，可以有定性比较和定量比较、静态比较和动态比较、横向比较和纵向比较、宏观比较和微观比较、全面比较和局部比较等多种类型。

(5)因果分析法是找出事物之间的因果联系的分析方法，主要有求同法、求异法和共变法三种形式。

(6)问题树分析法的原理是将问题的所有子问题分层罗列，从最高层开始，逐步向下扩展，是一种以树状图形系统分析存在的问题及其相互关系的方法。

(7)头脑风暴法是一种集体开发创造性思维的方法，其基本原则是没有对观点的批评，追求观点的数量，在彼此的观点之上建立新观点，鼓励狂热的和夸张的观点，不准参加者私下交流等。组织头脑风暴法包括确定议题、会前准备、确定人选、明确分工、规定纪律、掌握时间等等环节。

(8)德尔菲法是专家会议法的一种发展，是一种向专家进行调查研究的专家集体判断。德尔菲法的特点是匿名性、函询和多次反馈，即以匿名方式通过几轮函询征求专家们的意见，并把专家小组对每一轮的意见都进行汇总整理，作为参考资料再发给每一个专家，供他们分析判断，提出新的意见。

(9)PEST 分析是从政治法律、经济、社会文化和技术等四个方面对企业所处宏观环境进行分析的一种方法。政治法律环境是指对企业经营活动具有实际与潜在影响的政治力量和有关的法律、法规等因素。经济环境主要包括宏观经济因素和微观经济因素。社会文化环境是指企业业务涉及地区的民族特征、文化传统、价值观、宗教信仰、教育水平、社会结构、风俗习惯等情况。技术环境指国家科技体制、科技政策、科技水平和科技发展趋势等。

(10)波特“五力”分析模型主要用于竞争战略分析，可以有效地分析客户的竞争环境，可以有助于识别行业或者部门内竞争的来源。分析的角度主要包括潜在的新进入者、替代产品、客户、供应商和竞争对手。

(11)波士顿矩阵分析模型提出企业在确定经营方向时，应综合考虑企业或经营单位在市场上的相对竞争地位和业务增长情况。根据销售增长率与相对市场占有率两个因素的相互作用，会出现四种不同性质的业务单元类型，即明星类业务单元、现金牛类业务单元、问题类业务单元和瘦狗类业务单元。根据业务单元不同情况，企业可以采取四种基本的策略，即发展、维持、收获、放弃。

(12)价值链分析是一种描述组织内以及组织外各种活动的方法，通过这种活动分析来确认公司经济优势的源泉，进而评价公司的竞争优势。价值链分析将企业价值活动分成基本活动和辅助活动两类。基本活动是涉及产品的物质创造及其销售、转移给买方和售后服务的各种活动。辅助活动是辅助基本活动并通过提供外购投入、技术、人力资源以及各种公司范围的职能以相互支持。价值链分析主要包括识别价值活动和确立活动类型两大方面。

(13)7S 模型指出了企业在发展过程中必须全面地考虑各方面的情况，包括战略、结构、系统、风格、共同价值观、员工、技能等 7 个组织因素。其中战略、结构和系统被认为是企业成功的“硬件”，风格、员工、技能和共同价值观被认为是企业成功经营的“软件”。“软件”和“硬件”同样重要，都应当加以管理，不能有所偏颇或者忽略。

(14)SWOT 分析是将企业外部环境的机会(O)与威胁(T)、内部环境的优势(S)与劣势(W)同列在一张十字形图表中加以对照的方法，通过 SWOT 分析可以将企业的内外部环境综合起来加以评价。SWOT 分析模型可以帮助咨询师概括主要的事实，分清企业所面临的主要问题和次要问题，制定与企业内部能力(强处和弱点)和外部环境(机遇和威胁)相适应的战略。

(15)平衡计分卡从四个层面关注企业绩效，即客户层面、内部业务层面、学习与成长层面和财务层面。平衡计分卡将企业的使命和战略转化为一套绩效指标，作为衡量企业战略执行状况和监控企业运作的工具。平衡计分卡提供了一个将策略转换成行动方案或工作计划的思维模式，同时平衡计分卡逐渐发展成一项战略实施与监控的管理制度。

【复习与思考】

1. 在管理咨询中应用访谈法进行调研时需要注意哪些问题？
2. 在管理咨询中实施问卷调查时应该注意哪些方面？
3. 什么是对比分析法？举例说明在管理咨询中常用的对比分析内容。
4. 头脑风暴法通常用来解决什么问题，组织实施头脑风暴法一般包括哪些程序？
5. 德尔菲法的实施步骤有哪些，该方法有什么优点？
6. PEST 分析模型具体包括哪些分析内容？
7. 波特“五力”分析具体从哪五个方面来进行分析，每一个方面的基本内容是什么？
8. 波士顿矩阵分析将企业业务单元分为哪几类，对不同业务单元的基本策略是什么？
9. 企业价值链分析中的基本活动和辅助活动各包括哪些内容？
10. 7S 模型的基本内容是什么？
11. 平衡计分卡四个层面的基本内容是什么，其基本实施步骤包括哪些？

第四章　企业管理咨询成果

【本章学习目标】

(1)掌握企业管理咨询成果的特点。
(2)掌握咨询报告写作的要求。
(3)掌握咨询报告的结构和内容。
(4)了解可行性研究报告的用途和应包含的基本内容。
(5)了解市场调查报告的特点和应包含的主要内容。
(6)熟悉市场营销计划书应包含的内容。
(7)了解商业计划书的用途和应包含的内容。

企业管理咨询活动是一项复杂的智力劳动,是由具有专业知识和经验的咨询师组成的智力团体,根据企业的咨询需求,以拥有的知识、信息和经验为基础,运用先进的科学方法和手段对咨询对象进行调查、分析、研究、预测,客观公正地提出可选择的咨询方案,为客户服务,促进企业发展的智力劳动。企业管理咨询劳动的过程和结果一般以咨询成果的形式体现。因为企业管理咨询属于软科学研究活动,所以其成果大多以咨询报告、研究报告、工作建议、实施方案等形式出现。这些以报告形式体现的管理咨询成果,是管理咨询主客体之间进行沟通的媒介。对咨询客体而言,咨询报告可能成为指导企业发展方向、进行业务调整或者进行组织变革的依据。同时,咨询报告也越来越多地成为企业和其主管部门、银行以及合作伙伴等进行协商沟通的重要参考资料。

第一节　企业管理咨询成果的特点

企业管理咨询成果是一种特殊的工作和研究成果,它不同一般的科学技术成果,企业管理咨询成果具有如下一些特点:

1. 客观性

客观性是管理咨询成果的基本特征,也是咨询工作取得社会信誉的主要依据,其客观性表现在管理咨询活动是为协助决策者达到预定目标而开展的科学研究。它包括对领导需要决策的重大问题提供预选方案、对准备决策的方案提供可行性论证意见、对选择的决策方案给出实施办法、对未来发展提出科学预测等。咨询这种独特的社会功能决定了咨询成果包含着咨询人员在公正立场情况下对调查分析结果的如实反映。

2. 科学性

科学性是管理咨询成果能够取得实际效用的基础。从咨询过程来看,咨询成果的产生是符合科学研究程序的。管理咨询成果是咨询人员在利用大量情报资料的基础上,采用科学方法和手段开展调查研究,经过分析、推理、判断而完成的。咨询成果中的情报信息是采用科学方法和手段调查收集所得,是对客观存在事物的本质属性和基本规律的如实反映。

成果中对于咨询对象的本质特征和基本规律的描述是客观的，其数据、结论具有客观真实性、可靠性和准确性。咨询成果结论的形成是咨询人员经过严格的论证所得的，符合预期的市场需求和客户的咨询需求。

3. 独立性

管理咨询成果就其内容而言既不是某一科学理论的建立，也不是某项技术的发明创造，而是向其服务对象提交情况调查、研究报告、优选方案等产品。虽然其成果往往融入决策活动之中，对决策产生重要的作用和影响，但成果的得出却独立于实施单位的干预之外。管理咨询机构因其专业性和职业素养，建立在客观、独立的视角上开展咨询诊断和咨询方案设计工作，其成果受到咨询客体的主观影响小，其咨询成果具有相对独立性。

4. 间接性

科学研究与技术活动促进科学的发现和技术上的发明。技术发明创造可以提高劳动生产效率，直接推动生产的发展。科学原理和规律的发现则为技术活动提供理论依据。因此，科学技术与劳动工具一样，是一种生产力，能够为社会创造财富。这说明科技成果的经济效益和社会效果是明显的、直接的。管理咨询成果从表现形式上看，它是观念、建议、方案、报告等形式的成果，它不直接用于生产，其效益也隐现于决策者行动之中，只有被决策者运用，才能转化为具体的政策和管理措施，才能用于指导生产实践，转化为生产力。从效果上看，由于决策行为是领导者个人或者集体行使权利的一个过程，咨询人员可以通过咨询成果对领导决策施加影响，因此，咨询成果对于决策行为和生产实践活动的这种依附性决定了它的间接性。

5. 公开性与保密性

咨询成果是在满足客户的咨询需求基础上形成的，管理咨询成果一方面要面向客户，咨询建议、方案要交给客户，作为客户决策的依据或实施项目的方案。所以，咨询成果对咨询委托方是公开的。但另一方面，管理咨询顾问方必须遵守职业道德和合同条款，为用户严守商业秘密，而不为自己或其他的公司谋利。因此，委托方有权要求咨询顾问方对咨询成果保密，咨询成果对于其他商业机构具有保密性。

6. 综合性

咨询成果的综合性是由研究内容的专业性、咨询范围的广泛性和复杂性决定的。现代企业管理咨询活动除了包括该研究对象本身的内容外，还涉及政治、经济、科技、管理、社会、环境等各方面的内容，这就要求咨询人员必须具有广博的知识积累，站在广阔的社会大背景下展开综合研究。

第二节　企业管理咨询成果的形式

一、一般咨询报告

咨询报告是咨询师对整个咨询项目所了解的情况进行整理、分析、判断，并提出切实可行的改善方案后归纳而成的书面材料。这里所指的一般咨询报告，是指在企业常规管理咨询活动中作为成果展现的报告，是有别于专题的咨询活动，如可行性研究咨询、行业发展咨询等的通用性管理咨询报告。

1. 咨询报告的写作

咨询报告代表整个咨询工作的最终成果。咨询的工作量、咨询工作者的素质、水平,咨询的质量等都能从中体现出来。因而撰写时必须实事求是,坚持科学性、客观性,并注意以下几个方面的问题:

(1)区分需求

咨询报告应符合客户需求,具有很强的针对性。由于客户的行业、层次不同,对咨询报告的要求也不尽相同。如提供给企业领导层的咨询报告,应注意观点鲜明、结构严谨、叙述扼要,不宜使用过多过于专业、深奥的名词术语或公式、方法。再如提供给专业技术人员的咨询报告,可减少文字,增加图片,增强技术性和专业性等。

(2)提纲清晰

提纲或大纲是咨询报告的骨架,提纲的编写应当紧扣咨询项目的中心,思路清晰,结构合理,使报告的各主要部分、层次、论证方式等得到有序、合理的安排。咨询报告一般可以分成总报告和各专题报告。总报告的主要内容包括客户概况及咨询课题,咨询目标、方针、计划和组织实施过程,咨询报告的总体思路、各专题方案之间的关系,总体方案预期的效果及实施中应注意的问题。专题报告主要包括专题的问题分析、专题问题的原因分析、专题的咨询改善方案及其预期效果、专题的改善方案在落实过程中与相关部门的关系及应注意的问题,以及列入报告附录的调查结果等。

(3)内容具体

咨询报告不论篇幅长短、文字多少,都应当力求开门见山,文字精练。论证应当有理有据,富有逻辑性,不能有主观臆断的内容。文风要求质朴无华,不带感情色彩,且行文符合规范,所提方案明确具体,便于实施。

(4)精心组织

为了达到咨询报告的内容要求,咨询机构需要制定严格的工作流程,使每一项工作都有章可循,避免出现纰漏和失误。首先,由资深人士担任项目负责人,对项目进度和成果进行高度监控。对项目中出现的各种问题和影响因素,项目组应及时组织内部讨论,对咨询的主要问题及结论达成共识。同时,充分利用咨询公司拥有的丰富知识库,从中搜索需要的管理模块和行业分析。对每个人做出的报告部分,可由团队成员集体讨论,从各个不同的角度进行质询,发现问题,不断改进方案。最后,咨询公司应根据统一制定文档的质量规范,在统一的文档模板下编辑咨询报告。

(5)反复修改

一般撰写咨询报告的具体步骤是备好素材、编写提纲、撰写初稿、终审定稿。在这一过程中,应当始终注意收集信息,尤其是与承担的咨询项目直接有关的环境、事务、人物等方面的动态信息,并征求专家、学者的意见和建议,从内容推敲到文字润色,反复修改,使咨询报告能够客观公正、科学合理,经得起实践的检验。报告全部完成后,要在小范围内审查,听取客户有关部门的意见,检验咨询报告内容的实效,以便做最后的修改和补充。如果改善方案被企业决策者采纳,咨询报告得到最终承认,则本阶段的工作结束。

2. 咨询报告的要求

咨询报告一般可分为期间报告、讨论报告、终期报告三种类型。终期报告是撰写报告的重点,包括咨询公司的结论和推荐方案。咨询报告是智慧型产品,它必须符合以下几个方面的要求:

(1)报告必须准确抓住客户委托咨询的核心问题,主题突出,措施明确

咨询报告的提纲编写应注意紧扣咨询主题,要思路清晰、结构分明,合理安排和规划咨询报告各主要部分、层次、主要内容和结论。所谓主题突出、措施明确,就是咨询报告中所提出的论述和回答的问题以及解决问题的措施都必须明确,不能给人以似是而非的感觉。咨询报告必须要明确分析出客户现有能力和目标能力之间的差距,并根据客户现状制订一个积极稳妥的过渡方案,让客户一步步趋近目标。只有问题准确、目标明确,企业改善经营管理才有方向。否则,提出的问题很分散,改善经营管理就无从做起。咨询报告所给方案要抓住主要矛盾,把咨询中要集中解决的重点问题归纳总结好、解决好,才能使咨询收到良好的效果。

(2)咨询报告必须要逻辑清晰,符合实际

好的咨询报告必须有严谨的逻辑性。报告是基于何种逻辑和思路展开,是按照总分结构,还是按照部门顺序,是正反对比,还是按照时间序列等,执笔者要有清晰的思考。为加强报告的逻辑性,首先要求执笔人的思维方法要有科学性,必须按逻辑顺序分析问题。在具体行文时,要层次分明,论述有力。段与段、句与句之间的连接是否合乎逻辑,这是影响报告可读性的重要因素。如果段与段、句与句之间连接得不好,即使每段乃至每句都写得很好,也不能算是一篇好的报告。此外,咨询顾问必须是在正确地了解行业趋势的基础上为企业制订方案,报告的内容既要符合国家规定的各种政策,又要结合企业或组织的文化,切合实际。

(3)咨询报告必须符合规范

咨询顾问必须对报告的结构进行精心的设计和构思,正确而简洁地陈述观点,适当地运用图形图表,使报告易于阅读和理解。咨询报告作为商业性的专业文件,应时刻注意报告格式的规范性,无错别字和漏字,文字简练,能准确表达咨询意图。段落以主题句开始,文风根据咨询任务性质要求撰写,不要带有咨询人员的感情色彩和导向性的文字,内容编排能令读者产生较大阅读兴趣。报告前后文体、结论和建议态度应相一致,论据和论证要有理有据、合乎逻辑。最后还要做好文本的校对工作。

(4)咨询报告要注意表现形式

咨询报告的表现形式也是影响其质量的重要方面。为提高报告书的质量,增强感染力,要做好如下几点:①语言要生动、活泼,文字要简练易懂,要尽量以简短的句子表现丰富的内容;②行文要尽量条款化,以简单的条文表现复杂的事物,让人看了立刻就掌握问题的实质,给人一个清晰的印象;③要注意图表的使用,咨询报告与一般文章不一样,除文字说明外,还要使用很多表格和图示,表格、图示的多少、大小和排放的位置都必须合理、恰当,使之在格式上显得美观;④注意版面修饰,为增加报告的感染力,对重要的字句要进行一定的修饰,另外,对表格和图示也要用不同颜色加以修饰和区别。总之,报告不仅语言要生动,而且表现形式要美观,文图搭配要得体,重要标题要醒目。

(5)咨询报告要注意细节

①要精心排版及印刷,不要把过多的信息都挤进一张纸里。适当留白,行首空格、页边空白、标题及其他布局特征等可使报告对读者更具吸引力。认真排版并清晰印刷,可以使咨询报告的美观性和专业性得到提升。②选用优质的纸张与封皮,精心设计的封皮可以增强报告的美感,给读者留下好的整体印象,一般可以采用咨询公司固定的封皮模板。优质的纸张可以将咨询报告的内容呈现得更加美观和细腻。③注意装订,要注意根据咨询报告

的最终厚度,选择适当的装订方式。④认真校对,咨询报告中的语法和文字错误会极大地降低客户对咨询主体的印象,甚至是造成完全破坏性的影响。

3. 咨询报告的构成

由于咨询课题大小不一,客户要求不同,咨询成果可采用不同的形式,内容也有深有浅,但大都以咨询报告形式出现,其中又以专题报告为多。咨询报告还可以采用综述和评述的形式。综述是对某一问题的研究现状、主要观点、研究成果、当前存在的问题及解决的意见和建议、未来发展趋势的预测与概括。综述要求论述客观,不加入撰写人的个人评价,一般可分为综合性综述、专题性综述、摘要性综述三种类型。评述是在综述的基础上,对涉及该问题的研究成果、观点进行评论,撰写人可表明自己的观点、意见及建议。评述分为综合性评述与专题性评述两种类型。专题报告又称专门报告,指为解决某项专门任务而进行的调研报告,它具有针对性、综合性、结论明确等特点。咨询报告一般由以下几个部分组成:

(1)咨询题目

应体现咨询课题的主旨、范围或重点。对于大型课题的极其复杂内容,可通过副标题等方式补充揭示课题的宗旨或意图。

(2)咨询项目组成员情况

在咨询报告的开头,首先要公布咨询项目组成员的构成情况,介绍他们所在的单位和职务。这样做可以使客户了解咨询项目组成员情况,增加其对诊断和咨询结论的信任程度。

(3)咨询目的

咨询目的是项目组进行工作的依据,只有咨询目的明确,咨询时才能始终抓住主要矛盾。咨询目的应根据客户的要求而定,其内容由咨询的范围和内容决定。例如企业概况咨询应以改善企业经营结构、经营方针和经营管理现状等为目的,部门咨询应以解决部门的主要问题为目的,具体的科室、车间咨询应以解决这些组织所存在的问题为目的,具体某类业务的咨询也应以提高此类业务的管理绩效为目的。所以,不论是哪个层面或者哪类业务的管理咨询,都要做到咨询目的必须明确具体,集中解决突出问题和关键问题。

(4)咨询工作情况

咨询工作概况实质是对咨询工作过程的介绍与总结,目的是通过对咨询主要工作过程的描述,使客户了解整个咨询的工作过程和进度安排,使客户对咨询主体的工作有一个初步的了解,从而能够增加他们对咨询的信任程度,提高其落实改善方案的信心。咨询工作情况应包括本次咨询的对象和范围、咨询的经过、信息的收集方法、问题的分析工具、咨询的日程安排、咨询的分工负责情况、过程文件的客户确认情况、咨询的里程碑成果等。

(5)咨询对象的现状与主要问题

咨询的基本任务就是调查、了解分析客户的现状,诊断出客户在管理上存在的主要问题,据此提出切实可行的改善方案。在咨询报告中,必须把客户的现状和存在问题作为基本内容给予详尽地介绍和说明,本部分内容可根据需要辅以诊断报告,对客户咨询问题的现状和事实以数据等方式详细体现。这一方面是因为客户的现状和主要问题是确定咨询方向、提出咨询方案的依据,另一方面又可以使客户更好地了解自己存在的问题和改善经营管理的方向,更好地理解和执行改善方案。

(6)咨询采用的方法及依据

在咨询报告中,还要详细介绍咨询所采用的方法。在前述咨询工作情况介绍中,会提及咨询工作所采用的一些工具和方法,但只是总结性地给出。本部分应就咨询中所采用的各种方法、工具和模型等进行详细的介绍,同时说明使用这些方法的依据,使企业明确咨询是按科学方法进行的,从而可以增加客户对咨询的信任程度。

(7)改善方案

改善方案是咨询报告的最核心内容,是满足客户需求、达到咨询目的的主要工作成果。一般情况下,改善方案主要包括两部分内容:一是企业改善经营管理的整体目标和具体的经济技术指标;二是为达到这些指标的保证措施。为保证改善方案的科学性和最优化,在拟订方案时,必须注意如下几点:

①改善方案所提出的指标,要充分考虑客户的主、客观条件,既要看到实施方案的有利条件,又要看到不利因素。

②改善方案的主要指标要参照同类先进企业的有关指标,但不能简单地照抄照搬。

③改善方案的指标应是平均先进水平,不能过高,也不能偏低。

④改善方案的措施要切实可行。

⑤改善方案实施后可能实现的利润与实施方案两者所需费用之间的关系,尽量做到增加利润,减少费用。

(8)改善方案执行后的预期成果

改善方案执行后可能取得的预期成果是客户权衡利弊的主要依据。在咨询报告中,必须具体地列出改善方案执行后可能达到的各项定性与定量指标,并且尽力做到指标的定量化。其中利润指标是客户最关心的一项内容,因此在咨询报告中必须要对利润情况进行客观、合理的估计与预测,这可以激励客户全力推进改善方案的执行,增加客户对整个咨询工作的重视和兴趣。

(9)实施指导

一份完整的咨询报告应就咨询方案的实施提出指导,包括实施中应该注意的事项、采取的步骤、时间安排、可能遇到的困难和解决办法等。这些内容可以体现出咨询机构的专业性和认真负责精神,增加企业对咨询报告的信任。此外,实施改善方案所需的成本和费用也是咨询方案报告书一项不可缺少的内容。在咨询报告中,要具体地列出执行方案所需的各项成本与费用,让客户心中有数,进而积极地去安排时间、组织人力、筹措费用、纳入工作计划,为实施方案做好全面的准备。

综上所述,在咨询报告书中,最重要的内容是客户存在问题的诊断和改善方案两个部分。运用科学的方法准确地诊断出客户在管理上存在的主要问题,并根据其存在的主要问题提出科学的改善方案,是保证咨询报告质量的关键。

(10)咨询结论

结论部分是对整个咨询报告的高度概括和总结,是对整个咨询工作的自我评价。根据实际情况需要,也可将咨询结论放在整个咨询报告的开始,目的是节省阅读者的时间,使他们先了解报告的大概,然后带着想要详细了解的问题再看报告正文。

(11)附录和参考文献

咨询报告在正文后面可以列出附录及参考文献。前者包括正文中引用的图表、数据等资料,后者为参考文献目录,用来证明报告内容的来源有据可依,增加客户的信任度,同时也便于其他人做参考。

二、专题咨询报告

由于企业管理活动的复杂性和管理咨询需求的多样性,使得管理咨询活动有着多种专题任务。不同的专题任务决定了咨询的业务范围不同、咨询成果的表达形式也不尽相同。下面介绍几种常用的专题咨询报告的撰写方法,供学习参考。

1. 可行性研究报告

在企业管理工作中,决策者经常会面临一些大型的投资决策。因此在确定是否对一个项目进行投资建设之前,必须从各方面对该项目的可行性进行充分的论证,以减少决策的盲目性,避免重大损失。所谓可行性研究,就是在项目正式投资决策之前,对与项目有关的社会、经济、技术和管理等各方面情况进行深入的调查研究,对各种可能的方案进行认真的技术经济分析,比较论证投资项目的技术先进性和适用性、经济合理性和有利性、项目管理的可能性和有效性,从而为最终决策提供科学依据。可行性研究报告则是经过上述研究过程之后,对咨询项目的可行性提出的综合性书面意见和建议。可行性报告根据咨询项目的不同,其内容形式和结构类型也各有差异。一般来讲,可行性报告应单独装订成册,由首页、正文、时间、附件等组成,其内容一般应包括以下几部分:

(1)投资必要性

根据市场调查及预测的结果,结合有关的产业政策,论证项目投资建设的必要性。一方面要做好投资环境的分析,对构成投资环境的各种要素进行全面的分析论证;另一方面要做好市场研究,包括市场供求预测、竞争力分析、价格分析、市场细分、定位及营销策略论证。

(2)技术可行性

主要从项目实施的技术角度,合理设计技术方案,并进行比较和评价。各行业不同项目技术可行性的研究内容及深度差别很大。对于工业项目,可行性研究的技术论证应达到能够比较明确地提出设备清单的深度。对于各种非工业项目,技术方案的论证也应达到目前工程方案初步设计的深度,以便与国际惯例接轨。

(3)财务可行性

主要从项目及投资者的角度,设计合理的财务方案,从企业理财的角度进行资本预算,评价项目的财务盈利能力,进行投资决策,并从融资主体(企业)的角度评价股东投资收益、现金流量计划及债务清偿能力。

(4)组织可行性

制订合理的项目实施进度计划、设计合理的组织机构、选择经验丰富的管理人员、建立良好的协作关系、制订合适的培训计划等,保证项目顺利执行。

(5)经济可行性

主要从资源配置的角度衡量项目的价值,评价项目在实现区域经济发展目标、有效配置经济资源、增加供应、创造就业、改善环境、提高人民生活等方面的效益。

(6)社会可行性

主要分析项目对社会的影响,包括政治体制、方针政策、经济结构、法律道德、宗教民族、妇女儿童及社会稳定性等。

(7)风险因素及对策

主要对项目的市场风险、技术风险、财务风险、组织风险、法律风险、经济及社会风险等风险因素进行评价,制定规避风险的对策,为项目全过程的风险管理提供依据。

2. 市场调查报告

调查报告是指在对咨询对象进行专门调查研究之后,根据调查研究的结果撰写的反映客观事实的报告。对于咨询顾问方来说,调查报告是一种促成咨询委托方实施有效管理的文件,是咨询活动的重要成果。

调查报告根据调查对象和内容的不同,其类型和结构也有所区别。调查报告一般分为综合调查报告、专题调查报告、典型调查报告三类。综合调查报告是围绕某一咨询问题进行全方位调查分析后写出的调查报告。专题调查报告是围绕某一咨询问题,选取其重点样本对象,进行专门调查研究后写出的调查报告。典型调查报告是指选取具体事例说明项目成效。对于失败的典型事例,调查报告应有针对性地揭示和分析原因,说明后果以及预防办法。对于成功的典型事例,应重点介绍其实施方法和经验。下面以在企业管理咨询中常用的市场调查报告为例,说明这种报告的基本写法。

市场调查报告是对市场的全面情况或某一侧面、某一问题进行调查研究之后撰写出来的报告,是针对市场状况进行的调查与分析。市场调查报告具有如下特点:

(1)针对性

针对性主要包括两方面:第一,调查报告必须明确调查目的。任何调查报告都是目的性很强的,是为了解决某一问题,或是说明某一问题,因而撰写报告时必须做到目的明确、有的放矢,围绕主题开展论述;第二,调查报告必须明确阅读对象。阅读对象不同,他们的要求和所关心问题的侧重点也不同。

(2)新颖性

市场调查报告应紧紧抓住市场活动的新动向、新问题,引用一些人们未知的、通过调查研究得到的新发现,提出新观点,形成新结论。只有这样的调查报告,才有使用价值,才能达到指导企业营销活动的目的。

(3)时效性

要顺应瞬息万变的市场形势,调查报告必须讲究时间效益,做到及时反馈。只有及时到达使用者手中,使决策跟上市场形势的发展变化,才能发挥调查报告的作用。

从表达形式来看,市场调查报告可以有书面报告和口头报告。对小型调查活动和急需基本信息进行决策时,就没有必要和没有时间使用书面报告,因此口头报告也是一种必要的表达形式。在调查实践中也可能常常把两者结合起来,在提交书面报告的同时辅之以口头报告作为补充或解释说明。从其使用者来看,调查报告可分为基础报告、供出版用报告、专题报告和供决策者使用的报告。

市场调查报告一般应包含以下内容:

(1)标题

标题页也可能是报告的封面。它需要创造一种专业形象和引起读者的兴趣,鼓励人们阅读。标题必须清楚地说明是关于什么的报告,要简短明了,突出重点并能引起好奇心。如果报告属于机密,应该在标题页的某处清楚说明。标题应该醒目,一般应打印在封面上,封面一般只有一张纸,其内容可包括:该项调查的标题;委托方和调查研究机构的名称、地址;调查项目负责人的姓名及所属机构;调查报告的日期。

(2)目录

目录是关于报告中各项内容的完整一览表。如果调查报告的内容、页数较多,为了方便读者阅读,应当使用目录或索引形式列出报告所分的主要章节和附录,并注明标题、有关章节编号及页码,如果某部分的内容比较多,为了读者阅读方便,可以将细目列入。一般来说,目录的篇幅不宜超过一页。

(3)概要

概要是对调查活动所获得的主要结果做概括性的说明。阅读调查报告的人往往对调查过程的复杂性并不十分感兴趣,他们只想知道调查所得的主要结果和结论,以及他们如何根据调查结果行事。因此,摘要可以说是调查报告极其重要的一个环节。它也许是读者唯一阅读的部分。由于这一部分如此重要,所以它应当用清楚、简洁而概括的手法,扼要地说明调查的主要结果,一般最多不要超过报告内容的十分之一,详细的论证资料只要在正文中加以阐述即可。

因此,概要应该主要阐述课题的基本情况,它是按照市场调研课题的顺序将问题展开,并阐述对调查的原始资料进行选择、评价、做出结论、提出建议的原则等。主要包括以下几方面内容:①简要说明调查目的,即简要地说明调查的由来和委托调查的原因;②说明该项调查的范围;③简要介绍调查对象和调查内容,包括调查时间、地点、对象及所要解答的问题;④调查的方法;⑤表示调查人员对这项调查的态度,以及对提供帮助的个人或机构的感谢。

(4)正文

正文是市场调查分析报告的主要部分。正文部分必须准确地阐明全部有关论据,包括问题的提出到引出结论,论证的全部过程,分析研究问题的方法。还应当有可供决策者进行独立思考的全部调查结果和必要的信息,以及对这些情况和内容的分析、评论。正文应包括以下几方面内容:

①调查目的的详细陈述。在调查报告正文的开头,调查人员应当指出该项调查的目的和范围,以便阅读者一目了然,准确地理解调查报告所叙述的内容。

②资料收集的具体过程。包括资料收集的方法、资料收集的技术。调查人员应当详细地介绍他们在收集资料时所采用的方法,还应当说明为什么要用这种方法。同时,附录内还应附有所采用的调查问卷。在资料收集技术上,要说明用抽样调查还是采用典型调查,如果采用抽样调查,应当详细地指出如何选择样本、样本数目及其代表性。

③调查结果。调查结果构成市场调查报告的主体。调查结果提供调研人员搜集到的所有相关事实和观点,但不企图对调查委托方的计划做任何暗示,因为这是结论部分的任务。这一部分的写作直接决定调查报告的质量和作用。主体部分要客观、全面地阐述市场调查所获得的材料、数据,用它们来说明有关问题,得出有关结论,对有些问题和现象要做深入地分析评论等。总之,主体部分要善于运用材料来表现调查的主题。

(5)结论和建议

调查结果的介绍是调查人员所得资料的详细描述,结论才是调查人员在仔细研究和分析所有资料后得出的判断。结论和建议是撰写调查报告的主要目的。这部分包括对引言和正文部分所提出的主要内容的总结,提出如何利用有效的措施来解决某一具体问题,可供选择的方案与建议等。在准备建议时,调查人员应有明确的态度,选择实事求是的观点,不能受感情或预感所支配,应以调查结果为基础。结论和建议与正文部分的论述要紧密对应,不可以提出无证据的结论,也不要进行没有结论性意见的论证。同时,应尽可能简洁、准确地说明建议,易于决策者理解。

(6)附录

附录是指调查报告正文包含不了或没有提及、但与正文有关必须附加说明的部分。附录通常包括数据汇总表、原始资料、背景材料、空白的调查问卷、二手资料来源的目录等。附录不应该孤立存在。它不仅是正文所必需的参考资料,而且还要真正的作为调查结果的补充被引用。附录的长短无硬性不变的规定,但是附录不应是关系模糊不清的材料的堆砌,而且应保持报告正文与附录长度之间的合理比例。

3. 市场营销计划书

营销方案计划是一个预先规划客户产品营销活动和开发市场的整体性计划,包括预定的营销目标、引导政策、营销组合策略等内容。营销计划书的格式包括封面、标题页、前言、目录、营销计划摘要、正文以及附录等。

一般来讲,企业营销计划书的主要内容有:

(1)市场营销现状

综述与市场、产品、竞争、分销和宏观环境有关的背景资料。例如:市场规模与增长、顾客需求、消费观念和购买行为的趋势;主要产品的销售量、价格、收益额和纯利润等分析;主要的竞争者及其规模、目标、市场占有率、产品质量、市场营销策略等;各配销渠道的销量、渠道的重要地位及变化、激励分销商的价格和贸易条件等;影响产品营销的宏观环境趋势等。

(2)市场机会与问题分析

以市场营销现状分析为基础,找出主要的市场机会与威胁、客户的优势与劣势和整个计划期内公司经营产品所面临的问题等。分析的结果和对问题的决策,将会确立营销目标、营销策略和营销战术。

(3)营销目标

主要确立财务目标和市场营销目标,并分解为销售目标、价格目标、促销目标、广告宣传目标、公共关系目标等。

(4)市场营销组合策略

列出市场定位、目标市场、市场进入策略和主要市场营销策略纲要。

(5)行动方案

陈述达成营销目标的主要营销活动和次要营销活动,说明活动的内容、活动时间、活动主题以及活动经费等。

(6)预计盈亏

编制预计的盈亏报表,据此制订作业计划和安排材料采购、生产进度、劳动力招聘和市场营销作业。

(7)销售控制

包括控制机构和控制方式、控制制度等。

(8)意外应急计划

意外应急计划应预先扼要列出可能发生的某些不利情况和管理部门应采取的措施和步骤。

营销计划书的编写要点主要有三个方面:①要有明确的针对性。在撰写营销计划书之前，首先要进行市场调研，针对市场需求和竞争态势，在客户经营战略的框架下，设计有可行性和可操作的营销计划。②整体营销计划。营销计划书要重点撰写好市场营销组合策略，包括精炼准确地描述市场定位、目标市场和细分市场、市场进入路线、进入时机、进入方式和市场营销组合策略。③层次清晰、言简意赅、用词准确、不过分夸张。

4.商业计划书

商业计划书是一份全方位的项目计划，是对企业或者拟建立企业进行宣传和包装的文件，它从企业内部的人员、制度、管理，以及企业的产品、营销、市场等各个方面对即将展开的商业项目进行可行性分析。向风险投资商、银行、客户和供应商等宣传企业及其经营方式，同时，又为企业未来的经营管理提供必要的分析基础和衡量标准。

商业计划书是为新项目、新技术寻找资金的工具，其目的是使投资者了解企业或项目的市场地位与市场前景，了解该企业或项目当前运行的各方面的情况，吸引投资者把资金投入到企业或项目中去。商业计划书也是一种申请资金的报告，与可行性研究报告有相同之处，但它们之间也存在着不同。可行性研究报告局限在新建项目中，而商业计划书则不一定。可行性研究报告只是商业计划书的某一环节，商业计划书则是资本运营的结果或重要环节。

商业计划书的写作格式因产业的不同而有所不同。但是，从总的结构方面，所有的商业计划书都应该包括摘要、主体、附录三个部分。摘要是对整个商业计划书最高度的概括。摘要部分的作用是以精粹的语言、具有吸引力和冲击力的方式突出重点，一下子抓住投资者的心。主体部分是整个商业计划书的核心。在主体部分，撰写者向投资者逐一展示他们所关心的内容。主体部分的功能是最终说服投资者，使他们充分相信计划中的项目是一个值得投资的好项目，以及该商业计划的领导班子有能力让他们的投资产生最佳的投资回报。附录部分是对主体的补充。它的功能是提供更多、更详细的补充信息，完成主体部分中言犹未尽的内容。

(1)摘要

摘要是整个商业计划书的第一部分，是读者阅读商业计划书时先看到的内容，相当于对整个商业计划书的浓缩，是整个商业计划书的精华所在。由于读者的时间和精力都有限，不可能把所有到手的商业计划书都逐个地仔细研究。通常，他们都是先阅览商业计划书的摘要部分，通过从摘要部分获取的信息来判断是否有继续读下去的必要。因此，摘要应涵盖计划的各个要点，以求一目了然，便于读者在最短的时间内评审计划并做出判断。

根据不同的企业情况，商业计划书摘要主要有提纲性摘要和叙述式摘要两种形式。提纲性摘要结构简单，开门见山，内容单刀直入，一目了然，让投资者能立即了解投资目的。提纲性摘要的每一段基本上就是商业计划书每一章的总结部分。叙述性摘要需要有很好的写作技巧，它要求作者既要有企业经营管理的知识和经验，还要有深厚的文字功底。叙述性摘要既要传达所有必要的信息，刺激投资者的激情，又不能过于夸张，因此要写得恰到好处。许多投资者要通过摘要看到企业家的眼光、激情和经验。叙述性摘要的段落比提纲性摘要少，它的重点集中在描述企业的基本情况，突出项目特点上。叙述性摘要主要是调动投资者对企业的情绪，引起投资者对企业和项目的兴趣，所以在撰写时要重点选择一或两件最能够打动投资者的企业特点，使投资者可以了解为什么你的企业能够成功，你的企业是如何凭借这些特点才获得成功的。

（2）主体

主体部分要内容翔实，在有限的篇幅之内充分展示项目的全部内容，让投资者知道他想知道的全部东西。主体部分按照顺序一般包括以下几个方面：

①企业介绍。主要介绍企业的一些基本情况，以及发展策略、财务情况、产品或服务的基本情况等。

②产业分析。主要介绍企业所归属的产业领域的基本情况，以及企业在整个产业或行业中的地位。

③市场分析。主要介绍企业产品或服务的市场情况。包括企业的目标市场、企业在市场竞争中的位置、企业的竞争对手的情况、未来市场的发展趋势。

④营销。主要介绍企业的市场营销策略、企业的销售队伍的基本情况、销售结构等内容。

⑤企业的经营。主要介绍经营场所的基本情况、企业的主要设施和设备、生产工艺的基本情况、生产力和生产率的基本情况，以及质量控制、库存管理、售后服务、研究和发展等内容。

⑥企业的管理。主要介绍企业的管理理念、管理结构、管理方式、主要管理人员的基本情况、顾问队伍等基本情况。

⑦财务管理。主要介绍企业财务管理的基本情况。对现在正在运行的企业需要过去3年的财务报表、现金流量表、损益平衡表等。另外，还要介绍申请资金的用途。

⑧企业的发展计划。主要介绍企业的发展目标、发展策略、发展计划、实施步骤，以及风险因素的分析。

⑨撤出计划。主要告诉投资者如何收回投资，什么时间收回投资，大约有多少回报率等情况。

（3）附录

附录是商业计划书的一个重要部分。为了使正文言简意赅，许多不能在正文中过多叙述的内容可以放在附录部分。特别是一些表格、个人简历、市场调查结果、相关的辅助证明材料等，都应该放在附录部分，以供投资者阅读时参考。一般来说，商业计划书的附录部分应包括以下内容：

①主要合同资料。这部分内容是附录的最主要的部分。主要顾客签订的大宗合同，对支持商业计划书正文特别有用。因为它向投资者表示，只要资金到位，你马上就会有大笔进项，或显示你的产品或服务有很大的市场。主要合同最容易刺激投资者的兴趣。

②信誉证明。各种可以证明公司信誉的文章、信件、银行证明、顾客证明等都对在投资者面前建立企业信誉有极大的正面作用。这些材料可以在投资者面前显示企业有能力生产出好的产品或提供好的服务，或者有能力经营好企业，创造出丰厚的利润。如果企业曾经被主要报纸、杂志正面报道过，更可以显示是一个非常有实力、有良好信誉的公司。

③图片资料。图片不能放在商业计划书的正文部分，所有的图片都应该放在附录部分。图片一般包括新产品图片、经营地点规划、重要的基础设施和生产设备等。

④分支机构列表。如果企业有一些分支机构，例如：分店、分公司、分厂、办事处等，可以用列表的方式附在附录部分，列表的层级必须清晰。

⑤市场调查结果。如果在准备商业计划书时，你已经进行了大量的市场调查研究工作，可以把调查研究结果详细地列在附录部分。如果政府的发展计划对企业的发展有积极

的影响,应该在附录中尽量附上有关各级政府的文件。

⑥主要领导人的履历。如果企业的主要领导人或关键人物的经历对投资者特别有吸引力,可以把这些主要人物的履历附在附录部分。

⑦技术信息。如果企业开发和使用了新的技术,而投资者又对这些技术具有一定的知识,或比较熟悉这个领域的情况,则需要在附录部分提供有关这些技术的详细资料,有时还需要提供图纸。

⑧生产制造信息。如果企业属于制造业,需详细地描述整个生产过程,或用方框图表示生产过程和工艺流程。

⑨其他方面的信息。根据不同企业的商业计划书的具体情况,还可以在附录部分补充其他的一些信息以充实商业计划书的内容。

【本章主要知识点】

本章主要对管理咨询机构实施咨询活动的成果进行专门的介绍,通过本章学习,应掌握管理咨询报告的写作要求和写作方法,能够结合具体的咨询项目撰写咨询报告,同时对几种常用专题报告的用途和内容有所了解。

(1)企业管理咨询属于软科学研究活动,所以其成果大多以咨询报告、研究报告、工作建议、实施方案等形式出现。这些以报告形式体现的管理咨询成果,是管理咨询主客体之间进行沟通的媒介。对咨询客体而言,咨询报告可能成为指导企业发展方向、进行业务调整或者进行组织变革的依据。

(2)企业管理咨询成果是一种特殊的工作和研究成果,它不同于一般的科学技术成果,企业管理咨询成果具有客观性、科学性、独立性、间接性、公开性、保密性与综合性的特点。

(3)咨询机构在咨询报告的撰写过程中,需要注意以下几个方面:区分不同需求、提纲清晰、内容具体、精心组织、反复修改。

(4)咨询报告是智慧型产品,它必须符合以下几个方面的要求:要准确抓住客户委托咨询的核心问题,主题突出,措施明确;要逻辑清晰,符合实际;要符合规范,并对报告的结构进行精心的设计和构思,正确而简洁地陈述观点,适当地运用图形图表,使报告易于阅读和理解;要注意表现形式和报告细节。

(5)咨询报告一般由咨询题目、咨询项目组成员情况、咨询目的、咨询工作情况、咨询对象的现状与主要问题、咨询采用的方法及依据、改善方案、改善方案执行后的预期成果、实施指导、咨询结论、附录和参考文献等部分组成。

(6)可行性研究报告是指经过可行性研究过程之后,对咨询项目的可行性提出的综合性书面意见和建议。一般包括投资必要性、技术可行性、财务可行性、组织可行性、经济可行性、社会可行性、风险因素及对策等内容。

(7)市场调查报告是对市场的全面情况或某一侧面、某一问题进行调查研究之后撰写出来的报告,是针对市场状况进行的调查与分析。市场调查报告应具有针对性、新颖性和实效性的特点,一般应包括标题、目录、概要、正文、结论、建议和附录等内容。

(8)市场营销计划书的主要内容有:市场营销现状、市场机会与问题分析、营销目标、市场营销组合策略、行动方案、预计盈亏、意外应急计划等。

(9)商业计划书是一份全方位的项目计划,是对企业或者拟建立企业进行宣传和包装的文件。从总的结构方面,所有的商业计划书都应该包括摘要、主体、附录三个部分:摘要是对整个商业计划书最高度的概括；主体部分则向投资者逐一展示其所关心的内容；附录部分是对主体的补充，其功能是提供更多、更详细的补充信息，完成主体部分中言犹未尽的内容。

【复习与思考】

1. 企业管理咨询成果的特点具体有哪些？
2. 管理咨询报告撰写的基本要求有哪些？
3. 管理咨询报告的结构一般包括哪些方面？
4. 咨询机构在为企业设计改善方案的时候应注意哪些问题？
5. 可行性研究报告一般应包含哪些内容？
6. 市场调查报告的正文一般应包括哪些内容？
7. 市场营销计划书的主要内容包括哪些？
8. 商业计划书的主体应包含哪些内容？

第五章　企业管理咨询人员的职业要求

【本章学习目标】

(1)掌握管理咨询人员在咨询中应扮演的角色类型。
(2)了解管理咨询人员在咨询中角色定位。
(3)掌握管理咨询人员的角色功能。
(4)熟悉对于管理咨询人员职业道德的要求。
(5)掌握了解管理咨询工作对于咨询人员的知识要求。
(6)掌握管理咨询人员应该具备的技能要求。
(7)掌握管理咨询人员的工作原则。
(8)了解管理咨询人员资格认证的主要方式。
(9)熟悉目前我国管理咨询人员资格认证的相关做法。
(10)了解管理咨询人员培养的主要方法。

咨询人员是咨询机构的工作人员,其素质、能力和水平对企业管理咨询活动的质量有着决定性的影响。管理咨询人员作为咨询活动的主体,一方面要以自己的专业知识和与企业之间的客户关系为企业的管理水平的提升提供诊断和建议,另一方面管理咨询师作为一种社会职业,也有其特殊的职业规范要求。因此管理咨询顾问不仅要具备专业技能,而且要能根据客户和顾问的关系确立起符合职业规范的社会角色。知识和技能只有与具体的角色联系起来才能真正发挥作用。成功管理咨询顾问的能力体现在精湛的专业技能、卓越的人际技能和娴熟的咨询技巧上。

第一节　管理咨询人员的角色

管理咨询人员只有清晰和认准自己的角色定位,才能明确管理咨询对自身提出的要求,明确自己在为企业提供咨询服务过程的作用,才能更好地为企业服务。

一、管理咨询人员的角色类型

关于管理咨询人员在管理咨询活动中应该扮演何种角色,国内外学者有多种观点。一般来说,管理咨询人员在企业管理咨询活动中通常需要扮演如下几种角色。

1. 专家

专家是指具有专门技能或者知识的人。管理咨询人员必须是管理领域的专家,而且应该从与企业初步接触到为企业完成管理诊断这个过程中充分发挥管理专家的特质,使客户信任管理咨询人员能够向企业提供管理改进所需的知识和技能。专家角色是进行管理咨询的基本角色。

2. 医生

管理咨询人员须在透彻了解企业状况的基础上，提供适合企业的管理优化解决方案，从而使企业摆脱管理危机或提升管理水平。从这一点上看，管理咨询人员相当于给企业看病的“医生”，采用科学的、切实可行的管理思想和理论方法，对企业存在的问题进行“诊断”，并能够“对症下药”。

3. 教练员

管理咨询人员通过确定实施方案、培训、辅导和检查评价等方式，帮助企业实施咨询方案。这种角色定位，就是当企业的“教练员”，尽管咨询方案最终是否能够产生良好效果，取决于“运动员”，也就是企业本身对方案的支持能力和努力程度，但在落实过程中，管理咨询人员作为“教练员”所起的指导作用仍然至关重要。

4. 创新者

作为一名外部咨询人员，他的工作经常是协助组织对快速变化的世界做出反应，这种咨询专家的关键技能是创新能力。创新必须是朝着重新确定和支持组织目标发展，通常咨询专家要起桥梁和纽带的作用，在业务领域涉及相关的技术、发展需求或人的问题。

5. 项目管理者

咨询专家经常作为项目管理者为自己公司和客户公司工作。他们中大部分工作的角色是项目管理者。一名咨询专家不仅要管理自己公司的资源，有时也代表客户管理资源，这个资源包括客户的员工，但咨询专家可能没有那么大的权威，所以一般通过激励手段及自己的热情、承诺和人品来达到统辖资源的目的。

6. 培训师

在咨询过程中，管理咨询人员不仅应提供成熟的解决方案，还应当帮助企业提升管理理念，传播管理知识与技能。而在这些工作中，管理咨询人员将扮演“培训师”的角色，为企业提供有针对性的管理培训，这是保证咨询项目始终如一贯彻实施的最重要的准备工作。

7. 管理变革推动者

在很多情况下，由于体制、人员、精力等原因，咨询方案在企业内部的推动缺少合适的推动者，或缺乏必要的推行力度。而作为与企业无直接利益关系的第三方，由管理咨询人员在一定范围内帮助企业推动咨询方案的实施就显得很有必要。因此，优秀的管理咨询人员还应当具备推动管理变革的能力，充当管理变革推动者的角色。

8. 合作者

管理咨询人员的目标不是代替客户解决问题，而在于合作型的关系建立，通过双向的交流和协商，对彼此预期达成共识并明确责任，以确保最大限度地利用现有资源。管理咨询人员运用自己的特有技能帮助客户提高制定行动规划，帮助客户掌握解决问题的技巧，实现客户组织更有效率地运作。合作是项目进行的基础，意味着咨询人员和客户在工作中相互依赖，意味着双方对各自承担的责任和拥有的专业知识间的相互交换和尊重，意味着双方要共同关注技术性问题和人际关系问题。决策是双边的，要求顾问和客户双方都必须积极地参与资料收集和分析，参与咨询目标的确定和行动方案的规划，并最终为项目的成败分担责任。

二、管理咨询人员的角色定位

关于管理咨询人员的角色定位问题，刘建华（2008）在书中提出管理咨询人员应该认清自身的角色功能,咨询只是一个项目,不能指望通过咨询改变企业的一切。任何一个企业都会有这样或那样的问题,只不过是问题表现的程度不同而已。这些问题的产生源于企业不断变化的外部环境、内部的人员、文化等诸多原因,让顾问通过一个项目在短期内解决所有问题是不现实的。咨询顾问要正确认识如下角色定位问题:

(1)咨询顾问不是先知,在决策中只能起到协助企业进行逻辑和数据分析,尽量降低风险的作用,而不可能完全规避经营和决策风险。

(2)咨询顾问不是经营者,不能替代企业的决策。如果咨询顾问擅自做出决策,当决策失误或者决策执行不力时,咨询公司未来在品牌方面都会面临严重的冲击,而如果决策是正确的,并且取得了好的执行效果的话,咨询公司也不会从中得到额外的收益。

(3)咨询顾问不是员工,不能指望顾问来推动方案的实施。在管理咨询的项目中,咨询公司应强调和企业共同组建项目团队,共同来完成咨询方案。这样做的目的也是确保未来项目方案的实施和落实过程中,企业方面可以将方案落实并加以推动。

(4)咨询顾问不是法官,不能指望顾问来解决企业内部的分歧。很多企业也想通过聘请管理咨询顾问来协调解决企业内部的决策分歧。但是,这种项目很大程度上会给咨询公司和企业带来风险。因此,在执行方案过程中,执行小组的成员主体还应该是受诊企业的人员,咨询顾问仅是辅助执行人员。

(5)咨询顾问不是牧师,不能指望顾问来改变企业的文化。企业文化的形成是非常复杂和漫长的,它和企业的历史、管理层的意识、员工的文化背景密切相关,特别是和企业的最高领导的管理风格和处事态度密切相关。这其中很多因素的改变不是一朝一夕所能完成的,不能指望通过一个短期的咨询项目彻底转变企业的文化。

三、管理咨询人员的角色功能

管理咨询人员在咨询过程中的主要角色功能应是协助而不是主导,具体如下:

1. 协助企业管理者认清企业当前最重要的管理问题

管理咨询顾问可以帮助企业对关键的管理问题进行全面的梳理和分析,并对问题产生的原因进行分析和论证。这些论证将有助于企业的高层管理人员对企业的现状和问题有更全面的、清醒的认识,知道与其他先进企业之间的差距。

2. 印证高层管理人员的想法,促进企业内部达成共识

管理咨询顾问提出自己客观的观点和建议对于企业高层管理人员非常重要。特别是当企业的高层管理人员对企业管理问题感到困惑无从下手时,或者对于这些管理问题只是有一个隐约的想法,不知道从何处着手加以解决的时候,顾问提出的方案往往观点更加鲜明,方案更加严谨而具体。通过咨询顾问在企业内部的广泛沟通,企业的高层管理人员也可以全面了解内部的不同意见,并通过顾问的沟通来尽可能地达成共识,为方案的最终落实和执行奠定基础。

3. 借鉴其他优秀企业的管理和业务运作模式

企业由于竞争、成本、法律等方面的原因,很难了解到其他企业如何处理和解决目前自己所困惑的问题。而咨询公司恰恰提供了这样的一个平台,通过对咨询实践中最佳案例的总结和分析,能迅速地了解这个行业共性的管理和业务问题,同时也能对寻求帮助的企业制订出合理有效的咨询方案,使企业可以全面了解、学习其他优秀企业的管理和业务模式。

4. 为企业带来新的观念，开拓管理者和员工的管理和经营思路

由于咨询顾问每天都在分析和解决不同企业的复杂和棘手的管理问题，具有较开阔的眼界、丰富的管理知识以及有效的工作方法。因此，通过管理咨询项目，企业的员工可以从多方面来接触和了解顾问，同时咨询项目也会为企业带来新的管理理念，为管理者和员工开拓管理和经营思路。

5. 为企业带来新的管理工具和分析方法

咨询顾问一般对管理工具和分析方法的掌握较多，大到对企业战略问题的分析工具，小到如何组织好一次小的讨论会。通过这些方法，可以迅速帮助顾问界定问题、分析问题，并提出问题的解决方案。在一个咨询项目之后，顾问留下来的咨询方案可能被束之高阁，但是顾问所使用的工具和方法对于企业管理水平的提升可能很有帮助。

第二节　管理咨询人员的职业要求

管理咨询顾问的工作环境和工作方式决定了高绩效的咨询服务不仅取决于咨询顾问的业务能力，而且取决于他们的品德和工作态度。因此，管理咨询人员的职业要求应该是综合的，既有素质要求，又有知识和能力的要求。

一、职业道德要求

职业道德是指调节某项职业活动中人与人之间相互关系的行为规范的总和，他通过社会舆论力量，使人们形成一定的信念、习惯和价值观等，从而使人们建立自己的“内心法庭”，自觉地进行评价和审判，规范自己在职业活动中的行为。管理咨询人员的职业道德是其从事咨询工作所必需的基本素质要求。实践证明，职业道德素质越来越成为提高咨询绩效的关键因素之一。从发展趋势来看，目前世界各国都对职业道德规范越来越重视，都在努力建立一个平等、竞争、有序的市场环境，在管理咨询领域亦是如此。例如，美国的管理顾问公司都有自己的“职业守则”，要求咨询师共同遵守。日本也有相同的规范要求，日本的咨询业界还有一个规定，即咨询师在三年之内不咨询同一类型的企业等。

国际咨询工程师联合会（FIDIC）对咨询师的职业道德要求是：

（1）对社会和咨询业的责任

咨询工程师应该做到：接受咨询业对社会的责任；寻找与可持续发展相一致的解决方案；在任何时候都要捍卫咨询业的荣誉和声望。

（2）竞争力

咨询工程师应该做到：保持与业务有关的技术、法规和管理方面的知识和技能，并认真、努力地利用这些知识和技能服务于客户；只接受有能力完成的任务。

（3）正直

咨询工程师应该做到：在任何时间都要为客户的利益着想，并且正直地完成所有任务。

（4）公正

咨询工程师应该做到：在提供专业意见、判断和决定时保持公正立场；要告知客户在项目执行过程中任何潜在的与客户利益不一致的（或对立的）因素；不要接受有可能影响独立判断的报酬。

(5)对其他各方的公平

咨询工程师应该做到:促进多方选择概念的发展;决不有意或无意做出损害其他单位名誉或利益的事;决不直接或间接企图取代其他已经在某具体项目中被聘用的咨询工程师的位置;在通知有关咨询工程师并获得客户终止该咨询工程师项目工作的文本之前,不允许接手该咨询工程师的工作;在被要求对其他咨询工程师的工作进行评价的情况下,要行为得体,有礼貌。

(6)腐败问题

咨询工程师应该做到既不提供也不接受来自客户方任何形式的报酬,因为该报酬将试图影响咨询顾问和其客户的选聘过程,影响咨询师的公正判断;与有关法律调查机构就有关服务和建设合同的询问进行合作。

关于咨询人员职业道德的要求,我国国家人事部在《管理咨询人员职业水平评价暂行规定》指出,"管理咨询师应遵守国家法律和相关行政法规,忠于职守,恪守职业道德,维护国家和社会公共利益""管理咨询师应保守国家和客户秘密,严格按照管理咨询工作规定和程序开展咨询业务"。上述内容为我国政府主管部门关于职业道德的总体规定,具体在管理咨询活动中,作为一名合格的咨询人员,应恪守以下基本道德准则:

①作风正派,不谋取额外利益。咨询人员在咨询过程中,不得徇私情,不得利用咨询之机谋取私利。除了咨询合同中约定的咨询费以外,不应收取其他不正当的报酬或额外的奖金。

②保持独立、客观、公正的立场。咨询人员不能偏听偏信或主观片面地得出结论。咨询人员必须以事实为根据,做深入地调查,掌握真实的数据,用数据来说服人。咨询人员不应屈从于各方的压力或迎合某些领导人的好恶而放弃原则。

③要有科学、务实的态度,保证咨询产品的质量。咨询过程中,应本着"切实解决问题"的原则,探索和运用科学规律,为企业解决现实困难。在咨询方案策划设计过程中应以咨询方案的质量标准为标杆,应以"解决问题"为方案设计的出发点和归宿。

④应以客户的利益为中心。咨询人员应始终把客户的利益放在首位,作为咨询工作的出发点;不应隐瞒自己与客户竞争对手所具有的各种关系,不能挑唆客户单位的干部或职工去考虑另谋高就;不应接受自己无力承担的任务,在自己因病或其他原因不能继续工作时,应向客户说明情况,不能勉强应付。

⑤应授之以渔。在管理咨询项目验收时,客户得到的不应仅仅是具体的解决问题的方案或做法,更为重要的是学会发现、分析和解决类似问题的工作方法。咨询师应主动、自觉地帮助客户培养自我学习的能力。

⑥要为客户保守机密。咨询人员由于工作的需要,掌握了许多技术、经济情报,这是企业的机密,咨询人员负有保密的责任。咨询人员不得因自己的疏忽而失密,更不得利用这种机密为自己谋利。

⑦不做因维护客户利益而恶意损害第三者的事。管理咨询工作中,客户利益的维护应通过对客户管理水平的提升、资源整合方式的完善、竞争能力的提高和公平的市场竞争等来实现。

⑧不做诋毁同行的事情。管理咨询机构和管理咨询人员不能为了争得咨询项目或为衬托自身咨询水平而有意贬低同行竞争对手。

二、职业知识要求

咨询行业是智力服务性行业，咨询工作是一种知识密集型的工作，咨询顾问的知识水平对咨询服务质量的高低有直接影响。卢小宾教授提出："管理咨询人员的职业知识要求应该包括以下三个方面：一是要具有精深的专业领域知识；二是要具有广博的知识视野；三是要具有扎实的咨询行业知识。"

1. 精深的专业领域知识

无论是综合型的咨询机构还是专业型的咨询机构，都无一例外地会对咨询人员有一定的专业要求。咨询服务就是咨询专业人员运用专业的知识和技术，为客户处理具有一定深度和广度的实际难题。因此，咨询人员应该拥有专业领域知识，在业务上有自己的主攻方向，在某一领域有比较系统地研究，掌握该领域的基本知识，了解其发展趋势。否则，咨询人员将无法与客户进行深度沟通，取得客户的信任，更不要说为客户提供具有一定价值的专业咨询服务。这里的专业领域知识包括理论知识与实践经验知识两类。知识和经验两者的结合，能够帮助咨询人员在进行项目咨询时对客户存在的问题进行快速地、准确地诊断，并在此基础上进行分析，提出符合客户实际需求的最优解决方案。理论知识对咨询人员服务的重要性不言而喻，之所以还要强调实践经验知识，是因为咨询服务面对的是客户实实在在存在的问题，服务质量的高低取决于客户实际问题的解决与否，客户要通过实效来衡量咨询服务效果。因此，如果咨询人员仅仅具有一定程度的理论知识，而没有将理论应用于实践的经历，那么他的咨询服务效果可想而知。理论上具有可行性，实践上不具有操作性是其方案的普遍缺点。这也就是为什么很多国内外知名咨询机构在招聘人员时，除了对应聘人员的学历有一定要求外，还要求其具有一定的行业从业经验。

2. 广博的知识视野

咨询人员除了具有一定的专业领域知识外，还应该广泛涉猎多方面的知识。

咨询人员应该是"专才"基础上的"通才"，这是因为咨询工作与一般的专业服务行业不同。一般的专业服务领域的客户问题具有某种程度的重复性，即使不重复，新出现的问题也是特定领域内的。而在咨询领域，咨询顾问不可能靠一种专业领域知识解决所有客户的问题，特别是在管理咨询领域，由于客户的问题涉及人力资源、战略管理、市场营销等多个领域，并且有很多不可预见的因素存在，只有具备了广博的知识，才能在咨询服务的过程中融会贯通各种知识，从客户纷繁复杂的环境中找出导致问题产生的根本原因，从多个视角出发，运用多种信息收集和分析的手段，提出问题的最佳解决方案。

3. 扎实的咨询行业知识

由于咨询业具有一些行业特有的基本理论和基础知识，所以从事咨询工作的人员必须要掌握一定的行业知识。其中，掌握信息收集、分析的工具性知识、技巧和方法尤其重要，因为它们贯穿整个咨询服务过程，离开这些知识将使咨询工作"寸步难行"。有人说过，客户之所以聘请咨询机构为其解决问题，不是因为自己没能力自己解决，而是因为自己解决的成本太高。因为客户不具备咨询人员所掌握的各种能够迅速发现问题根源、设计解决方案的行业技巧性知识。例如，一些具有悠久历史的咨询公司常常根据积累的丰富经验，总结、提炼出一些特有的咨询方法或者处理问题的"最佳实践"。在这样的咨询公司工作，咨询人员如果不熟悉这些知识，就无法开展咨询工作或者只能事倍功半。

三、职业能力要求

国家人事部在《管理咨询人员职业水平评价暂行规定》中规定管理咨询师应具备的职业能力有七个方面，如表5.1所示。

表5.1 管理咨询师应具备的职业能力

序号	能力要求
1	能准确分析、判断、把握客户需求，为客户提供满意的管理咨询项目建议书
2	按照有效控制咨询项目进度和质量的要求，制订管理咨询项目工作计划
3	综合运用调查、统计、分析等诊断方法，确定管理咨询项目重点
4	根据客户需要，制订相应管理咨询项目方案，并提交管理咨询报告书
5	培训、指导客户实施管理咨询项目方案，并根据实际需要调整方案内容
6	跟踪管理咨询项目实施情况，开展效果评估，撰写管理咨询项目总结
7	组织开展管理咨询人员业务培训活动

可以看出，上述职业能力要求仅是管理咨询人员在咨询项目具体运作上按项目展开过程的专业能力要求。结合具体管理咨询工作，综合国内多位学者的观点，管理咨询人员具体的能力要求还应包括以下几个方面：

1. 咨询技能

咨询技能包括在咨询项目业务领域的专业技能以及组织咨询活动的技能。对于不同的专业咨询领域，咨询人员应该具备用来解决这一专业领域或者是某一职能领域的理论、方法、程序、技巧、经验和方案的集合，具备用理论知识解决实际问题的能力。对于管理咨询顾问来讲，这些技术技能的具备是首位的。同时每一个咨询项目都要经历一系列连续的阶段，在每个阶段的推进中，所蕴含的各种情势都可能会发生变化。这些变化是复杂的，往往相互交织、相互影响，需要管理咨询人员能快速地理解情势的发展，并作出相应决策。决策应是建立在合理的理性逻辑基础之上，通过情势分析合理安排时间进度，在每个阶段都表现出娴熟的技能，出色地完成咨询工作。

2. 人际协作及客户关系管理技能

咨询项目的推进是通过人来实现的，管理咨询人员在实践中必须要掌握人际协作技巧，才能与客户实现有效互动，顺利地完成各项工作。人际协作技能包括语言的表达能力、倾听的能力、支持帮助的能力及维持基本关系的能力等。同时，良好的人际技能是客户关系管理的基础和重要组成部分。根据国际知名管理咨询机构的成功经验，管理咨询公司争取到一家新客户要比留住一家老客户付出更大的努力和成本。因此，管理咨询人员必须拥有卓越的客户关系管理技能。

3. 沟通与展示能力

这其中包含了优秀的书面表达能力和语言表达能力。管理咨询过程需要有多种书面材料的形成，如项目建议书、诊断报告、进展报告和最终咨询报告等。这些书面材料是咨询师与客户之间联系的重要手段。优秀的书面表达能力包括较强地分析、归纳能力；善于组织材料的能力；能够以精练的语言深入浅出地撰写项目材料；在书面表达中，能尽量用图表、曲线等易于理解的形式对咨询计划、分析结果加以表示等。各类书面材料通常要求它们内容清晰、论点科学、文字流畅、说明详尽。只有这样，它们才能成为咨询师与客户之间交流和联络的主要渠道。为此，从事管理咨询工作的人员必须要具备较强的文字表达能力。研究表明，管理咨询顾问在工作中80%以上的时间是在用来进行沟通和表达的，管理咨询人员必须具备良好的语言表达能力。良好的语言表达能力需要以清晰的思路和交流内容的逻辑关系正确为基础，咨询人员要善于将创新的思路和理论以生动、易懂的语言来表达，以吸引客户并使之能够准确地理解。能够在与客户的交流和展示过程中，准确、恰当地掌握表达问题的分寸，向客户传达结论和推荐方案，以得到客户的认可。

4. 快速学习能力

强调咨询人员要具备这种能力主要有两方面原因：①咨询机构的业务范围涉及多个领域或多种行业；②客户的委托项目具有不完全重复性。咨询项目的这种特点，要求咨询人员能够快速学习，进行创新性思考，寻找出每个客户的特点，“量身定制”项目方案。学习时间决定咨询成本与效率。通常，咨询人员的报酬根据工作时间计算，而报酬是咨询费用的主要计算依据。在这种情况下，咨询人员的学习能力在很大程度上决定了咨询费用和效率。出于竞争力的考虑，咨询机构和客户都对咨询人员的学习能力提出了较高的要求。学习能力对于咨询人员能否在短时间内迅速成长起来，赢得客户的信任和尊重，起着至关重要的作用，从某种意义上这种能力是咨询人员的立业之本。快速学习能力在咨询实践中也表现为快速切入新领域的技能。快速切入新领域的技能是指管理咨询师在拥有大量知识储备的基础上，所具有的在短期内迅速消化知识、掌握知识，迅速填补知识不足部分以满足项目要求的能力。

5. 发现与解决问题的能力

在咨询工作中，管理咨询人员会通过多种方法收集到大量的一手资料和二手资料。面对所收集到的大量信息资料，如何在短时间内判断应该采用哪些工具进行信息的分析、整理，厘清一些信息之间的关系，找出导致客户问题出现的主要原因等工作，对咨询人员的发现问题的能力提出了很高的要求。因此在咨询过程中的诊断阶段和方案设计阶段，咨询人员的工作效果与效率是对其发现与解决问题能力的检验。管理咨询人员应具备缜密的分析技能，具有在众多复杂问题中抓住关键问题的能力，具有全面、清晰、结构化的逻辑思维能力，能够迅速、准确地诊断问题，识别管理问题的根源并找出解决方法。问题的解决能力往往也是创新能力的体现。为了解决客户管理中存在的问题，要求管理咨询人员能够在已有的咨询思想、方法、工具基础之上，利用所拥有的知识，进行研究与开发，不断创造新的解决问题的手段与思路。

6. 团队协作能力

团队的作用在于提高组织的绩效，使团队的工作业绩超过成员个体业绩简单相加之和。团队协作能力强调团队内部各个成员为了团队的共同利益而紧密协作，从而形成强大的凝聚力和整体战斗力，最终实现团队目标。尽管团队中的每个人在某一方面都可能是天才，但不可能是全才，所以只有发挥团队精神，才能取得更大的成功。世界上很多著名的咨询机构具有很强的竞争力，其根源不只是咨询顾问个人能力卓越，更重要的是咨询顾问整体团队合力的强大。团队协作能力体现为管理咨询人员无处不在的团队协作精神和大局观念。管理咨询机构的业务形式是由一个个咨询项目作为基本运转单位的，项目有大有小，通常是由少则几人、多则几十人的咨询顾问组成的团队来完成的。一个咨询项目的成功绝不取决于某一个人的优异表现,而是一个团队的成功。虽然团队中,有的对项目的成功贡献大,有的贡献小,但是项目成功的关键是团队协作能力强。所以,管理咨询人员必须要有强烈的团队协作意识和合作精神。虽然在工作过程中存在意见分歧是正常现象,但是要有正确合理的协调办法,而且一旦当问题做出决策,则应该选择尽力服从,以一致的观念面对客户,以大局观念保证项目的顺利进行。

7. 营销意识与能力

所有的管理咨询师都必须具备营销意识和能力,要具备在咨询服务提供的全过程中抓住机会促成销售的技能。通常情况下,级别越低、资历越浅的咨询师的销售意识越淡薄,而职位越高、经验越丰富的咨询师则不然。很多时候,对于客户而言,资深咨询师能够使咨询服务的购买变得很容易,而且完全感觉不到他们正在销售。所以优秀的管理咨询人员不但是咨询工作的组织和执行人员,也是公司的业务营销人员。

四、工作原则要求

在管理咨询人员的职业要求中,除了包括职业道德、职业知识和职业能力的要求外,在工作原则上,也有一些相应要求:

1. 合法原则

受理咨询的前提是对象的经营范围和经营行为要合法,对受诊企业的违法行为要予以指出并进行正确的指导,同时咨询公司提出的咨询意见也必须要合法。

2. 力所能及原则

咨询师对受诊企业所处的规模、行业和咨询目的要有清楚的了解,进而判断自己是否有足够的能力接受委托,咨询师不能承诺超出自己能力范围的咨询要求,这也是对客户企业负责的一个表现。

3. 自主性原则

咨询师在整个咨询过程中都要保持咨询的自主性、公正性,不能屈从于咨询企业的压力,不能迎合咨询企业不合理的要求。

4. 尊重隐私权原则

咨询师在咨询过程中,对涉及个人隐私和企业的商业机密的问题都应给予充分的尊重,这也是维持公平竞争的市场环境的要求。

5. 不谋取私利原则

管理咨询虽然是营利性的,但一定要保证其利润来源合法,咨询机构或咨询师不能利用咨询的机会为自己谋求合理报酬以外的好处和方便。

6. 有效咨询原则

咨询的最后结果应对企业的工作改进有明确的指导作用,不能模棱两可,似是而非。

7. 尊重同业原则

咨询机构一定要遵守商业道德规范,对同行业企业的评论做到客观公正,不妄加评论。

8. 自我学习原则

管理咨询对于咨询人员来讲,还是一个自我学习的过程。通过为越来越多的客户提供咨询服务,咨询人员可以不断地积累经验,学习更先进、更科学的咨询方法,反省曾经出现的错误,吸取教训,最终达到提升咨询水平和美誉度的目的。

9. 避免同时咨询具有竞争关系的多家企业原则

咨询人员应该注意避免同时咨询具有竞争关系的多家企业，这也是遵守商业道德的表现，也会使咨询机构避免出现招致法律诉讼等不必要的麻烦。

第三节　管理咨询人员职业认证

一、管理咨询人员资格认证的主要方式

从目前世界各国的发展现状来看，咨询人员的资格认证主要有：协会会员制、资格审查制和国家注册登记制度三种。

1. 协会会员制

英国是采用协会会员制度的主要代表国家。英国的咨询业主要由行业协会管理，在其政府部门中，没有专门的部门负责管理咨询业。由咨询业协会制定出适合本专业的、严格的接纳会员的标准和规章制度。一般来说，这些协会的入会条件都非常严格，咨询协会的会员往往被要求首先是相应专业协会的会员。因此，在英国没有专门的咨询人员考试制度。取得咨询协会会员资格便获得了咨询资格的“通行证”，否则就不能领取营业执照和承揽咨询项目。

2. 资格审查制

法国是采用资格审查制度的代表国家。法国咨询人员的执业资格由专门的政府机构来认定。在1973年以前只要是大学或高等学校的毕业生就有资格从事咨询工作，在此之后则必须经严格选拔。例如，在工程咨询领域，只有经过层层选拔出来的优秀工程师和遵守咨询工程师职业道德的人才能获得执业资格。

3. 国家注册登记制

美国是采用国家注册登记制的代表国家。为了保证从业人员的高素质，美国政府在工程、技术、医疗、法律、会计等咨询领域，规定了执业资格标准。凡要获取执业资格者，要通过以下程序：

（1）考试资格审查

获准能够参加考试的人员资格主要有两方面：①学历，报考者需有美国政府承认的学士、硕士、博士学位，如果是在其他国家获得学位，可根据政府规定的标准衡量；②资历，主要是工作经历和经验，例如，有学士学位、在咨询公司工作2年以上者，有硕士以上学位、在咨询公司工作1年以上者方可申请参加考试。

（2）执业资格考试

获得考试资格的人参加资格考试，考试内容根据咨询领域不同而异，例如工程资格考试（ERT），考试时间为8小时，内容除包括工程设计、土木构造、选址等专业知识外，还有相关法律、税务、会计等方面的知识。

（3）注册登记

考试合格后要到政府部门进行注册登记，获取执业资格证书。获取执业资格的人才有独立注册公司的资格。如果在后来的工作中发生业务过失或有违背职业道德的行为，政府可随时取消其执业资格。

二、我国目前的做法

在我国,管理咨询师执业资格的认证采用的是“国家注册登记制度”,即符合条件的申请人参加全国管理咨询师职业水平考试,全科通过后,申请注册登记。随着企业对管理咨询需求的增加,我国管理咨询机构的数量和从业人员的数量都逐渐增多,为了适应企业经营管理需要,提高管理咨询专业人员素质,2005 年 9 月,国家人事部颁布了“关于印发《管理咨询人员职业水平评价暂行规定》和《管理咨询师职业水平考试实施办法》的通知”(国人部发[2005]71 号)。

在文件中,国家人事部指定了中国企业联合会具体负责管理咨询师职业水平考试的组织实施。中国企业联合会管理咨询委员会也因此被认为是我国管理咨询行业的自律组织。2005 年 6 月,中国企联管理咨询委员会作为中国唯一代表正式加入国际管理咨询协会理事会(ICMCI)。国人部发[2005]71 号文件中明确指出:“管理咨询专业人员职业水平评价,纳入全国专业技术人员职业资格证书制度统一规划”“通过考试取得管理咨询师职业水平证书的人员,可受聘承担企业管理咨询业务工作,用人单位可根据需要和本人专业背景聘任经济师或会计师专业技术职务”。文件的颁布,一方面有利于推动管理咨询人员系统学习管理咨询专业知识与方法,提高从业人员素质,规范行业管理,为管理咨询师持证上岗奠定了基础;另一方面为企业选择优秀的咨询机构和合格的管理咨询人员提供了一个客观、公认的标准,增加了管理咨询的透明度,保障了企业管理咨询的服务质量,有利于促进我国企业管理水平的提高。

根据文件规定,管理咨询专业人员职业水平评价分高级管理咨询师和管理咨询师两个级别。高级管理咨询师职业水平评价按照国际通用标准和程序进行,管理咨询师职业水平评价采用考试的办法进行。其中管理咨询师职业水平考试,实行全国统一考试大纲、统一命题、统一组织,原则上每年举行一次。中国企业联合会组织成立全国管理咨询师考试专家委员会。全国管理咨询师考试专家委员会拟定考试科目、编写考试大纲、组织命题,研究建立考试题库,统筹规划继续教育和业务培训等工作。人事部指导中国企业联合会确定管理咨询师考试科目、考试大纲、命题和考试合格标准,并对考试实施等工作进行监督和检查。管理咨询师考试具体报考条件为:遵守国家法律、法规,恪守职业道德,并符合表 5.2 中条件之一的,即可申请参加管理咨询师考试。

表 5.2　人事部关于管理咨询师的报考条件

序号	报考条件
1	取得经济学或管理学类专业大学专科学历,从事管理咨询及相关业务工作满 6 年
2	取得经济学或管理学类专业大学本科学历,从事管理咨询及相关业务工作满 4 年
3	取得经济学或管理学类专业硕士学位,从事管理咨询及相关业务工作满 2 年
4	取得经济学或管理学类专业博士学位,从事管理咨询及相关业务工作满 1 年
5	取得非经济学或管理学类专业上述学历或学位,其从事管理咨询及相关业务工作年限相应增加 2 年
6	通过全国统一考试取得经济师、会计师资格证书或经济类职(执)业资格证书,从事管理咨询及相关业务工作满 1 年

考试通过并进行登记后，将获得由中国企业联合会颁发人事部监制、中国企业联合会印章的“中华人民共和国管理咨询师职业水平证书”，证书在全国范围有效。获得证书的人员，可受聘承担企业管理咨询业务工作。

虽然目前我国并未强制性的规定所有从事管理咨询工作的人员必须取得职业水平证书，但是可以预见认证工作将是未来的发展趋势。随着我国管理咨询行业的发展和管理咨询机构的分化，管理咨询行业逐步规范、加强自律、与国际接轨并参与国际竞争将是大势所趋。

第四节　管理咨询人员的培养

管理咨询人员素质和水平的高低，是咨询工作质量的重要决定因素。我国咨询业目前的状况是严重缺乏具备咨询人员素质和能力要求的复合型人才，人才短缺已经成为制约我国咨询产业进一步发展的瓶颈。此外，咨询工作对于咨询人员的要求也非常高，需要经过专业的培养训练，使其具有咨询人员所应具备的素质。因此必须要加强对管理咨询专业人才的培养，造就一批优秀的企业管理咨询师。总体来看，我国管理咨询师的培养主要有两种模式，一种是高校学历性教育模式，一种是咨询机构内部培养。

一、高校学历教育

高等学校是培养各类专业人才的基地。尽管目前我国高校中并未设立专门的管理咨询专业，但是却有非常多的院校开设了大量工商管理类的相关专业，其毕业生成了管理咨询人才的重要来源渠道之一。这些毕业生在大学学习过程中比较系统地掌握了管理原理、战略管理、人力资源管理、财务管理等多项工商管理知识，基本具备了从事管理咨询工作的专业知识基础。此外，我国大学的商学院相当多的开展了工商管理硕士（MBA）教育。据统计，我国目前具备 MBA 办学权的高校有 236 所，其毕业生成了管理咨询机构人才的最主要来源。

MBA 是一种专业学位教育，招生对象一般为大学本科毕业，具有三年以上工作实践经验的国家机关、事业单位干部和工商企业管理人员及技术人员。课程内容涉及管理类、经济学类、金融、财务、法律等。MBA 授课以案例教学为主，综合提升学员的组织能力、领导能力、沟通能力、运筹能力、判断和处理问题的能力。MBA 教育从本质上讲是一种职业训练，特别强调在掌握现代管理理论和方法的基础上，通过商业案例分析、实战观摩、分析与决策技能训练等培养学生的实际操作技能，培养出能够胜任工商企业和经济管理部门高层管理工作的务实型、复合型和应用型高层次管理人才。MBA 毕业生既有实践经验又有理论知识，加之系统的能力训练，所以非常适合管理咨询人才的要求。

二、咨询机构内部培养

在通常情况下，管理咨询机构往往通过招聘甄选来寻求有管理咨询经历和背景的人才作为公司的咨询顾问。但是有才能的咨询顾问却总是供不应求，因此，咨询顾问的培养已成为管理咨询机构内部管理的重要工作内容。管理咨询机构不但要对外做好管理咨询人员的招聘工作，而且要不断培养公司已有的咨询师，提升其能力水平。要做好管理咨询师的内部培养，需要注意以下几个方面：

1. 明确培训目标

培训是咨询机构进行知识扩大再生产的重要投入性工作之一和战略举措。通过培训可以弥补新成员所缺少的咨询理论知识、咨询经验和技能，使他们快速掌握公司的工作方式和文化理念，加快新成员知识向能力的转变和增进对公司的了解，提升其从事咨询工作的基础能力。通过培训，可以更新老咨询顾问的知识、观念、技能等，进一步提高咨询作业水平，扩大咨询服务领域。通过培训统一组织的职业理念、经营哲理、思维方式、工作程序和工作方法，促进咨询机构持续发展。

无论是培养和吸引高素质的咨询顾问，还是提供高质量的咨询服务，或者是营造咨询公司品牌形象，培训的目的性是至关重要的。管理咨询顾问培训如果没有一个明确的开发目的，就难以保证长期的培训形成合力，难以保证量变的积累达到质变。明确的培训目标相当于给咨询顾问一个能力提升和职业发展的长期路线图，保障咨询顾问内在素质的有效提升。

2. 找准培训需求

成功培训的第一步就是培训需求分析。培训需求分析就是在培训项目设计之前，由组织培训的职能部门、咨询团队主管和咨询顾问等一起对企业发展战略、员工的发展目标，以及所需知识和技能进行系统的分析和鉴别，以判断是否有必要进行培训并确定培训内容的一种活动或过程。培训需求分析包括三个方面：组织分析、人员分析和任务分析。管理咨询顾问的培训主要是针对其能力与潜能的培训，包括心理健康、专业技能、职业道德、人际交往能力、咨询技巧以及潜能开发等。一般来讲，新咨询顾问的培训需求和老咨询顾问的培训需求是不同的，要注意加以区别。

3. 采用适当的培训方法

采用适当的培训方法有助于培训效果的提升。管理咨询培训中经常采用的培训方法有：

（1）情景模拟培训

情景模拟是通过对真实活动的模拟，使受训者在一个假设的环境中熟悉决策形成过程，并理解决策所产生的影响。情景模拟常被用来传授专业技能和人际关系技能。情景模拟培训获得成功的关键在于营造一个逼真的虚拟情景，也就是能够实现对实际咨询工作环境的复制和重现。通过虚拟情景让受训者自己设计一种技能来熟悉问题域的解决过程，同时，受训者不用担心错误决策的影响，这些错误会在情景反馈中得到修整。另外，情景模拟还可以用来培训团队合作技巧和知识共享能力，促进团队绩效和个人管理技能的提高，并且随着工作环境信息的变化经常更新。

（2）团队工作交叉培训

咨询团队通常是由一些在能力与知识结构上存在互补作用的咨询顾问所组成的，在工作的过程中，各个咨询顾问之间需要相互配合与协作。要使团队协作取得很好的效果，就必须要求团队中的每一个咨询顾问在精通自身业务的同时，对于其他团队成员所专注的领域也要有所了解，即需要咨询顾问的知识结构与能力结构复合化，只有这样，个人的工作成果才能相互结合形成团队共同的产出。团队工作交叉培训就是让团队成员熟悉各个咨询环节的工作，以便在出现职位空缺时及时由其他成员介入。一个好的咨询方案往往要求其中的每一部分之间必须是相互衔接、相互支持的，这种情况要求咨询顾问的知识结构与能力结构不仅需要存在互补关系，也要存在交叉关系。

（3）团队协作培训

很多管理咨询活动是由某一群体、团队甚至是全体成员共同完成的，咨询绩效往往取决于团队成员活动的协调、遵守科学的决策过程、处理潜在危险的能力等。团队协作培训旨在协调在一起工作的每个人的绩效来实现共同目标，是对团队进行责任的共担培训。团队的士气、凝聚力、统一性是咨询整体行为的综合，团队协作培训关注团队绩效与知识、态度和行为之间的关联，一般采用多种方法，如利用讲座或演示向受训者传授沟通技能，通过角色扮演或情景模拟给受训者提供实践机会等。

（4）人际互助培训

人际互助培训是指咨询顾问在公司资深成员的指导和帮助下，获得技能提升的培训方法。辅导和教练是两种常见的方式。公司资深组织成员，能帮助缺乏工作经验的员工开发潜能，提高他们适应工作环境的能力。同时，他们又能从中获得提升人际交往能力的机会，并增强对自身价值的认可。咨询公司往往把高级咨询顾问和经验欠缺的咨询顾问安排在一起工作，为他们提供相互激励的机会。人际互助一般采取一对一的训练方式，帮助咨询顾问自我学习。

（5）通过承担研发和培训任务来培训

咨询机构可以通过让中高级咨询顾问利用他们资深的经验从事一定的研发工作，由此促进中高级咨询顾问不断对于新的业务问题进行相对深入的思考，也可以使其知识体系更趋系统化。此外，让咨询顾问承担一定的培训任务，也能提高咨询顾问的职业能力水平。让中高级咨询顾问承担一定的培训任务，将会促使他们不断地总结和反思自己以往的知识和经验，并使之系统化，即"在教中学，在学中教"。

（6）通过咨询顾问之间的知识共享来培训

通过咨询顾问之间的知识共享来进行培训，最著名的是麦肯锡公司。麦肯锡公司非常重视对隐性知识的发掘、传播和利用。公司定期出版内部刊物，以此供那些拥有宝贵经验却没有时间和精力把隐性知识整理成正式论文或著作的专家们使用，让他们把自己的思想火花概括出来与同事共享，这种不拘形式的做法降低了知识交流的门槛，使很多重要实用的新思想和新经验能在简短的摘要里保存下来并传播。为了使信息在公司内更有效地交流和传播，麦肯锡还建立了一个储备经验和知识的专门数据库，并派全职专业信息管理技术人员对数据库进行维护，确保及时更新数据。经过上述做法，麦肯锡的员工掌握了更多的知识，相应地提高了员工的知识储备和能力素质。

4. 做好培训效果评估

为了明确咨询机构在培训上的投入是否得到回报，得到的回报程度如何，减少培训中存在的浪费，需要不断对培训效果进行评估。对管理咨询培训效果进行评估最有效的方法应该是衡量培训项目的投入与产出关系。但是在实际评估中，产出往往很难定量化的明确衡量。为此，咨询机构应尽力通过可以测试的方式来评估培训的成本和收益，从而实现培训计划的最优化。目前常用的做法是通过评估管理咨询人员参加培训项目后的改变程度来进行培训产出评估，也就是说，衡量受训者是否掌握了培训目标中确定的知识、技能、态度、行为方式或其他成果。

【本章主要知识点】

本章主要从人员的角度对管理咨询进行介绍，通过本章学习，应对管理咨询工作对于咨询人员的要求形成全面认识：

(1)咨询人员的素质、能力和水平，对企业管理咨询活动的质量有着决定性的影响。管理咨询师作为一种社会职业，有其特殊的职业规范要求。管理咨询顾问不仅要具备专业技能，而且要能根据客户和顾问的关系确立起符合职业规范的社会角色。成功管理咨询顾问的能力体现在精湛的专业技能、卓越的人际技能和娴熟的咨询技巧上。

(2)管理咨询人员在企业管理咨询活动中通常扮演如下几种角色：专家、医生、教练员、创新者、项目管理者、培训师、管理变革推动者、合作者。

(3)管理咨询顾问应正确认识自身的咨询定位：咨询顾问在决策中只能尽量降低企业的风险，不能完全规避经营和决策风险；咨询顾问不能替代企业的决策；咨询顾问不能直接来推动方案的实施；咨询顾问不能解决企业内部的分歧；咨询顾问不能改变企业的文化。

(4)管理咨询人员在咨询过程中的主要角色功能应是协助而不是主导，具体为：协助企业管理者认清企业当前最重要的管理问题；印证高层管理人员的想法，促进企业内部达成共识；借鉴其他优秀企业的管理和业务运作模式；为企业带来新的观念，开拓管理者和员工的管理和经营思路；为企业带来新的管理工具和分析方法。

(5)管理咨询人员的职业道德是其从事咨询工作所必需的基本素质要求。国际咨询工程师联合会(FIDIC)对咨询师的职业道德要求是：对社会和咨询业的责任、竞争力、正直、公正、对其他各方的公平和腐败问题。

(6)我国关于管理咨询人员职业道德的要求是：作风正派，不谋取额外利益；保持独立、客观、公正的立场；有科学、务实的态度，保证咨询产品的质量；以客户的利益为中心；应授之以渔；为客户保守机密；不做因维护客户利益而恶意损害第三者的事；不做诋毁同行的事情。

(7)咨询行业是智力服务性行业，咨询工作是一种知识密集型的工作，咨询顾问的知识水平对咨询服务质量的高低有直接影响。管理咨询人员的职业知识要求包括精深的专业领域知识、广博的知识视野和扎实的咨询行业知识。

(8)管理咨询人员具体的能力要求包括：咨询技能、人际协作及客户关系管理技能、沟通与展示能力、快速学习能力、发现与解决问题的能力、团队协作能力、营销意识与能力等。

(9)管理咨询人员的工作原则要求有：合法原则、力所能及原则、自主性原则、尊重隐私权的原则、不谋取私利的原则、有效咨询的原则、尊重同业的原则、自我学习的原则、避免同时咨询具有竞争关系的多家企业原则。

(10)从目前世界各国的发展现状来看，咨询人员的资格认证主要有协会会员制、资格审查制和国家注册登记制三种，我国属于国家注册登记制。虽然目前我国并未强制性的规定所有从事管理咨询工作的人员必须取得职业水平证书，但是可以预见认证工作将是未来的发展趋势。

(11)我国管理咨询师的培养主要有两种模式，一种是高校学历性教育模式，一种是咨询机构内部培养。在高校学历教育中，MBA 教育比较适合管理咨询人才的要求。要做好管理咨询师的内部培养，需要明确培训目标、找准培训需求、采用适当的培训方法、做好培训效果评估。

【复习与思考】

1. 管理咨询人员在咨询工作中的角色类型包括哪些？

2. 管理咨询人员如何做好自己在咨询中的角色定位？

3. 管理咨询人员在咨询中的角色功能是什么？

4. 国际咨询工程师联合会对咨询师的职业道德要求有哪些？

5. 管理咨询人员在知识视野上有什么要求？

6. 我国《管理咨询人员职业水平评价暂行规定》中规定管理咨询师应具备的职业能力有哪些？

7. 管理咨询人员为什么要具备快速学习能力？

8. 管理咨询人员在咨询中应坚持哪些工作原则？

9. 目前我国人事部对于管理咨询师的报考条件要求是什么？

10. 在管理咨询人员内部培养的过程中，可以采用哪些常用方法？

第二编　咨询实务

第六章　企业战略管理咨询

【本章学习目标】

1. 掌握战略的含义和特征。
2. 了解战略管理理论的发展。
3. 掌握企业战略的层次体系。
4. 熟悉企业战略管理的内容与过程。
5. 领会企业战略管理的意义。
6. 了解战略管理咨询的内容。
7. 掌握企业战略管理咨询的特点。
8. 掌握企业战略管理咨询的工作程序。
9. 掌握企业战略管理咨询不同工作内容所对应的常用方法与工具。

第一节　企业战略管理概述

一、战略的含义

“战略”一词来源于军事，“战”是指战斗、战役和战争，“略”是指计划、策略和谋略，中国自古有之。《辞海》中对“战略”一词的解释是：“军事名词，指对战争全局的筹划和指挥。它依据敌对双方的军事、政治、经济、地理等因素，照顾战略全局的各个方面，规定军事力量的准备和运用。” 在英语中，“strategy”（战略）来源于希腊的“stratagia”，其含义是“将军指挥军队的艺术”。“战略”一词引入企业管理已有几十年的历史。在战略几十年的发展历史中，很多学者、管理者从不同的角度对战略进行探讨，赋予了不同的定义。综合各国学者的研究，关于战略的认识有以下几个方面：

1. 战略是一种观念

战略是企业家把愿景、使命和目标升华为企业所有员工能够理解和接受的，以信念、价值观和态度为核心的一种观念。这种观念渗透、影响企业的战略决策、战略变革等行动。

2. 战略是一种定位

战略是企业确定经营业务领域后，在其所处的产业、行业和市场上进行独特的定位，并以准确的定位赢得竞争优势。

3. 战略是一种模式

战略是企业的一种赢利模式，包括已有模式、未来新模式以及它们之间的相互作用和关系的模式。企业的未来新战略模式是在已经实现的战略模式基础上，摒弃不再适用的战略模式，并加入应急战略模式后形成的。

4. 战略是一种规划

战略明确表达了企业组织的愿景、使命和目标，是为达到愿景、使命和目标而制定的规划，包括方案、方针、政策以及为保证战略实施而制定的保障措施。

5. 战略是一个过程

战略是一个由战略家的构想、分析家的分析和定位、利益相关者的博弈、战略决策者的决策、企业全员的参与、组织实施中的学习和调整，以及实施后评估与反馈等环节构成的完整过程。

综合来看，企业战略是指企业为了满足未来持续经营的需要，在分析其拥有和控制的内部资源、能力以及所处的外部环境的基础上，决定企业的未来发展方向，选择达到该目标应遵循的途径（方针）和行动，并为实现这些目标对企业重要资源进行优化配置，对目前与将来要从事的经营活动进行系统规划和安排。

二、战略的特征

战略具有全局性、长远性、抗争性、指导性、客观性、可调整性和广泛性等特征。从这些特征可以看出，企业战略是一项非常复杂的决策活动，制定难度大，要求决策者必须具备较高的素质和决策水平。

1. 全局性

这是企业战略最根本的特征，它是从空间角度进行分析的。主要指经营战略是以企业的全局为研究对象来确定企业的总目标，规定企业的总行动，追求企业的总数量。也就是说，企业战略的重点不是研究企业的某些局部性质的问题，而是研究企业的整体发展。

2. 长远性

这是从时间的角度进行分析的。企业战略的着眼点是企业的未来总体发展问题，即处理现在决策的未来性问题。它既从现实出发，又不为现实所限，而是在科学分析、预测的基础上，对不确定的未来做准备，规划和创造未来。是为了谋求企业的长远利益，使企业长期利益最大化。

3. 抗争性

这是从矛盾的本质角度进行分析的。企业战略是企业在竞争中战胜对手，应付外界环境的威胁、压力和挑战的整套行动方案。它是针对竞争对手制定的，具有直接的对抗性。也就是说，企业战略如同军事战略一样，其目的也是克敌制胜，赢得市场竞争的胜利。企业战略并非一般的企业策划，是普遍存在的。

4. 指导性

这是从其所起的作用角度进行分析的。战略规划具有指导作用，它是透过表象研究实质性的问题，解决企业中的主要矛盾，确定企业的发展方向与基本趋势，规定企业具体活动的基调。

5. 客观性

这是从实践意义的角度进行分析的。企业战略是以未来为主导的，但不是对企业最佳愿望的表述和描绘，是在充分认识企业的营销环境、估价企业自身的经营资源及能力的基础上制定的，是既体现企业目标又切实可行的发展规划。

6. 可调整性

这是从运动的角度进行分析的。企业战略是在环境与企业能力的平衡下制定的，但构成战略的因素在不停地变化,外部环境也在不断地运动,企业战略必须具备一定的“弹性”,能够在基本方向不变的情况下,对战略的局部或非根本性方面进行修改和校正,以在变化的因素中求得企业内部条件与环境变化的相对平衡。

7. 广泛性

这是从其产生及接受的范围角度进行分析的。企业战略必须被企业中的所有管理人员理解。企业战略不是少数人思想的汇集,而应当有广泛的思想基础。

三、企业战略管理理论的发展

一般认为,最早将战略引入企业经营管理领域的学术著作是菲利普·塞兹尼克(Philip Selznick)和钱德勒(Chandler)在1957年出版的《经营中的领导能力》。1962年,钱德勒再次发表了《战略与结构》,被认为是“现代对战略的理解的第一本集大成者”。1965年,伊格尔·安索夫出版了《公司战略》,标志着公司战略理论的正式诞生。同年,安德鲁斯(K. R. Andrew)出版了《商业政策:原理与案例》。这些著作为企业战略管理提供了坚实的理论基础,随着这些著作的问世,更多的专家学者投入到企业战略的研究之中,对战略的认识也空前繁荣。纵观企业战略管理的理论研究,目前企业战略管理理论呈现四大主要学派:

①以安索夫为代表的环境战略学派。安索夫于1965年出版的《公司战略》、1976年的《从战略计划到战略管理》和1979年的《战略管理论》是公认的战略管理开山之作。安索夫的环境战略论的基本结构是由环境、战略、组织三大支柱要素构成的,只有这三要素协调一致的战略才能实现企业经营目标。反之,则会降低经营目标的实现率。安索夫把上述三大支柱要素都划分为五种类型,即稳定型、反应型、先导型、探索型、创造型,并进一步研究其相互协调与适应关系。

②以德鲁克、钱德勒、安德鲁斯为代表的目标战略学派。该学派认为战略是由目标、意志或目的,以及为达到这些目的而制定的方针、计划所构成的一种模式,目标管理迫使主管人员去考虑计划的效果而不仅仅是计划的活动或工作,经营战略所研究的问题是决定企业的长期目的和目标,并通过经营活动和分配资源来实现。

③以迈克尔·波特为代表的竞争战略学派。迈克尔·波特以1980年出版的《竞争战略》、1985年的《竞争优势》、1990年的《国家竞争优势》三部作品确立了其在战略管理研究领域的大师地位。竞争战略学派的基本观点认为企业经营战略的关键是确定企业的竞争优势,因此企业为确定其竞争优势一般采取三种基本竞争战略类型:成本领先战略、差异化战略和集中化战略。

④以普拉哈拉德、哈默为代表的核心能力战略学派。普拉哈拉德、哈默两人1990年在《哈佛商业评论》上发表的《公司核心能力》和1994年出版的《竞争未来》及马凯兹1995年出版的《多元化、归核化与经济绩效》等构成战略管理的最新理论。核心能力是指企业长期积累而成的一种独特能力,可实现高于竞争对手的价值,具有进入多种市场的潜力,难以复制模仿,是长期利润的源泉。

随着管理学理论的不断发展,投入战略管理研究的管理学者越来越多,战略管理的学派呈现出丛林的态势。

四、企业战略的层次体系

企业战略不是单一的,而是有层次的,根据企业规模的大小不同,企业战略层次也有所差别。对于从事单一化经营的小型企业来说，其战略分为两个层次，即企业总体战略和职能战略。对于从事多元化经营的大型或中型企业来说，其战略可以分为三个层次，即企业总体战略、竞争战略和职能战略。

1. 企业总体战略

企业总体战略（Enterprise Overall Strategy）又称为经营战略，是指为实现企业总体目标，对企业未来发展方向做出的长期性和总体性战略。它是统筹各项分战略的全局性指导纲领，是企业最高管理层指导和控制企业的一切行为的最高行动纲领。企业总体战略是企业总体的、最高层次的战略，是有关企业发展全局的、整体性的、长期的战略规划。其所研究的对象是一个由一些相对独立的战略业务单位组合成的企业整体。从参与战略制定的人员看，公司战略的制定者主要是高层管理者。公司战略的关键在于以下两点：①应该做什么业务，即企业根据内、外部环境情况，从公司全局出发选择企业所从事的经营范围和领域，即确定企业经营哪些业务、为哪些消费者服务及向哪些市场发展；②如何去管理这些业务，即企业在确定所经营的业务后，在公司层面对各项业务进行资源分配，以实现公司整体战略意图，这也是总体战略实施的关键措施。

企业总体战略主要包括以下几种类型：成长型战略、稳定型战略、紧缩型战略、组合型战略。

2. 竞争战略

竞争战略（Competitive Strategy），又称为业务层次战略或者 SBU 战略，是企业战略的一部分，是在企业总体战略指导下，各个战略事业单位制定的部门战略，是企业总体战略之下的子战略，用以指导和管理具体战略经营单位的计划和行动。竞争战略着眼于选定的业务范围，重点考虑市场应在什么样的基础上进行竞争才能取得超越竞争对手的竞争优势。公司战略主要由企业的最高层参与决策、制定和组织实施，而竞争战略制定的参与者主要是具体的事业部或子公司的决策层。竞争战略的侧重点在于：①企业宗旨的贯彻；②企业发展的机会与危险分析；③企业内在条件分析；④经营单位战略的重点和主要战略措施的确定。

根据目标市场和竞争优势的不同，企业的基本竞争战略可以划分为三种类型：成本领先战略、差异化战略和集中化战略。

3. 职能战略

职能战略（Functional Strategy），又称职能部门战略，是指为了贯彻、实施和支持公司战略与竞争战略而在企业特定的职能管理领域制定的战略。职能战略通常由职能部门管理者依据公司战略与竞争战略的需要负责参与制定，重点是提高企业资源的利用效率，使企业资源的利用效率最大化。职能战略是按总体战略和经营战略的要求，从各个专业领域来考虑战略问题的。

职能战略通常包括营销战略、生产战略、研发战略、财务战略、人力资源战略等。与公司战略和竞争战略相比较，职能战略更为详细、具体和具有可操作性，直接处理各职能领域内的问题，如提高生产及市场营销系统的效率，改善客户服务的质量及程度等。

职能战略的侧重点在于：①企业总体目标的贯彻；②职能目标的论证及其细分，如规模与生产能力、主导产品与品种目标、技术进步目标、市场目标等；③职能部门的战略重点和主要战略措施的确定；④战略实施中的风险分析和应变能力分析。

企业总体战略、竞争战略和职能战略三种战略共同构成一个企业的战略层次，它们之间相互作用、紧密联系,共同构成了企业的战略体系。对企业战略进行划分不仅体现企业战略的统一性和整体性,而且还能适应分权管理的要求,提高企业决策的灵活性。企业要想获得成功,必须将三者有机地结合起来。三个层次战略的制定与实施实际上是各级管理者充分协商、密切配合的结果。企业中每一层次的战略构成下一层次的战略环境。同时,低一层次的战略为上一层次战略目标的实现提供保障和支持。

五、企业战略管理的内容与过程

对企业战略范畴的认识在理论研究和实践探索中经历了一个发展过程。开始人们认为企业战略只涉及投资决策,后来人们的认识逐渐深化,将企业战略问题研究进一步向企业宗旨、组织目标、组织文化、长远的经营规划、资源的配置及企业组织结构设计等方面延伸,并形成一定的体系。从战略管理的领域看,战略管理体系包括投资(经营领域)战略、资源优化配置战略和组织与行为管理战略三部分。

从包含的基本内容来看,企业战略管理体系由企业宗旨和战略方案两部分组成。企业宗旨是企业在一定经营哲学(即企业处理各种内外关系的基本指导思想)的指导下为自己确定的使命。它决定了企业的性质、所从事的事业和在社会中所起的作用。战略方案则是在企业宗旨的指导下,确定在较长时期内的总体行动规划,包括战略目标、战略方针、战略重点、战略阶段、战略经营领域布局与职能配合战略等。

根据学者的研究,一个规范性的、全面的战略管理过程可大体分为五个阶段:企业战略分析、企业战略制定及选择、企业战略实施、企业战略评价和企业战略控制。由于内、外部环境的不断变化,在现实中不存在最完美的战略,战略都是在边实施边调整的过程中制定出来的。

1. 企业战略分析

战略分析是企业战略管理的第一步,是企业战略制定和评价的依据。其主要目的是了解组织所处的环境和相对竞争地位。企业战略分析包括企业外部环境分析、企业内部环境分析和企业战略目标的设定三部分。

2. 企业战略制定及选择

在制定战略的过程中,如果能够提供较多的备选战略方案则对战略的制定较为有利。在战略选择阶段,企业为了实现战略目标,可能会制定出多种战略方案,究竟采用哪种战略更为合适,这就需要对每种方案进行鉴别和评价,以选出适合企业自身的方案。评价备选方案通常需要做到三方面工作:①考虑选择的战略是否与企业的内外部环境一致,是否有效利用了企业的资源,发挥企业优势;②考虑选择的战略能否被企业利益相关者接受,并进行战略方案风险程度评估;③与战略实施者沟通协调,取得他们的支持,有利于战略的有效实施。企业可以从对企业整体目标的保障、对中下层管理人员积极性的发挥以及企业各部门战略方案的协调等多个角度考虑,选择自上而下、自下而上或上下结合的方法制定战略方案。

3. 企业战略实施

在企业战略方案确定后,如何贯彻实施企业战略便成为战略管理的一个关键环节。企业战略实施主要是通过一系列行政、经济等手段组织企业的实际活动,以实现企业的战略目标。可见,有效的战略实施是企业战略目标顺利实现的保证。企业战略实施阶段的主要任务是:制订战略实施的具体落实计划;建立与战略相适应的组织结构;按照战略的要求配置资源;建立对战略起支持作用的政策和运作程序;根据战略要求,对业务流程再造;建立有利于战略实施的激励和诱导机制;建立与战略要求相适应的沟通和协调机制;培育有利于战略实施的工作氛围和企业文化;加强对战略实施的领导,排除变革阻力;对战略实施过程加以控制,确保预期目标的实现。

4. 企业战略评价

在战略实施阶段,企业为了掌握战略实施进展程度,需要评价战略执行业绩,不断修正战略决策,以期达到预期目标。如果战略实施的实际成效与预定的战略目标之间有显著偏差,就应当采取有效措施进行纠正。当由于原来分析不周、判断有误,或是环境发生了预想不到的变化而引起偏差时,甚至可能要重新审视环境,制定新的战略方案,进行新一轮的战略管理过程。

5. 企业战略控制

企业战略在实施过程中,时常会出现偏离既定目标和方案的情况,影响了企业的发展。为了减少这种偏差,企业必须对战略实施进行有效的控制。所谓的企业战略控制,是指为了保证战略实施过程符合原订的战略计划、方案的要求,通过对战略环境和战略执行的监控与反馈,对战略实施过程发生偏差的修正、调整、变革的动态过程。企业战略控制的目的主要体现在两个方面:①保证战略方案的正确实施;②检验、修订、优化原定战略方案。

综上,企业战略管理的五个阶段相辅相成,融为一体。战略分析是战略选择和实施的基础,战略选择和实施是战略评价的依据,战略评价反过来又为战略分析、战略选择和战略实施提供经验和教训。五个阶段的系统设计和衔接,可以保证企业取得整体效益和最佳结果。当企业将上述战略管理的过程委托管理咨询机构设计整体方案时,这些内容也就构成了企业战略管理咨询的基本工作内容。

六、企业战略管理的意义

企业战略管理的意义通常表现在以下四个方面:

1. 企业战略管理可以使企业重视对经营环境的研究

由于战略管理将企业的成长和发展纳入了变化的环境之中,管理工作要以未来的环境变化趋势作为决策的基础,这就使企业管理者们重视对经营环境的研究,正确地确定公司的发展方向,选择公司合适的经营领域或产品市场领域,从而能更好地把握外部环境所提供的机会,增强企业经营活动对外部环境的适应性,从而使二者达成最佳的结合。

2. 企业战略管理可以使企业重视战略的实施

由于战略管理不只是停留在战略分析及战略制定上,而是将战略的实施作为其管理的一部分,这就使企业战略在日常生产经营活动中,根据环境的变化不断地得到评价和修改,使企业战略得到不断完善,也使战略管理本身得到不断完善。这种循环往复的过程,更加突出了战略在管理实践中的指导作用。

3. 企业战略管理通过日常的经营与计划控制将近期目标与长远目标相结合

由于战略管理把规划出的战略付诸实施,而战略的实施又同日常的经营计划控制结合在了一起,这就把近期目标(或作业性目标)与长远目标(战略性目标)结合了起来,把总体战略目标同局部的战术目标统一了起来,从而可以调动各级管理人员参与战略管理的积极性,有利于充分利用企业的各种资源并提高协同效果。

4. 企业战略管理可以使企业重视战略的评价与更新

战略管理不只是计划“我们正走向何处”，而且也计划如何淘汰陈旧过时的东西。企业战略管理以“计划是否继续有效”为指导，重视战略的评价与更新，这就使企业管理者能不断地在新的起点上对外界环境和企业战略进行连续性探索，增强创新意识。

第二节 企业战略管理咨询概述

一、企业战略管理咨询的内容

战略管理咨询是咨询人员通过对客户自身、市场环境、宏观政策的调查研究，诊断其战略管理工作中所存在的问题以及分析产生问题的原因，并帮助客户掌握企业战略管理工作的规律，帮助企业制定总体战略以及各职能战略等，对企业大政方针和纵观全局的问题提供咨询。战略管理咨询的根本目的在于根据市场环境和竞争的变化，帮助客户构建完整有效的战略管理体系，在竞争中占据优势，实现长远发展的战略目标。

战略咨询是企业管理咨询中最为重要的一项工作内容。西方的战略管理咨询产生于20世纪40—50年代，最初是以战略的方法为企业制订简单的目标。到了20世纪60—70年代，随着西方战略管理理论的发展和在企业中的逐步应用，战略咨询也随之被广泛地接受。此时的战略咨询也从过去简单的战略计划制定演变成为一项体系性的管理咨询业务，其范围也由过去的发展战略咨询深入到职能战略咨询，甚至覆盖企业的全部范围。20世纪60年代以来，西方战略咨询在更加接近企业的实际需要的同时，越来越重视技术上的科学化、专业化。这一发展趋势首先表现在咨询方法的科学化与技术化，一些优秀的战略技术工具如：波士顿矩阵分析、PEST分析、SWOT分析等在企业中得到广泛的认同与应用。近几年西方发达国家的战略咨询进一步完善，向着体系化和信息化的方向在发展。

战略管理咨询是一项复杂的系统工程，其任务是就战略制定、战略方案、战略实施、战略效果等关键性问题，提出设想（或改善）方案，指导方案实施，以便从根本上保证一个组织的生存与发展。战略管理咨询的主要内容有：经营理念和战略思想咨询；战略目标和经营方针咨询；事业结构和总体战略咨询；产品结构和部门战略咨询；资源结构和职能战略咨询；成长方式和手段战略咨询；经营技巧和项目评估咨询；长期规划和年度计划咨询；战略实施和实施控制咨询；经营决策和支持体系咨询等。

战略管理咨询的基本思路可以按如下程序做出判断与设计：是否有战略管理思想（意识）-战略制定-战略实施与指导-战略效果评价。在这个因果链中，战略管理的思想是最初的“因”，战略效果是最终的“果”。战略咨询工作既可按照求因导果的逻辑推理进行，也可从结果入手，逐层以“果”的好坏推断“因”的优劣。前者适用于未进行过战略管理的单位，后者则适用于已进行过战略管理的单位。

二、企业战略管理咨询的特点

1. 价值性与风险性并存

对企业而言，战略管理咨询是一项需要借助于外脑且对于未来有高回报的投入。咨询成果对企业具有全面而深刻的影响，咨询成果的运用在某种意义上决定企业的命运或改变企业的命运。对于咨询公司，战略管理咨询是一项层次高、投入大、收费高的咨询业务。同时，企业战略咨询是一项政策性和策略性很强的服务活动，而且它是预测企业环境的未来变化，指明企业经营活动的方向的。因此，企业战略的咨询课题是探索性的，提出的方案是有风险性的。由于客户的需求不明确，咨询结论的非唯一性及探索性，使咨询公司与企业都面临高风险。战略管理咨询无论对于咨询公司还是委托企业都具有极高的风险，一旦失败，对于双方的影响都是巨大的。

2. 咨询过程具有复杂性

企业战略管理咨询由于涉及的信息范围广，涉及的企业内外部的信息比较多，而且需要在信息分析的基础上形成可行方案，因此咨询过程具有相当的难度和复杂性。为了提高咨询方案的成功率，需综合应用各种技术方法，并拟订多种方案，反复进行分析和评价，从中选择最合理的方案。企业战略管理咨询业务是管理咨询业中最高层次的业务类别，主要是为企业提供战略设计、竞争策略、业务领域分析与规划设计等服务。战略管理既是一个高于一般管理的特殊领域，又与一般管理密不可分。就企业组织来说，企业战略是引导企业在未来风险环境中健康、顺利发展的行动纲领和指南。它涉及一个组织整体健康、长远生存和发展的综合方面。因此，战略管理咨询是一种最综合、最复杂、最具智慧的管理咨询。

3. 具有独创性

企业战略没有定型的方案可以模仿，要成功就必须有独创性。咨询人员为企业提供咨询方案，必须剖析影响企业发展的关键问题，分析其实质，真正地提出有创意、能解决实际问题的方案。

4. 咨询方案实施难度大

企业战略管理咨询往往时间比较长，方案实施的阻力也比较大，因此，企业领导人对企业战略咨询的紧迫感和坚定不移的决心是战略咨询成功与否的基本条件。

第三节　企业战略管理咨询的程序

关于企业管理咨询的程序，本书第二章已经做了较为详细的说明。企业战略管理咨询是管理咨询的一个方面，企业管理咨询的一般程序完全适用于战略管理咨询。结合战略咨询的特点，综合国内学者徐国军、焦玉英、刘建华等的观点，除去咨询过程中的部分洽谈和商务等活动，将企业战略管理咨询的基本程序和每个过程中涉及的主要工作总结如下。

一、项目前期工作准备

1. 了解客户

了解客户是咨询工作的前提和基础。在进行战略咨询之前，首先要对客户的情况作广泛地了解，包括客户名称、发展历史、所属行业、组织结构、企业规模、所在地区、主要领导人介绍以及新闻动态等信息。对于上市公司，还要更加详细地了解股权结构、各种披露的报告等信息。这些信息往往是媒体披露的公开信息，可以通过网络、报纸和行业性资料获得。

2. 熟悉具体的咨询项目

这里的项目是指具体的咨询领域。战略咨询往往是关乎企业长远发展的整体性的咨询，但是具体到不同的企业，咨询的侧重点不同。例如，有的企业需要咨询竞争策略，有的企业需要咨询资源整合，有的企业关注战略规划的制订等。因此，必须了解所咨询项目的相关情况，包括项目的基本情况、客户的要求、项目周期、研究的优势和难点、解决的基本思路、费用情况等，为明确项目咨询目标和咨询实践打下基础。

3. 组建合适互补的项目团队

咨询人员的配备是咨询项目成功的关键。战略咨询相对于一般咨询项目来说，对项目团队的要求更高。在项目团队组建过程中，需要注意以下几个方面：

（1）要甄选优秀的项目经理，因为项目经理在很大程度上决定了项目的成败。他在一个项目中负有组织、领导和协调的责任，代表咨询公司与客户进行交流，因此，他必须熟悉咨询内容，具有丰富的咨询经验和良好的沟通能力，还要有较强的责任心，勤奋、工作踏实和严谨的作风。

（2）要选派合适的项目组成员。要根据项目的确切要求及企业特性挑选合适的咨询项目组人员。首先，项目组成员要求知识结构要广、博、专，不仅要通晓一门专业知识，而且要懂得相关学科的知识，并且对相关专业的认识要有深度和精度，团队成员之间知识要具有互补性。要尽量选择具备系统分析能力的人员，具备发现问题、分析问题和解决问题的创新思维能力的人员。战略管理咨询是对企业长远性和全局性发展问题提出建议的活动，严谨系统的思维方式在战略咨询中十分重要。在战略管理咨询中，咨询顾问最重要的能力是通过精确思考和认真研究产生有用思想，能在不确定的情况下，通过对问题的充分调查，找出其目标和各种可行方案，并通过直觉和判断，对这些结果进行比较，帮助决策者在复杂问题中做出最佳的科学决策。其次，对团队成员的要求还应包括善于合作和具备良好的沟通交往能力。

（3）灵活处理项目组人数和分工。由于咨询公司的情况不同，战略管理咨询项目的性质和规模不同，项目组人数的构成也就自然不同，应该灵活处理。在多数情况下，项目组可由 4 ~ 6 人组成，其中 1 人担任项目经理，1 人担任项目助理（负责后勤及其他辅助工作），2 ~ 4 人担任咨询顾问。如果大型的战略管理咨询项目人数较多，则可将咨询项目分为若干方面，相应地分出若干专题工作小组，在总负责人或一个高级专家小组的协调下开展工作。

4. 拟定项目建议书

经过客户确认的项目建议书是开展正式咨询的基础和指导性文件。战略管理咨询是一种双向学习的咨询活动，项目建议书的最终拟定需要经过前期的一些沟通和协商环节。首先咨询公司应与客户接触，面谈了解客户的战略咨询需求，在交谈中向客户讲解战略咨询的方案、程序、工作成果等相关问题；其次，在充分交流的基础上，逐步确定本次咨询的任务和目标；第三，经过反复沟通和协商，最终拟定本次战略咨询的项目建议书并签订咨询合同。项目建议书和咨询合同可以明确双方的权利义务关系，是双方互相理解本次咨询范围与合作关系的依据。有关管理咨询项目建议书的一般要求在本书第二章已经进行了介绍，结合战略管理咨询项目的特点和具体工作需要，此处再加以叙述和说明。

战略管理咨询项目建议书的制定与其他管理咨询项目建议书有一定区别。战略管理咨询项目建议书的编写要求对企业所处的宏观环境、行业状况有深刻的认识，并能够提出建设性的意见。由于战略管理咨询项目的成果量化程度更小，其价值更难以以有形的形式体现，所以在制定项目建议书时应该尽量使委托客户了解到战略形成的全部过程。因此，战略管理咨询项目建议书必须表达清晰、内容完整、语言简洁，以便客户阅读时能够比较迅速、完整地了解项目全部，尤其是战略的形成过程和项目组所开展的工作。在起草战略管理咨询项目建议书时，应注意缩小客户的顾虑。一份成功的咨询建议书不仅要有吸引力，而且要有充实的内容。建议书的具体内容与咨询服务的内容及客户的要求有关,因此在编写建议书之前,应先对客户提出的咨询任务进行认真的分析。一般来说,企业战略管理咨询项目建议书应包括以下内容:

(1)项目背景

主要介绍企业的基本状况,企业存在的主要问题,希望通过本次咨询达到的目标和意义,同时介绍咨询公司的宗旨、经营理念及业绩。

(2)工作原则

咨询公司在提供给客户项目建议书的内容中会表现各自不同的工作原则,工作原则是咨询公司在整个咨询过程中的立场。以下几项原则非常重要:

①法人意识。从咨询顾问的立场出发保持中立性与客观性,不会因为外部或者某个利益团体的压力而屈从,一切建议方案都建立在尊重事实的基础上,以是否符合企业的法人意志和长远利益作为出发点。

②注重实效。强调深入了解客户的业务、组织架构与具体问题,并为客户设计量身定制的解决方案。

③共同参与。一个好的战略管理咨询方案一定是客户与咨询公司共同努力的结果。在整个战略管理咨询过程中,客户管理层对企业面临的内外部环境的直觉判断是非常重要的,客户与咨询公司应随时联系和沟通,与项目有关和有用的信息应予以开放,保证信息的及时性和有效性。

④质量保证。战略管理咨询结果无法量化的特性导致事后的质量检验很难进行,因而咨询公司更多地应通过事前的工作来保证战略管理咨询的结果。

(3)项目目标

在项目目标中,咨询公司应将对任务的理解、完成任务的方式方法、质量及创新、咨询公司在项目执行中的职责、建议达到的目标、客户可得利益的估算等进行清晰说明。

(4)工作计划和时间表

咨询工作计划应按照管理学中计划的制定要求"5W1H"来进行。要给出计划目标、计划内容、对工作量的估计、项目用时、进度和管理方式、阶段性成果、最终成果等。

(5)咨询公司介绍

包括公司承担类似战略管理咨询项目的经验,在类似行业的经验等;介绍项目小组组织结构和小组成员;参与咨询的人员的素质,项目经理的领导协调能力和专家资历等。

(6)需要客户提供的支持条件、对配套设施的要求

咨询项目的完成需要咨询企业的配合和参与才能顺利完成。为了保证咨询效果,在项目建议书中应将需要客户予以配合提供的人员、场地、时间和资料等方面的支持列出。

5.编制详细团队内部咨询工作计划

在项目建议书得到咨询企业的确认后,在项目建议书所列的工作计划和时间表的基础上,项目经理应当带领咨询团队进一步将工作计划内容予以细化,形成咨询团队内部工作计划。计划应该包括咨询的详细内容、工作程序、分工以及组织、时间进度安排以及讨论交流的方式等。团队内部咨询工作计划的编制可以使咨询工作有条不紊地进行,提高工作效率。

6.项目内部启动会

在赴咨询企业进行正式现场咨询工作之前,咨询公司可以根据需要,召开项目内部启

动会。项目内部启动会一般由项目经理主持,全体项目组成员参加,同时可邀请咨询公司的高级总监或者其他高层领导参加。项目内部启动会的主要目的是向项目组成员介绍项目情况和客户对咨询的态度与愿望,说明本次战略咨询应达到的目标,公布调查计划、团队分工以及职责,提出咨询工作的规范与注意事项等。在项目内部启动会中,项目经理要组织项目组成员对咨询项目的项目建议书、咨询合同、销售阶段的会谈记录以及客户状况进行全面讨论,以便大家达成对咨询任务的共同认识,并建立一个初步的工作方案。

二、深入调查与问题分析

1. 现场咨询的正式启动

为了引起咨询企业对咨询工作的足够重视和获得咨询企业相关人员对咨询工作的支持,在咨询公司进场开始全面咨询诊断工作之前,应召开一个由咨询公司和客户双方共同参与的项目启动会。项目启动会是指咨询公司和客户双方共同宣布项目正式启动的一个会议,一般在客户处召开。出席的人员有咨询公司项目组全体成员,客户方的管理层以及客户方项目组成员。会议上,客户方主要负责人要向项目组成员介绍企业和部门负责人,以及此次咨询的主要目的和意图。项目经理要向客户介绍咨询顾问的情况,以及项目组的咨询工作计划和相关要求。咨询工作计划应该提交给客户,以供客户方了解咨询工作的进度,及时配合咨询工作并提供相关条件。在咨询工作过程中,需要双方取得协调,为此,咨询方与客户应各指定联络人员。

2. 资料搜集

咨询公司在战略咨询前期准备阶段,已经搜集了相关的背景资料,进入企业或现场之后,资料的搜集应更为细致和全面,包括企业成立背景及发展史、章程、领导班子简介、企业发展战略目标及短期规划、组织管理资料、近三年组织宣传材料及内部刊物、近三年工作报告、管理制度、有关企业文化建设方面的资料、董事会等高层会议记录、人力资源基本情况、上一年工作计划及执行情况、财务报告统计报表以及其他分析评价材料、各子公司的基本情况、业务结构、产品结构、主要产品技术水平发展方向、生产布局、研发能力、生产能力、工艺装备水平、近三年国际市场销售情况、近三年主要产品销售途径和策略、主要产品市场现状及未来预测。根据搜集的这些材料,对企业的业务运营、管理状况、企业文化等问题进行实地调研,通过座谈会、访问、调查问卷等形式细致了解客户所面临的问题和追求的目标,形成对客户战略管理的总体印象和想法,为后面的诊断和制订战略调整方案做准备。

3. 对客户的战略管理做出诊断分析

根据所搜集到的信息,结合战略管理咨询的内容,对客户的战略管理情况做出诊断。战略诊断的目的是对客户战略管理的现状进行分析,明确最关键的战略问题,一般包括以下几个方面内容。

(1)客户现行战略运行的良好程度

这涉及从定性(完整性、内部一致性、合理性和形势适应性)和定量(公司战略所产生的战略和财务结果)两个角度来评价现行战略。客户目前的总体业绩越强,进行大幅度的战略变动的必要性就越小。客户业绩越弱或外部环境的变化越快,当前的战略就越应该受到质疑。

(2)客户的资源优势和劣势,外部的机会和威胁

通过 SWOT 分析法提供对客户的一个概览。客户的资源优势、胜任能力和竞争能力非

常重要，劣势同样非常重要，因为它们是客户必须予以加强的地方。外部机会和威胁也非常重要，因为一个好的战略务必要抓住对客户来说最有吸引力的机会，防范危及客户的威胁。

(3)客户的价格和成本是否具有竞争性

客户面临的形势如何，最有力的一个信号是它的价格和成本与竞争对手比较起来是否具有竞争力。这里，战略成本分析和价值链分析是非常重要的分析工具，可以用来确定客户某些活动和功能的开展是否在成本上具有有效性，可以用来揭示公司的成本是否同竞争对手的成本保持一致，可以用来确定哪些内部活动和业务过程需要进行改进。

(4)客户的竞争地位如何

咨询机构必须考虑如果继续执行现行战略的话，公司的地位可能会改善还是会降低；公司如何在行业的关键成功因素和其他竞争成功的主要决定变量上赶上竞争对手；公司是拥有竞争优势，还是拥有竞争劣势。

(5)客户面临的战略问题是什么

利用客户形势分析、行业及竞争分析的结果制定一张战略诊断分析表。重点是做出有关公司战略的优势和劣势的结论，确定公司战略制定者必须解决的战略问题。

4. 形成战略诊断报告

战略诊断报告是项目组对关键战略问题进行深入剖析和阐述的书面文件，需要反复与客户沟通、论证，最后形成双方一致的认识。战略诊断报告书应注意两点：①对客户的现状阐述要清楚。只有深入调查了解客户现状，才能进行准确的战略诊断。只要全面深入认识客户现状，就能抓住客户的关键战略问题；②战略问题要具体。很多时候容易犯的一个错误是提出的战略问题太泛，内涵太大，看上去所有的企业都面临这样的问题，这种战略问题就属于无效问题。

5. 战略诊断结果沟通会

在细致调研和战略诊断阶段结束的时候，应当安排客户主要领导和战略管理相关人员与咨询公司的咨询团队召开战略诊断结果沟通会。一方面，向客户汇报这个阶段的工作成果，另一方面交流诊断的问题。同时，认真听取客户相关人员对咨询团队发现问题的看法。通过讨论、补充来完善咨询师的认识，了解客户的战略目标，加强沟通，以便于后面的战略方案的选择和设计更为有效。

6. 战略构想的梳理

经过沟通会，项目组与客户在战略关键问题上达成一致意见之后，对于解决这些问题，客户内部会有不同的看法，项目组内部也会有不同的看法，称之为不同的战略构想。每一个战略构想都有一系列关于客户的企业使命、宗旨、外部机会、内部资源与能力的假设。本阶段的任务就是通过大量的专题研讨将这些不同的战略构想及其一系列的假设清晰地描述出来，供下一步进行战略制定与选择之用。

三、战略咨询方案的确定

根据前期大量工作的结果，咨询机构要对咨询企业的战略提出设计方案。战略方案是战略咨询的工作成果，其质量不仅影响客户的未来运营效益，也关系到咨询公司的信誉，必须要高度重视。战略咨询方案（报告）属于管理咨询的成果，其写作的内容和要求等可参见本书第四章的相关内容。

1. 战略方案选择

战略方案选择的内容通常包括:建立单业务还是建立多元化业务组合;满足广泛范围顾客的需求,还是聚焦于某一个特定的市场;发展狭窄的产品线还是发展广阔的产品线;将客户的竞争优势建立于低成本之上,还是建立于产品质量优越性之上,抑或是建立在独特的组织能力之上;如何对变化的顾客偏好做出反应;覆盖多大面积的地理区域;如何对新市场和竞争环境做出反应;如何使客户在长时间内不断成长等多方面战略问题。在进行战略选择确定咨询方案时,应注意以下两点:①要经过咨询课题组全体人员充分的讨论和论证,形成多个方案,然后根据科学性、可行性、效益性的原则进行比较和筛选;②在设计咨询改善方案时,应当邀请客户有关人员参加,通过深入交流,对方案进行完善,形成双方共识的战略方案。

2. 战略规划

战略规划是将项目组与客户一起认可的战略方案转变为可实施的计划。它的关键是进行战略目标和战略任务的分解,并建立一整套针对战略目标和战略任务完成情况的指标监控和奖惩体系。其间更多地涉及与客户中层管理人员的合作。

一个完善的战略规划体系应包括企业总体战略、竞争战略和职能战略三大方面。每一个方面都包含战略目标、重要的战略举措、相关工作计划、与战略目标完成相关的奖惩机制等。所有这些最终都要以战略报告书的形式反映出来。战略报告书是客户未来经营活动的纲领性文件,也是战略咨询最为重要的有形成果。一份出色的战略咨询报告应当具有针对性、明晰性、客观性和相关性的特点。正式的咨询报告形成后要举办报告会,在一定范围内作战略咨询汇报,提高企业人员对战略管理的认识和重视,为战略的有效实施做准备。

四、项目实施

管理咨询机构以提升客户专业战略管理能力为目标,方案的设计和报告的出台仅仅是其工作的一个部分,项目只有真正实施才有可能取得绩效。战略规划制定后,客户开始依据计划进行战略实施,战略实施的任务是将战略规划转变为行动,取得好的结果。咨询公司应跟踪战略实施的过程,对客户进行培训和辅导,对这期间出现的问题给予力所能及的帮助。使客户全面准确了解战略报告和战略实施的系列思想,明确每一个部门、每一个岗位、每一个人对战略管理的意义和责任。战略实施是否成功的标准是客户若干年后的实际业绩是否能够达到或超越战略规划中的目标。

落实和实施管理咨询方案由咨询企业负责,咨询公司应全力予以协助。成功实施和执行战略涉及的工作有:建立一个有能力、实力和资源力,能够成功推行战略的组织;制定预算,将主要的资源转移到对取得战略成功非常关键的价值链活动中;建立支持战略的政策和程序;推行最佳实践活动,促进价值链活动运作的持续改进;将激励手段与实施战略相联系;创建一种支持战略的工作环境和公司文化;发挥改善战略执行状况所需的领导作用等。不论怎样,战略实施需要组建一支强有力的管理团队。在这方面,咨询公司所做的工作,一方面是帮助客户推荐、寻找适合的战略执行人员,另一方面是培训教育企业现有的管理人员,提高其战略实施能力。

战略咨询方案能否在咨询企业得到很好的落实和实施,能否取得实际的战略管理效果,取决于多种因素的影响。战略实施的挑战主要在于以下因素之间是否能建立紧密的匹配关系,即战略和组织能力与结构之间的匹配关系;战略和预算分配之间的匹配关系;战略和日常经营政策之间的匹配关系;战略和内部支持系统之间的匹配关系;战略和奖励结构之间的匹配关系;战略和公司文化之间的匹配关系。上述匹配关系越是紧密,战略的实施就越有力量,实际中就越可能达到预期的战略目标。

战略实施也可能遇到一些困难,如出现事前没有预料到的问题、相关的人员能力不足、出现突然的外部因素、对于关键任务和活动缺乏支持、实施要比原计划需要更多时间等。

五、项目总结与追踪服务

当咨询企业可以独立承担战略方案的实施工作后,咨询顾问可以撤离企业,现场咨询工作结束。此时,项目团队应当对项目进行总结,写出总结报告,一方面是对本咨询项目工作和成果的总结,另一方面也是积累咨询经验,为后续的业务承接提供参考。总结报告通常包括以下几个部分的内容:

①项目的基本情况;②经验总结,包括技术方面、客户沟通方面、团队管理方面、成果与成效;③存在的问题,包括技术方面、客户沟通方面、团队管理方面等;④企业后续应注意和需要进一步解决的问题。

咨询项目结束并不意味着咨询公司和客户之间的工作关系的结束,战略咨询项目具有长期性的特点,对客户的后续服务是必要的。有些咨询公司成为客户的长期顾问,也是基于战略咨询方案对企业影响大、不确定性强、涉及的方面多等特点。如果客户不能随环境的变化调整战略,就有可能使咨询方案流于形式,或者成为僵化的战略。因此,本着为客户负责,维护咨询公司声誉的目的,咨询公司可以以多种形式为客户做售后服务,包括派出专职顾问、定期访问、客户征询、定期培训、专题或专家讲座等。

第四节　企业战略管理咨询不同工作内容的常用方法

关于企业管理咨询中常用的工具与方法,本书第二章已经有所介绍,除上述方法外,企业战略管理咨询中还有一些其他常用工具与方法。结合企业战略管理咨询过程中不同阶段的任务,本节介绍一些可应用于战略咨询不同工作内容的工具与方法。

一、战略综合调查

战略综合调查是战略诊断中必须要进行的咨询工作事项。战略综合调查是指在战略咨询过程中,咨询人员将客观存在的与战略有关或者有用的各种信息,采取适当的方式方法,有效汇集在一起的行为。战略综合调查内容分为企业内部信息收集和外部信息收集。内部信息收集是对企业内部的生产、经营、管理活动的原始数据进行汇集和初步加工的过程。内部信息的来源主要有:企业会议、决议文档资料;财务报告和统计报表;制度范本;现场观察记录以及有关的原始凭证和台账;企业问卷调查和员工访谈所得资料等。外部信息收集是指对来自企业外部的相关数据的收集。外部信息的收集渠道主要包括查询咨询企业已有的数据库、查阅国家或地方统计数据、查阅专业杂志和期刊文章、外部专家访谈、市场调查报告和上网搜索相关资料等。

战略咨询需要收集的信息量很大，战略综合调查的原则是以第一手资料为主，尽可能多地收集一手资料，二手资料为辅，使用二手资料时要尽量验证资料来源的真实性和可靠性。战略综合调查的信息获取是信息处理的起点，也是后续战略决策选择和制订的重要基础。信息获取的方法主要包括访谈法、问卷调查法、资料收集法等，这些方法在本书第三章已经有所介绍。结合企业战略管理咨询的实践，关于如何收集信息，推荐使用以下常用方法：

(1)列出所需资料清单，要求企业按照资料清单提供资料；

(2)利用互联网查询收集资料，尽量从国家、地方或者行业协会专用网站收集，如国家和地方统计局网站等，以保证资料的可靠性；

(3)查询国家行业出版物，如国家年度报告、行业年度报告等；

(4)查阅专业杂志和期刊；

(5)对企业人员进行访谈；

(6)拜访行业内的专家，利用他们的专业背景探寻信息；

(7)购买调查公司的调查报告。

二、企业外部环境分析

外部环境是企业业务边界外影响其经营绩效的所有因素或力量的总和，通常根据这些因素或力量的影响程度划分为一般环境和具体环境。进行企业战略咨询应重点关注具体经营环境，但对一般环境也要予以关注。

对企业所处外部环境进行分析，主要目的是评估外部环境的变化，对现行企业战略模式与外部环境间存在的不协调、不适应进行客观地评价，为战略咨询诊断提供依据。通过外部环境分析，识别企业外部环境变化趋势、机会和威胁，提出利用外部机遇并规避外部威胁的改善建议。通过对企业外部环境的分析，结合内部资源和能力分析，总结出企业的优势和劣势，帮助企业确定与其资源和能力相适应的业务经营领域。通过对企业外部环境的分析，评估企业发展过程中所面临的发展机遇和威胁，结合内部资源和能力分析，得出优势和劣势结论，明确企业发展方向，以最大限度地发挥优势、利用机遇，并避免劣势和威胁。

进行企业外部环境分析，通常分为总体经营环境分析、行业环境分析以及市场和竞争环境分析三个层次。

1. 总体经营环境分析

总体经营环境分析也叫宏观经营环境分析，是对影响到企业经营与发展的各种宏观环境因素进行分析的过程。总体经营环境因素主要包括人口、经济、政治与政策、法律、社会文化、技术等方面，各种因素对企业经营绩效的影响程度是不同的。总体经营环境分析的常用方法为 PEST 分析，在本书第三章有所介绍。

2. 行业环境分析

行业环境分析是指对企业经营业务所处行业的行业结构、行业内企业的行为方式、行业平均绩效水平、行业竞争程度以及利润潜力等因素进行分析的过程。行业环境对身处其中企业的影响往往更加直接，其影响作用也远大于总体经营环境的影响，因此进行行业环境分析非常重要。

行业环境分析的内容包括行业的确定、行业历史和发展趋势分析、行业结构分析、行业内企业行为分析及行业关键成功因素分析等五个方面的分析内容：①行业的确定，即确定企业经营业务、行业归属是行业环境分析的首要内容，也是战略咨询和战略诊断的前提。咨询人员要了解和判断企业的经营活动范围，了解和判断企业的产品和市场处在何种具有独特发展规律和逻辑的行业之中；②行业历史和发展趋势分析，即了解行业发展历史，分析行业演变规律和发展现状，分析行业发展中存在的机遇、威胁，对行业未来发展趋势进行判断和预测；③行业结构分析，即对企业所处行业的供给结构（厂商集中度、企业间竞争程度、市场占有率、进入壁垒大小等）、需求结构（产品差异化和多元化程度、产品需求增长率等）、产业链结构（行业内纵向一体化程度等）等结构性要素及行业结构的变化历史和发展趋势进行分析；④行业内企业行为分析，即对行业内企业历史上和当前的策略、行动以及应对行业结构变化的反应等行为模式进行深入剖析。尤其是处于同一战略群体中的企业和主要竞争对手的行为是分析的重点，它们的战略博弈过程体现了行业特点及行为模式；⑤行业关键成功因素分析，即总结企业所处行业内实现成功竞争所必须具备的条件，即对行业内的关键成功因素进行分析。

对行业环境进行分析，常用的方法有 SCP 范式分析和行业关键成功要素分析两种方法。

（1）SCP 范式分析法

SCP 范式分析是一种产业组织分析方法，也是进行企业外部环境分析的基本方法。S、C、P 分别代表结构（Structure）、行为（Conduct）和绩效（Performance）。结构是指行业结构，以行业中的竞争者数量、产品的异质性以及进入和退出行业的成本为衡量标准；行为指行业中具体的企业活动，包括价格接受、产品差异化、串谋和利用市场势力等；绩效指企业的绩效水平。SCP 范式分析认为企业所在行业的结构特性限定了企业所面临的选择和约束的范围，并最终对企业的绩效产生影响，同时行业中企业的行为和绩效水平又对行业结构产生重要影响，并使行业结构不断发生动态变化。具体在运用 SCP 范式分析时也可以将其转换为动态模型，即分析产业结构的变化—企业行为的变化—企业绩效的变化。

在对企业进行 SCP 分析时，通过对行业结构中供给、需求和行业链的分析，对行业结构的变化做出评估；通过对行业中各战略群组企业的营销、容量变化、垂直整合情况和内部效率分析，对行业中各战略群组企业的行为做出评估；通过对各战略群组企业的财务、技术、人员等方面的分析，对绩效水平做出评估。经过上述评估过程，将会对企业所处行业和企业的现状有一个基本判断，但还需要考虑行业结构、各战略群组企业行为、绩效水平以及与外部冲击间的相互影响和作用，再对行业结构的未来变化、战略群组企业未来的行为变化和绩效水平的变化做出动态评估。

（2）行业关键成功要素判别矩阵分析法

行业关键成功要素分析可以通过判别矩阵的方法来进行。具体操作过程是首先列举出影响行业内企业成功的一般因素，然后采用专家集中讨论的形式对矩阵中每一个要素打分，一般采用两两比较的方式，如果 A 要素比 B 要素重要则打 2 分，同样重要打 1 分，不重要打 0 分。在对矩阵中所有格子打分后，横向加总，然后根据分数的高低决定行业关键成功要素的排序，如表 6.1 所示。

表 6.1 行业关键成功要素分析表

重要程度分析	技术	销售	市场推广	品牌	物流	售后服务	采购	产品价格	产品质量	资金	政府关系	生产能力	人力资源	总分
技术														
销售														
市场推广														
品牌														
物流														
售后服务														
采购														
产品价格														
产品质量														
资金														
政府关系														
生产能力														
人力资源														

3. 市场和竞争环境分析

市场和竞争环境分析主要包括市场分析、影响竞争的因素分析和竞争者分析等三个方面。市场分析是对企业经营业务领域所涉及行业的市场总量变化、各产品的容量及结构变化、各地区的容量及结构变化、各消费群的容量及结构变化、消费者购买考虑因素及购买动机的变化、消费者购买行为的变化等方面的分析。影响竞争的因素分析是指对进入威胁、竞争威胁、替代威胁、供应商威胁和购买者威胁等因素的分析。竞争者分析是将本企业与竞争对手在市场、渠道、技术、财务等各方面进行对比，了解企业与竞争对手的相对战略位置。

对市场和竞争环境分析常用的方法是波特五种竞争力量分析模型和竞争者分析法。关于波特五种竞争力量分析模型，已经在本书第三章给出，这里只简单介绍竞争者分析法。

竞争者分析法一般包括以下五项步骤：

(1)从市场和行业两个角度识别企业的竞争者；

(2)识别竞争者的策略；

(3)判断竞争者目标；

(4)评估竞争者的优势和劣势；

(5)判断竞争者的反应模式。

三、企业内部资源和能力分析

管理咨询人员对企业进行内部资源和能力进行分析的目的在于搞清企业资源和经营能力状况,确认企业的核心资源和核心能力,以发现问题、确定优势、明确方向和制定目标。咨询人员通过分析企业现有的资源和能力,可以发现企业存在的问题,寻找和分析问题产生的原因,为企业战略综合诊断提供依据。通过将资源和能力与竞争对手相比较,可以明确企业的竞争优势和劣势,明确企业能够和擅长做什么,即明确企业战略制定的方向,为制定企业发展目标提供依据。

1. 企业内部资源分析

企业内部资源主要包括有形资源、无形资源和人力资源三类。有形资源是指企业的物资和资金,包括生产设备、原材料、财务资源、不动产等;无形资源通常包括品牌、商誉、组织文化、技术、专利、商标以及累积的组织经验等;人力资源则是指企业拥有员工的数量与质量。在战略管理咨询中,企业内部资源常用分析方法是职能法和资源法。

职能法是将企业内部要素按职能进行分类和分析的方法,也是确定内部战略要素的一般方法。职能法将企业的内部要素分成营销职能要素、财务会计职能要素、生产经营及技术职能要素、人员职能要素、管理组织职能要素等五大类,每一大类还可继续细分为诸多具体要素。

资源法是根据企业在资源上表现出的优势和劣势,发现企业在资源使用上需要进行的变革,以确定企业资源状态的分析方法。运用资源法进行战略管理咨询,主要是分析企业现有资源的数量、分析资源的利用情况、分析资源的应变力、分析资源的平衡性、分析战略与资源的适应性等内容。

2. 企业内部能力分析

企业内部能力是指企业对资源的综合利用和为完成特定任务对所需资源进行组合的方式和过程,是企业在生产、技术、销售、管理和资金等方面力量的总和。一项项独立的资源是无法为企业创造价值和建立竞争优势的,企业的各种资源必须组合起来,形成有组织的能力。企业内部能力包括业务能力、管理能力、可持续发展能力等。

管理咨询人员在战略管理咨询过程中,常用的企业内部能力分析方法主要有价值链分析法和战略要素评价矩阵法。价值链分析法见本书第三章,本章主要介绍战略要素评价矩阵法(IFE)。

战略要素评价矩阵法(IFE)是分析企业内部战略条件的有效方法,它可以帮助咨询人员对企业内部各个职能领域的主要优势和劣势进行全面综合的评价。其具体分析步骤如下:

(1)由咨询人员或者战略决策者识别企业内部战略条件中的关键战略要素。

(2)为每个战略要素指定一个权重,以表明该要素对企业战略的相对重要程度,权重的确定应该重点考虑企业所处的行业。权重取值范围为介于区间[0,1]之间的数字,权重取值越靠近0代表此因素越不重要,权重取值越靠近1代表此要素越为重要,权重取值要保证所有要素值之和为1。

(3)对每个战略要素的企业状态进行分级确认,分别为主要劣势、一般劣势、一般优势、主要优势四个方面,然后分别以数值1,2,3,4对每一种状态进行评分赋值,评分赋值重点考虑的是公司自身因素。

(4)将每一要素的权重与相应的评价值的乘积相加,就可以得出企业内部战略条件的优势与劣势情况的综合加权评价值。企业内部条件战略要素评价矩阵如表6.2所示。

表6.2 企业内部条件战略要素评价矩阵表

战略要素	权重	评价值	加权评价值
产品质量			
营运资金			
利润增长水平			
员工士气			
技术开发人才			
组织结构			
……			
综合加权评价值	1.0		

从企业内部条件战略要素评价矩阵(IFE)的操作规则可以看出,无论IFE矩阵包含多少因素,总加权分数的范围都是从最低的1.0到最高的4.0,平均分为2.5。总加权分数远远低于2.5的企业的内部状况处于弱势,而分数远远高于2.5的企业的内部状况则处于强势。一般情况下,IFE矩阵应包含10~20个关键因素。

四、战略综合分析

战略综合分析是将企业外部环境和企业内部条件的各种因素结合起来所进行的分析。咨询人员完成了企业内部资源和能力分析及外部环境分析后,仅完成了战略制定的基础性工作。要成功地为企业制定战略,还要将内部资源、能力分析和外部环境分析所得出的结论有效结合,进行综合分析。咨询人员在综合分析的基础上,通过与企业高层的沟通达成战略构想,提出备选战略规划方案后,经过科学、系统地评价和筛选,才能最终确定企业发展战略。因此,综合分析是咨询人员进行战略制定的基础。

在战略综合分析中,咨询人员可以利用的工具和方法有SWOT分析、波士顿矩阵分析、GE矩阵分析、内外部矩阵(IEM)、战略地位行动评价矩阵、竞争态势矩阵等,其中最常用的则是SWOT分析和波士顿矩阵分析,这两种分析工具在本书第三章中有所介绍。

五、战略构想

战略诊断报告提出后,企业和咨询项目组对企业存在的一些战略问题,如愿景、使命、业务范围、成长方式等都会有不同的假设和解决思路,这些假设和解决思路就是战略构想。

1. 愿景分析

愿景是指对企业长期的发展前景、发展方向、目标、目的以及自我设定的社会责任和义务等的一个高度概括，是可以在一个特定时期内实现的一种承诺，一般由企业核心理念（核心价值观、核心目的）和对未来的展望（未来10～30年的远大目标和对目标的生动描述）构成。企业愿景是企业未来的目标和存在的意义，也是企业之根本所在。它回答的是企业为什么要存在，对社会有何贡献，它未来的发展是个什么样子等根本性的问题。管理咨询人员对企业愿景的设定应该建立在详细的环境分析与诊断基础上，必须充分发挥沟通的作用。

2. 使命确定

企业使命是企业在全社会经济领域中所经营的活动范围和层次，具体的表述企业在社会经济活动中的身份或角色，它是企业在社会中借以存在的根据，或者说是企业在社会中所应担当的角色和责任。企业使命包括的内容有企业的经营哲学、企业宗旨、企业形象和企业社会责任。管理咨询人员在确定企业使命过中常用的工具是利益相关者矩阵。利益相关者是指与客户有一定利益关系的个人或组织群体，可能是客户内部的（如雇员），也可能是客户外部的（如供应商或压力群体）。利益相关者矩阵指明了组织与利益相关者之间关系的不同类型，在企业使命的确定过程中应重点考虑不同的利益相关者及其持有的权力和态度。

3. 业务经营范围确定

业务经营范围是指在一定时期内，企业根据自己的技术特点、人才优势、资金实力和竞争环境等内外部条件所确定的生产产品的种类或从事服务的领域。企业战略的选择，必须明确企业的业务经营范围。一般来说，一个企业的业务经营范围具有一定的伸缩性。企业可以在这一经营领域选择一个、几个或一系列的品种，也可以以原有的经营领域和经营品种为基础，根据市场需求，采用不同的策略扩大经营范围。在企业业务经营范围确定时，管理咨询人员经常遵循集中优势的原则、相对稳定的原则和合理性的原则来进行。

4. 成长方式选择

在企业层面的战略构想阶段，咨询人员帮助企业进行了愿景分析，明确了使命和业务经营范围后，还要为企业选择一定的成长方式实现企业的成长。一般有四种成长方式可供企业选择，即集中型或密集型成长方式、一体化成长方式、多元化成长方式、联盟成长方式。选择成长方式要结合企业内部资源、能力及外部环境因素来进行。管理咨询人员在为企业选择成长方式中可以采用头脑风暴法和德尔菲法等。

5. 战略规划方案的确定

在对企业内部资源、能力和外部环境分析的基础上，通过战略综合分析，对约束企业战略制定的内外部条件做出清晰判断。通过企业愿景分析、使命确定、业务范围确定和成长方式选择等步骤的分析和评估后，形成的战略构想应有几套不同的备选战略设计方案，供评价和筛选，即战略规划方案的确定。战略规划方案应对企业总体（公司层）战略、业务层战略、职能层战略（职能层战略视咨询合同需要而定）进行详细阐述。此外，还要向企业提出企业战略目标体系构建、战略目标分解、经营计划和预算体系构建等更为详细的建议。通常战略设计方案越详细，其可行性则越高，备选战略规划方案的评价和筛选所需的工作量越小，企业越容易理解新战略，新战略达成一致的可能性就越大。

根据企业总体发展态势，企业总体战略通常有四种方式可供选择，即稳定性战略、增长战略、收缩战略和组合战略。业务层面的战略主要是指多元化企业中各业务单元的竞争战略规划或单一业务企业的竞争战略。业务层面的竞争战略通常有三种，即差异化战略、低成本战略、目标集聚战略。各种竞争战略之间最主要的区别可以简单归结为企业的市场目标是宽还是窄、企业所追求的竞争优势是与低成本相关还是与产品差别化相关。通常咨询人员可以通过企业业务的价值链分析、竞争者分析、标杆分析（Bench－marking）等分析工具和方法选择各业务单位可行的竞争战略。

战略目标是对企业战略经营活动预期取得的主要成果的期望值。战略目标的设定是企业愿景和使命的展开和具体化，也是企业在既定的战略经营领域展开战略经营活动所要达到的水平的具体规定。战略目标体系是由一系列明确具体的业绩目标构成，这些业绩目标是从企业愿景和使命转换而来的，一般可分为财务战略目标和非财务战略目标，战略目标可以使企业的发展有可以测度的标准。

六、战略评价与选择

战略评价与选择是指在战略构想的基础上，通过一定的方法对战略规划方案进行评价，从备选的战略规划方案中确定咨询企业应该采取何种战略的过程。在企业战略管理咨询中，咨询人员对战略的评价与选择通常采用定性与定量相结合的方法。在实践中应用较多的定性战略评价和筛选方法有专家会议法、头脑风暴法、名义群体法、德尔菲法等。定量方法应用较多的则为定量战略计划矩阵法（Quantitative Strategic Planning Matrix，QSPM）。

QSPM 是利用环境分析的成果，通过对战略规划阶段制定出的战略备选方案进行评价，从而确定战略方案的优先顺序。QSPM 包括了内外部关键因素、关键因素的权重、关键因素吸引力评分、备选战略方案、吸引力总分等要素。建立 QSPM 的步骤如下。

（1）建立一个二维表格

在表格左边的列上分别填入影响企业战略选择的内外部关键因素和权重，如表 6.3 所示。

表 6.3 定量战略计划矩阵表

	备选战略						
	权重	战略 1		战略 2		战略…	
		AS	TAS	AS	TAS	AS	TAS
外部关键因素 1 2 3 … 内部关键因素 1 2 3 … 总分							

(2)将战略规划阶段得出的备选战略方案填入表格的最上端的行中。

(3)确定各备选战略的吸引力分数 AS（Attractiveness Scores）。根据每一个关键因素，判断该备选战略与这一因素的关系，并给出量化的评分，分值范围为 1 - 5 分。由于 QSPM 矩阵是对备选战略方案进行对比评价，因此 AS 评分应横向进行，即对某一因素在各备选战略方案进行比较。AS 评分规则为：

对于机会类的因素，AS 表示备选战略能够利用该机会的能力。5 分表示充分抓住了这一机会；4 分表示较好地把握这一机会；3 分表示把握机会的程度一般；2 分表示对该机会的利用程度较差；1 分表示完全没有抓住这一机会。

对于威胁类的因素，AS 表示备选战略应对威胁的能力。5 分表示能够很好地应对该威胁因素；4 分表示能够较好地应对这一威胁；3 分表示应对该威胁的能力一般；2 表示不能很好地应对威胁；1 分表示完全不能应对该威胁。

对于优势类因素，AS 表示备选战略发挥企业优势的程度。5 分表示充分利用了企业该方面的优势；4 分表示较好地发挥了企业这一方面的长处；3 分表示对该优势的利用程度一般；2 分表示不能很好地利用企业这一方面的能力；1 分表示完全发挥不出企业该方面的优势。

对于劣势类因素，AS 表示备选战略补短（或避短）的作用。5 分表示该战略很好地弥补了企业在这一方面的不足（或很好地回避了企业不足之处）；4 分表示该战略能够较好地弥补企业在这一方面的缺陷（或较好地回避了这方面的不足）；3 分表示该战略在弥补企业不足上作用一般（或回避企业劣势方面作用不明显）；2 分表示该战略不能弥补企业的不足（或该战略对企业劣势方面的资源或能力有所依赖）；1 分表示该战略对企业劣势资源或能力有极强的依赖性（扬短避长）。

(4) 计算吸引力总分 TAS（Total Attractiveness Scores）。TAS 等于权重乘以吸引力分数。

(5)计算吸引力总分和。吸引力总分和由各备选战略方案的 TAS 相加而成，它反映了各战略方案的最终评价得分，分值越高，说明该战略对企业越具有吸引力。

七、战略目标分解

战略一般是企业未来 5 年左右甚至更长时期的发展构想，构想的实现需要企业持续不断地做出努力。在实施战略咨询方案的过程中，咨询机构应承担辅助和支持责任。其中一项非常重要的工作就是战略目标的分解。

战略目标作为一种总目标、总任务和总要求，可以分解成一些具体目标、具体任务和具体要求。这种分解既可以在空间上把总目标分解成多个方面的具体目标和具体任务，又可以在时间上把长期目标分解成多个阶段的具体目标和具体任务。只有把战略目标加以分解，才能使其具有可操作性。战略目标的分解一般采用自上而下的方式，逐层分解，形成部门的子目标，直至基层的目标，以实现战略目标的可操作性。目前，平衡计分卡的方法越来越多地被应用于战略目标分解中。

八、战略实施计划

咨询公司协助咨询企业制定战略实施计划，是保证战略成功实施的必要手段。通过制订战略实施计划，把已经确定的战略转换为一个可以创造价值的详细计划。要评估是否有足够的资源实施新战略,从而使战略实施过程体系化。战略实施计划必须适应多变的、不可控的未来环境,计划中的事项必须有充足的弹性,以使企业信心百倍地应对变幻莫测的环境。在制订企业战略实施计划中要注意以下几个方面。

1. 对企业总体战略的说明

对企业总体战略的说明主要有三方面内容,即什么是企业总体战略,包括总体战略目标和实现总体战略的方针政策;为什么做这些选择;实现此战略将会给企业带来什么样的重大发展机遇。

2. 企业分阶段目标

一般需要对分目标进行尽可能具体与定量的阐述,它是保证总目标实现的依据。企业的分目标常常与具体的行动计划和项目捆在一起,要让企业明白它们都是达成企业总目标的具体工具。

3. 企业的行动计划和项目

行动计划是企业为实施其战略而进行的一系列重组资源活动的汇总,常常包括研究开发及削减等方面的活动。行动计划往往通过具体的项目实施。

4. 企业的资源配置

实施战略需要设备、资金、人力资源及其他重要资源。对各种行动计划的资源配置的优先程度应在战略计划系统中得到明确规定。

5. 企业的组织保证及战略子系统的相互协调

为了实现企业的战略目标,必须有相应的组织结构适应企业战略发展的需求。由于企业战略需适应动态发展的环境,组织结构必须具备相当的动态弹性。

6. 应变计划

将应变计划作为整个战略计划系统的一部分,帮助企业应付各种瞬息万变的环境,在错综复杂的竞争中坚定信心。

【本章主要知识点】

本章以战略管理咨询为例,介绍战略管理咨询的内容、程序、方法和工具,通过本章学习,应增加对企业战略管理咨询意义的认识,掌握企业战略管理咨询详细的工作程序与工作内容,能够运用恰当的方法与工具来完成战略管理咨询任务。

(1)企业战略是指企业为了满足未来持续经营的需要,在分析其拥有和控制的内部资源、能力以及所处的外部环境的基础上,决定企业的未来发展方向,选择达到该目标应遵循的途径(方针)和行动,并为实现这些目标对企业重要资源进行优化配置,对目前与将来要从事的经营活动进行系统规划和安排。

(2)战略具有全局性、长远性、抗争性、指导性、客观性、可调整性和广泛性等特征。

(3)纵观企业战略管理的理论研究,目前企业战略管理理论呈现四大主要学派,分别为以安索夫为代表的环境战略学派;以德鲁克、钱德勒、安德鲁斯为代表的目标战略学派;以迈克尔·波特为代表的竞争战略学派;以普拉哈拉德、哈默为代表的核心能力战略学派。战略管理的发展呈现出丛林的态势。

(4)企业战略不是单一的,而是有层次的,根据企业规模的大小不同,企业战略层次也有所差别。对于从事单一化经营的小型企业来说,其战略分为两个层次,即企业总体战略和职能战略。对于从事多元化经营的大型或中型企业来说,其战略可以分为三个层次,即企业总体战略、竞争战略和职能战略。

(5)企业的总体战略主要包括以下几种类型,即成长型战略、稳定型战略、紧缩型战略、组合型战略。企业的基本竞争战略可以划分为三种类型,即成本领先战略、差异化战略和集中化战略。企业的职能战略通常包括营销战略、生产战略、研发战略、财务战略、人力资源战略等。

(6)一个规范性的、全面的战略管理过程可大体分为五个阶段,即企业战略分析、企业战略制定及选择、企业战略实施、企业战略评价和企业战略控制。由于内、外部环境的不断变化,战略都是在边实施边调整的过程中制定出来的。

(7)企业战略管理的意义通常表现在以下方面,即企业战略管理可以使企业重视对经营环境的研究;企业战略管理可以使企业重视战略的实施;企业战略管理通过日常的经营与计划控制将近期目标与长远目标相结合;企业战略管理可以使企业重视战略的评价与更新。

(8)战略管理咨询的主要内容有经营理念和战略思想咨询;战略目标和经营方针咨询;事业结构和总体战略咨询;产品结构和部门战略咨询;资源结构和职能战略咨询;成长方式和手段战略咨询;经营技巧和项目评估咨询;长期规划和年度计划咨询;战略实施和实施控制咨询;经营决策和支持体系咨询等。

(9)企业战略管理咨询的特点体现在价值性与风险性并存、咨询过程具有复杂性、咨询方案具有独创性、咨询方案实施难度大。

(10)企业战略管理咨询的基本程序主要包括项目前期工作准备、深入调查与问题分析、战略咨询方案的确定、项目实施、项目总结与追踪服务等五个阶段。

(11)战略管理咨询项目前期准备工作主要包括了解客户、熟悉具体的咨询项目、组建合适互补的项目团队、拟定项目建议书、编制详细团队内部咨询工作计划、项目内部启动会等工作内容。

(12)战略管理咨询项目调查与问题分析阶段的主要工作内容包括现场咨询的正式启动、资料搜集、对客户的战略管理做出诊断分析、形成战略诊断报告、战略诊断结果沟通会、战略构想的梳理等环节。

(13)战略综合调查内部信息的来源主要有:企业会议、决议文档资料;财务报告和统计报表;制度范本;现场观察记录以及有关的原始凭证和台账;企业问卷调查和员工访谈所得资料等。外部信息的收集渠道主要包括查询咨询企业已有的数据库、查阅国家或地方统计数据、查阅专业杂志和期刊文章、外部专家访谈、市场调查报告和上网搜索相关资料等。

(14)进行企业外部环境分析,通常分为总体经营环境分析、行业环境分析以及市场和竞争环境分析三个层次。总体经营环境分析的常用方法为 PEST 分析。行业环境分析常用的 SCP 范式分析和行业关键成功要素分析等方法。对市场和竞争环境分析常用的方法是波特五种竞争力量分析模型和竞争者分析法。

(15)在战略管理咨询中,企业内部资源常用分析方法是职能法和资源法;常用的企业内部能力分析方法主要有价值链分析法和战略要素评价矩阵法;战略综合分析最常用的方法是 SWOT 分析和波士顿矩阵分析。

(16)企业战略构想主要包括愿景分析、使命确定、业务经营范围确定、成长方式选择、战略规划方案的确定等。

(17)在企业战略管理中,咨询人员对战略的评价与选择通常采用定性与定量相结合的方法。应用较多的定性战略评价和筛选方法有专家会议法、头脑风暴法、名义群体法、德尔菲法等。定量方法应用较多的则为定量战略计划矩阵法(QSPM)。

(18)咨询机构在制订企业战略实施计划中要包含以下内容,即对企业总体战略的说明、企业分阶段目标、企业的行动计划和项目、企业的资源配置、企业的组织保证及战略子系统的相互协调、应变计划等。

【复习与思考】

1. 在企业管理中,什么是战略,战略具有哪些特点?
2. 什么是企业总体战略? 企业总体战略通常包括哪几种类型?
3. 企业战略管理的过程包含哪几个阶段? 每个阶段的工作要点是什么?
4. 什么是企业战略管理咨询,企业战略管理咨询有哪些特点?
5. 企业战略管理咨询项目团队的组建需要注意哪些方面?
6. 战略管理咨询项目建议书与其他管理咨询项目建议书相比有什么特点?
7. 对客户的战略管理状况进行诊断应包括哪些内容?
8. 对咨询企业所在行业进行分析应包含哪些内容?
9. 竞争者分析法的步骤有哪些?
10. 战略要素评价矩阵法(IFE)的具体分析步骤什么?
11. 为咨询企业制订战略方案实施计划应注意哪些问题?

第七章　企业人力资源管理咨询

【本章学习目标】

1. 了解力资源管理的含义，熟悉人力资源管理的职能。
2. 掌握企业人力资源管理诊断的角度与内容。
3. 熟悉企业人力资源供给与需求预测的常用方法。
4. 能够运用工作分析信息收集的方法收集信息。
5. 掌握职位说明书的结构与编写方法。
6. 熟悉企业员工招聘的工作流程和渠道来源。
7. 能够了解和运用员工甄选的常用技术与方法。
8. 熟悉员工培训与开发的工作流程。
9. 熟悉企业绩效管理方案的设计内容，了解绩效考核的常用方法。
10. 掌握企业薪酬管理咨询的工作程序与内容。
11. 熟悉企业薪酬设计的原则、常用的薪酬模式、岗位评价与薪酬调查方法。
12. 了解员工职业生涯管理的工作内容，掌握职业生涯管理咨询的工作程序。
13. 熟悉员工职业生涯管理咨询常用的理论与方法。

第一节　企业人力资源管理概述

随着现代管理的不断发展和企业之间竞争的加剧，员工对企业的重要作用越来越得到了普遍的重视。早在19世纪罗伯特·欧文就告诫他的制造商同行要关注人的因素，并声称："如果把钱用来改善劳动的话，那么这笔钱给你带来的利润将不是整个投资的5%、10%或者15%，而是50%，在许多情况下甚至会是100%。"20世纪30年代，梅奥通过霍桑实验再次宣告："是企业的员工，而不是工作条件本身（技术）对劳动生产率有决定性的影响。"

一、人力资源的含义与特点

在管理领域，彼德·德鲁克1954年在其著作《管理的实践》中第一次明确提出人力资源的概念。德鲁克提出，"企业绝不是一个机械的资源汇集体。利用资源组成一家企业，若仅仅将资源按逻辑顺序聚集在一起，然后打开资本的开关是不够的。需要的是资源的嬗变，而这种变化是不可能来自注入资本之类无生命的资源的。……能够增大的资源只能是人力资源，……在人类所有能够运用的资源中，只有人才能生长和发展。"

关于人力资源的含义，目前有广义和狭义的理解。广义的人力资源是指智力正常的人，狭义的人力资源则有多种理解。综合学者的定义，人力资源是指能够推动整个经济和社会发展的具有智力劳动能力和体力劳动能力的人们的总和，它体现为数量和质量两个指标。人力资源相对于其他资源具有以下几个特点。

1. 生成过程的时代性

一个国家的人力资源，在其形成过程中受到时代条件的制约。在社会上发挥作用的几代人，生下来就置身于既定的生产力和生产关系之中，当时的社会发展水平从整体上制约着这批人力资源的素质。他们只能在时代为他们提供的条件前提下努力发挥其作用。

2. 开发对象的能动性

自然资源在其被开发过程中，完全处于被动的地位，人力资源则不同，在被开发的过程中，人有意识、有目的地进行活动，能主动调节与外部的关系，具有能动性。对其能动性调动的如何，直接决定着开发的程度和达到的水平。有的学者将这个特点概括为"可激励性"。可激励的前提还是对象具有能动性。需求、动机、态度、行动等因素影响人力资源的绩效，通过激励可以使绩效最大化。

3. 使用过程的时效性

矿产资源一般都可以长期储存，不来不用，品位不会降低，人力资源则不然，储而不用，才能就会被荒废、退化。无论哪类人，都有其才能发挥的最佳期、最佳年龄段。当然，人依其类别不同，其才能发挥的最佳期也不一样，开发使用时间不一样，所得效益也不相同。

4. 开发过程的持续性

作为物质资源一般只有一次开发，二次开发，形成产品使用之后，就不存在继续开发问题了。人力资源不同，使用过程同时也是开发过程，而且这种开发过程具有持续性。人工作之后，还需要不断学习，继续充实和提高自己。

5. 闲置过程的消耗性

人力资源如若不加以使用，便会处于闲置状态，他们与一般物力资源又一个明显区别是具有消耗性，即为了维持其本身的存在，必须消耗一定数量的其他自然资源，比如粮食、水、能源等等。这是活资源用以维持生命所必不可少的消耗，这种消耗可以成为有形消耗。还有一种消耗是无形消耗，如对企业文化的不良影响等。

6. 组织过程的社会性

人力资源开发的核心在于提高个体的素质，因为每一个个体素质的提高，必将形成高水平的人力资源质量。但是，在现代社会中，在高度社会化大生产的条件下，个体要通过一定的群体来发挥作用，合理的群体组织结构有助于个体的成长及高效地发挥作用，不合理的群体组织结构则会对个体构成压抑。群体组织结构在很大程度上又取决于社会环境，即取决于社会的政治、经济、科技、教育等管理体制。社会环境构成了人力资源的大背景，它通过群体组织直接或间接地影响人力资源开发。

二、人力资源管理的含义和职能

目前关于人力资源管理的定义在学术界也并未统一。有学者认为，人力资源管理是指采用现代化的科学方法对人的思想、心理和行为进行管理，充分发挥人的主观能动性，以达到企业目标。还有学者将人力资源管理定义为那些专门的人力资源管理职能部门中的专门人员所做的工作，它包括一切对组织中的员工构成直接影响的管理决策及其实践活动，以及影响到公司和员工之间关系性质的所有管理决策和行为。综合来看，通过不断地获得人力资源，把得到的人力资源整合到组织中而融为一体，保持和激励他们对本组织的忠诚和积极性，控制它们的工作绩效并作相应的调整，尽量开发他们的潜能，以支持组织目标的实现，这样的一些活动、职能、责任和过程就是企业人力资源管理。现代企业人力资源管理的一般职能包括以下方面。

1. 人力资源战略与规划

人力资源战略派生、从属和服务于公司的整体发展战略。人力资源管理的计划工作则是通过人力资源规划职能来实现的。通过人力资源规划主要回答如下问题,即企业在一定时期内对人力资源的需求是什么?企业在一定时期内能够得到多少人力资源供给?在这段时期内,供需比较的结果是什么?企业应当通过什么方式来达到人力资源供需的平衡?

2. 工作分析

为了实现组织的战略目标,人力资源管理部门要根据组织结构确定各职务说明书与员工素质要求,并结合组织、员工及工作的要求,为员工设计激励性的工作。工作分析是收集、分析和整理关于工作信息的一个系统性程序。工作分析的信息被用来规划和协调几乎所有的人力资源活动。

3. 雇佣与招聘

招聘、选拔、录用与配置等工作是人力资源管理的重要活动之一。要完成组织的目标,公司需要经常从内部或从外部招聘候选人。招聘的目标在于迅速、合法和有效地找到公司需要的合适求职者。在这过程中,需要采用科学的方法手段对所需要的人员进行评估和选择。

4. 培训与开发

员工培训与开发是教导雇员通过其目前或未来有计划的学习,为将来工作做好准备。培训重在目前的工作技能,而开发则更关注员工未来的工作技能。培训与开发主要目的在于通过提高员工们的知识和技能水平去改进组织的绩效。

5. 薪酬与福利设计

通过薪酬与福利设计,可以根据员工为组织所做的贡献来给其一个合理的回报。

6. 绩效考核与管理

组织通过绩效管理工作衡量其员工的工作绩效,并把这些评价传达给他们。其目的在于激励员工们继续恰当的行为并改正不恰当的行为。绩效评价结果可以给管理部门提供有关决策的依据,如晋级、降级、解职和提薪等。

7. 员工职业生涯设计与关系管理

职业是人为了取得收入而从事的具有市场价值的活动,人的职业发展历程就是职业生涯。通过职业生涯管理,可以增强员工对工作环境的把握能力和工作困难的控制能力,增强员工忠诚度,留住人才。

三、人力资源管理的目标与原则

企业人力资源管理的目标是增强企业竞争优势和实现员工自我价值的双赢。有效的人力资源管理,要能够增强企业的竞争优势,而帮助员工实现自我价值也是人力资源管理的重要目标。为实现这一目标,在企业人力资源管理中应坚持以下几个原则。

1. 任人唯贤原则

任人唯贤原则即根据人的才能合理安排工作,而不是论资排辈,任人唯亲;同时根据人的能力变化、发展动态来调整工作岗位,而不是一职定终身。

2. 注重实绩原则

注重实绩原则即以工作的实际成绩来评价员工工作好坏、能力高低,并将实绩作为选拔、奖惩以及职务升降的主要依据。

3. 激励原则

激励原则即运用各种有效的方法调动员工的积极性和创造性，以实现人尽其才、事就功成。

4. 竞争原则

竞争原则即人力资源管理部门必须引入人才竞争机制，让员工参与公开、公平的竞争，实现优胜劣汰，以达到资源合理流动和高效配置。

5. 精干原则

精干原则即根据组织机构的职能和任务配置组织机构，因事设岗、设人，防止机构臃肿、层次重叠、人浮于事，以形成一个具有最佳效能的群体。

6. 民主监督原则

民主监督原则即实现人力资源的民主管理，提高透明度，克服神秘化。

第二节　企业人力资源管理咨询概述

在市场经济条件下，人力资源是最宝贵的战略资源，是企业在竞争中生存与发展的最重要的物质基础。有些情况下，企业由于自身的各种条件限制，要想建立科学的人力资源管理系统，必须从外部寻求更专业化的帮助。人力资源管理咨询就是这样出现并逐步发展的。人力资源咨询是指运用人力资源开发与管理的理论和方法，对企业人力资源开发与管理进行分析，找出薄弱环节，提出改善方案，以促进企业正确、有效地开发人力资源和合理、科学地管理人力资源，为企业创造永续竞争力的过程。

一、人力资源管理咨询的内容

人力资源管理的发展经历了从传统的人事管理向现代人力资源管理的转变过程。传统的人事管理基本上属于行政事务性的工作，其活动范围有限，以短期导向为主，主要由人事部门职员执行，局限于人员招聘、选拔、分派、工资发放、档案保管之类较具体工作，很少涉及组织高层战略决策。因此传统人事管理活动被视为是低档的、技术含量低的、无须特殊专长、只属于执行层次的工作，因而不被人们所重视。后来，人事管理活动逐渐涉及职务分析、绩效评估、奖酬制度设计与管理及员工培训开发活动的规划与组织等，在组织中的地位不断升高。现代人力资源管理比传统的人事管理更具战略性、整体性和前瞻性，已经从单纯的行政性业务管理管理活动框架中脱离，成为组织战略与策略管理的具有决定意义的活动。

由于现代人力资源管理的战略性和系统性逐步增加，因而人力资源管理工作的专业性和复杂性不断增强。人力资源管理已经成为现代企业管理的一个重要职能领域，有自己独特的工作内容和价值。人力资源管理的主要工作内容即人力资源管理职能也是人力资源管理咨询的主要领域，主要包括人力资源规划咨询、工作分析咨询、员工招聘咨询、员工培训管理咨询、薪酬管理咨询、绩效考核咨询和员工职业生涯管理咨询等七大方面。

二、人力资源管理咨询的任务

人力资源管理咨询的任务主要是分析判断客户人力资源管理中存在的问题，设计人力资源优化配置、高效运作的机制，协助客户搞好人力资源的开发教育，指导其建立健全有关人力资源管理的制度。在人力资源管理咨询过程中，由于涉及人的问题，因此更应持慎重的态度，既要做好全面调查，广泛听取各方面的意见，又要防止意见对立，避免各方矛盾分歧的出现，既要克服种种阻力，为实现客户长远目标和整体利益而进行必要的改革，又要尊重现行的人力资源政策、制度和人力资源安排。

三、人力资源管理咨询的作用

人力资源管理咨询，对企业的意义主要体现在五个方面。

1. 帮助企业发现自身在人力资源管理方面存在的问题

通过人力资源管理调查与诊断，咨询人员能够对企业的人力资源管理问题进行客观的审视。从咨询工作的特点来看，这种评价和诊断是不带有个人主观色彩的全面诊断，这是企业进行人力资源管理咨询的一个出发点。对企业而言，往往难以从企业内部全面而准确地发现问题，因为每一个局中人都不可避免地站在自己的立场上，难以或者根本就不可能关注到企业各个方面的问题。因此要求助于具有较高专业素质的咨询公司，由咨询公司为其提供外部审视价值，表现在用新的思维方式、新的观点、客观的立场和态度去观察企业的现状，分析其存在的问题和原因。

2. 为企业实施人力资源管理变革提供帮助

人力资源管理是与每一个员工息息相关的一项管理职能。如果企业实施人力资源管理方面的变革一般都会涉及大部分员工的切身利益，因此企业在人力资源变革上往往持谨慎的态度。一般而言，企业内部有种种错综复杂的关系，经理人员为了企业的长远目标必须做出变革决定时，往往会触动某些员工的利益，变革可能会遇到阻力，此时如果管理咨询机构以第三者的角度和立场来提出问题并给出解决方案，可以减小阻力。所以对于很多企业家或者经理人而言，咨询机构的这种第三方的“专业性”支持十分必要。例如，许多时候涉及薪酬体系变革、考核管理职能变革、职业发展渠道变革等，此时企业经常需要管理咨询机构来提出其中的客观问题，利于员工接受。

3. 提供有效、独立、公正的人力资源管理解决方案

借助咨询机构来解决企业面临的实际人力资源管理问题是目前大部分企业寻求管理咨询的主要目的。对于缺乏人力资源管理方面人才和经验的企业而言，借助“外脑”无疑是解决问题的有效手段。管理咨询机构拥有专业的人力资源管理咨询人员，他们一般受过专业的教育训练，并在长期的企业管理咨询服务的实践中，积累了丰富的经验。企业聘请他们，他们一般能够在较短时间内，提供出有效、独立、公正的适合企业实际情况的人力资源管理解决方案，达到事半功倍的效果。

4. 系统、深入地更新企业人力资源管理的理念

管理咨询机构对咨询企业进行咨询工作的过程，也是一种帮助企业管理人员，尤其是高层管理人员更新人力资源管理理念的过程。企业人力资源管理咨询工作将有力地促使企业整体性的人力资源管理理念从陈旧的人事管理理念向现代人力资源管理理念转变。对于经验丰富的管理咨询机构而言，由于接触的客户多，对先进的管理方式和模式研讨也深入，咨询过程将会为客户带来新的、更开阔、更有价值的人力资源管理理念。

5. 全面提升企业解决人力资源管理问题的综合能力

在咨询过程中，管理咨询机构会为咨询企业提供发现和解决人力资源管理问题的方法

和框架。企业管理人员在与咨询顾问交流和研讨的过程中,能够学习并得到这些方法,这将极大地提高他们的人力资源管理能力和水平。通过管理咨询过程中知识、方法、理念的传递和转移,企业能够有效提高自身人力资源管理的综合能力,使企业在人力资源管理方面逐步具有独立解决问题的能力,实现自我造血功能。此外,通过管理咨询人员帮助企业解决人力资源管理方面的问题,可以有助于企业的高层管理人员有更多的时间去研究长远的发展战略和处理例外事件,这样可以大大提高他们运用时间的能力和管理工作的效率。

第三节　企业人力资源管理诊断

企业人力资源管理咨询的程序应符合管理咨询的一般程序,在项目咨询合同签订后,咨询将进入资料收集和管理诊断环节。在完成对企业的人力资源管理诊断后,人力资源管理改善方案的提出和实施将会围绕着不同的人力资源管理职能来进行。本节主要给出企业人力资源管理诊断的内容和方法,改善方案的设计内容将在下节分职能进行介绍。

国内著名的管理咨询机构——和君咨询的李雪松认为,企业人力资源管理体系诊断是咨询公司为企业提供人力资源管理咨询的第一个关键环节,是人力资源管理咨询方案设计的重要基础。李雪松提出应从以下方面做好企业人力资源管理的诊断工作。

一、人力资源管理体系诊断的内容

对企业人力资源管理体系的诊断主要是对企业内部的人力资源管理机制和系统,包括组织结构、职位体系、能力管理体系、绩效管理体系、薪酬管理体系、招聘选拔体系、培训管理体系、员工职业发展体系进行分析和判断。通过诊断,了解企业现有人力资源管理体系的实际状况,判断这些体系是否合理,是否适应组织的发展需要,是否能够适应组织未来发展的需要,能否有效地激励和督促员工,发挥每一个员工的能力,为企业发展贡献力量。人力资源管理体系诊断的角度和内容如表 7.1 所示。

表 7.1　企业人力资源管理体系诊断的角度和内容

诊断角度	诊断内容
组织结构	部门设置和人员结构是否与企业的核心业务流程相适应
职位体系	职位的职责是否明确,职位的设置是否满足企业的需要,并有利于员工的发展
能力管理体系	企业需要具备什么能力结构的人才,能力的甄别体系是否完善
绩效管理体系	企业是否具备一套科学、有效的绩效评估体系
薪酬管理体系	企业的薪酬制度是否公平合理,能否起到激励作用
招聘选拔体系	企业的招聘渠道是否单一,招聘甄选手段是否有效
培训管理体系	培训课程体系是否规范,培训评估系统是否健全
员工职业发展体系	员工职业发展通道是否健全,人才梯队是否完备

二、人力资源管理体系诊断的方法

一般来讲，企业人力资源管理体系诊断的方法有集中访谈法、问卷调查法、客户资料研究法以及混合法等。

1. 集中访谈法

集中访谈法是指在项目启动初期相对集中的一段时间内，咨询师与客户方相关负责人面对面的交谈沟通来获取企业人力资源管理体系的基本信息和资料的方法。在访谈前，咨询师会根据客户性质和管理层级来编制访谈提纲。根据访谈对象层级和数量的不同，集中访谈法可以分为一对一访谈法和集体座谈法两种。一对一访谈法可以充分利用访谈者的技巧和经验，有针对性地深入了解需要的信息，但是一对一访谈法比较费时，成本较高。集体座谈法可以通过充分调动座谈对象来参与讨论，从不同角度获取针对一个问题的信息。集体座谈法时间效率高，利于集思广益，达成共识，但由于碍于同事或上下级颜面，座谈对象不便于发表不满、质疑等言论，会有所保留，以致得到的信息不够细致深入。集中访谈法一般分为三个阶段，分别是准备阶段、访谈阶段和总结分析阶段。

在准备阶段，需要做的是确定访谈目标、访谈对象、访谈时间计划、访谈地点，拟定针对不同访谈对象的访谈提纲。访谈提纲包括将要在访谈中提出的所有问题列表，是访谈工作的主要依据，访谈提纲设计得是否准确合理，直接关系到访谈的效果和质量。一般来讲，访谈的问题应当包括多个方面或角度，以便于得到广泛的信息。问题应当简洁直白而不是模棱两可，以便于访谈对象准确理解；问题应当表达轻松，不能过于尖刻或敏感，以免给访谈对象带来压力。

在访谈阶段，通常采用一人提问，一人记录的方式，有时根据需要在征得客户同意的情况下可以录音。访谈者的沟通技巧和经验对本阶段是否顺利进行有很大影响。在访谈过程中，访谈者应当努力营造一个友好轻松的访谈气氛，争取获得访谈对象的好感；访谈者应当明确地提出问题，并对问题做出必要的解释，以便于访谈对象准确理解所提问题的意思；访谈者应当专心倾听，同时用表情、眼神与访谈对象进行交流，鼓励访谈对象阐述清楚问题根源；访谈者应当善于敏锐捕捉重要信息，引导访谈对象更深入地思考和回答，以便于获得更详细、更深入的信息。

在总结分析阶段，访谈者应趁热打铁，整理、归纳、提炼访谈要点和关键信息，形成访谈报告。

2. 问卷调查法

根据问题的结构化程度不同，调查问卷的问题可以分为结构化问题和非结构化问题两种，非结构化问题也叫开放性问题。结构化问题对于答题人而言，发挥余地较小，只需根据提问选择某个相应的选项回答即可，而且答案一般在咨询师可以预料的范围之内。与结构化问题不同，非结构化问题的答案可能千差万别，可能在咨询师预料之内，也可能是咨询师也意想不到的。非结构化问题的设置旨在给答题人更广泛的自由发挥的空间，以便能发现和挖掘结构化问题可能得不到的信息。一般一个调查问卷，应该包括结构化问题，也包括少量非结构化问题。问卷调查法一般分为三个阶段，分别是问卷设计阶段、问卷的发放回收阶段和问卷的统计分析阶段。

在问卷设计阶段，需要明确调查对象、调查背景、调查目标、调查内容和调查流程，针对这些情况来设计问卷中的问题。问卷设计直接关系着问卷调查的成败，所以问卷的设计要完整、科学、合理,问题的指示要明确,避免产生歧义。

在问卷的发放回收阶段,要注意问卷下发前要做好问卷调查的宣传工作,以便员工了解此次问卷调查的背景和意义,从而认真对待调查工作;在问卷填写过程中,对员工遇到的不清楚的地方进行答疑解释。

在问卷的统计分析阶段,首先应筛选剔除不合格问卷,然后对问卷进行编号,录入调查结果,采用统计分析的方法或工具进行分析,做出相应的统计图表,归纳总结出核心信息和结论,形成问卷调查总结报告。

3. 客户资料研究法

客户资料研究法是指通过查阅客户方的相关资料,如企业简介、发展规划、企业文化、制度流程、员工情况、人力资源管理的各项制度、文件、表单等资料,以此来获得企业信息和人力资源管理信息的方法。客户资料研究法最大的优点是成本低,可以不费时费力去收集和整理。最大不足是资料的滞后性,即现有的资料不能反映企业管理的现状,同时是否所有的制度都得到了有效执行也是需要着重研究的要点。客户资料研究法一般也分为三个阶段,分别是资料收集阶段、资料分析阶段和总结归纳阶段。

在资料收集阶段,咨询师应根据企业情况和管理提升需求提交资料需求清单,交给客户方进行收集。在资料分析阶段,首先要分析这些文件、制度的系统性和规范性,是否符合企业的发展需要,是否能推动企业的发展。然后分析相关资料间逻辑关系是否一致,是否出现了相互矛盾、朝令夕改、前后不一致的现象。其次再分析这些制度和规定的落实执行情况以及员工对企业制度、规定的认可程度。在总结归纳阶段,咨询师根据资料分析情况,对资料是否系统规范、是否得到有效执行、是否适合客观实际、是否得到员工认同等方面给出专业意见和建议,形成总结分析报告。

4. 混合法

在人力资源管理体系诊断的实际过程中,根据诊断内容、诊断目的和对象,以及人力、物力、财力的不同,往往需要采用多种诊断和分析方法。比如,对企业的管理者采用访谈法,对基层员工采用问卷调查法等。

通过人力资源管理体系诊断,咨询师将会根据诊断发现的问题提出管理改进的意见和建议,并提出方案设计的思路。在接下来的管理咨询工作进程中,咨询师将着手设计、编制人力资源管理体系的咨询方案,形成人力资源管理体系相关的制度、规范等报告。

第四节　企业人力资源管理职能咨询

一、人力资源规划咨询

人力资源规划(Human Resource Planning),有时也叫作人力资源计划,是指在企业发展战略和经营规划的指导下进行人员的供需平衡,以满足企业在不同发展时期对人员的需求,为企业的发展提供符合质量和数量要求的人力资源保证。人力资源规划主要包括两部分的活动:①对企业在特定时期内的人员供给和需求进行预测;②根据预测的结果采取相应的措施进行供需平衡。

1. 人力资源需求预测常用方法

人力资源需求预测主要是指企业根据人力资源现状和企业战略目标等,通过对企业内外环境的分析，运用科学的预测方法，对企业发展中所需人力资源数量、质量和结构进行的预测。在咨询实践中，一般按照表 7.2 的步骤来进行。

表 7.2　企业人力资源需求预测的步骤

编号	需求预测内容
1	预测企业未来一段时期的生产经营状况
2	根据工作分析的结果确定各职能工作活动的总量以及不同人员的工作负荷
3	将 1、2 步的统计结论转换成现实人力资源需求
4	进行人力资源盘点，统计出人员的缺编、超编以及是否符合资格要求，该统计结果即为增加的未来人力资源需求
5	将现实人力资源需求、未来流失人力资源和未来人力资源需求汇总，即得到整体人力资源需求预测的结果

企业人力资源需求预测包括对企业在某个未来时点上人员的需求数量和类型进行预测。在咨询中常用两类方法，即主观判断法与定量分析预测法。

(1)主观判断法

①经验推断法。经验推断法是用以往的经验来推测未来的人员需求，即根据每一产品的增量估算劳动力的相应增量。这种方法是先推断企业产品或服务的需求，然后就产品或服务的特性、所需技术、行政支援等，将需求转化为工作量预算，再按数量比率转为人力需求。此种方法完全依靠管理者的个人经验和能力，不同管理者的预测可能有所偏差，但可以通过多人综合预测或查阅历史记录等方法提高预测的准确度。在咨询中，经验预测法一般适合于一定时期内企业的发展状况比较稳定的中小型企业。

②现状预测法。现状预测法假定当前的生产规模、生产技术不变，人力资源状况稳定，现有的企业中职位设置和人员配置是恰当的，并且没有职位空缺，所以不存在人员总数的扩充。人员的需求完全取决于人员的退休、离职等情况的发生。因此，现状预测法就相当于对人员退休、离职等情况的预测。在具体实践中，通过对历史资料的统计和比例分析，可以更为准确地预测离职的人数。现状预测法适合稳定企业中的中、短期人力资源预测。

③团体预测法。团体预测法是集结多数专家和管理者的推断而做出的规划，主要方式是德尔菲法。

④分合性预测法。分合性预测方法采用先分后合的方式，是一种常用的人力资源需求预测方法。首先，企业要求下属各部门、各单位根据各自生产任务、技术设备等的变化情况对本单位未来各种人员的需求进行预测。然后，在此基础上，把下属各部门的预测数进行综合平衡，从而预测出整个企业未来某一时刻内各种人员的需求总数。这种方法要求管理者与下属能够有效地配合，使用中会受到各层管理人员阅历、知识的限制，比较适用于中期需求预测。

(2)定量分析预测法

定量分析方法是运用统计学或计算机模拟的方法，根据企业的目标和资源状况，通过数学模型对企业人力资源需求进行描述，建立适合企业人力资源规划的模型。根据模型确定各生产要素增长率和人员数量增长率之间的关系，这样就可以通过企业未来的发展规划来预测人员数量增长率。它适合于大、中型企业的宏观人力资源预测，尤其是对人力资源的总规模进行预测。

①劳动定额法。劳动定额法是根据劳动者单位时间内应完成的工作量和企业计划的任务总量计算出所需要的人力资源数量。具体的公式为：$N = W/Q$。其中 N 为企业人力资源需求量；W 为计划期需完成的任务总量；Q 为企业现行定额。

②回归分析法。回归分析法是依据事物发展变化的因果关系来预测事物未来的发展趋势，在人力资源需求预测中主要通过建立人员需求与其影响因素之间的函数关系，从影响因素的变化推知人员需求的变化。根据人力资源需求影响因素的个数分为一元回归分析法和多元回归分析法。

③比例趋势分析法。比例趋势分析法通过研究历史统计资料中的各种比例关系，如管理人员与工人之间的比例关系等，考虑未来情况的变化，估计预测期内的比例关系，从而预测未来各类员工的需求量。这种方法简单易行，关键在于历史资料的准确性和对未来情况变化估计的准确性。

2. 人力资源供给预测的常用方法

人力资源供给预测（Human Resource Supply Forecasting）是指企业根据既定的目标对未来一段时间内企业内部和外部各类人力资源补充来源情况进行的分析预测。在咨询实践中，一般按照以下步骤来进行。

表 7.3　企业人力资源供给预测的步骤

编号	供给预测内容
1	对企业现有的人力资源进行盘点，了解企业员工的现状
2	分析企业的职务调整数据，统计出员工调整的比例
3	从各部门的人事决策处了解可能出现的人事调整情况
4	将步骤 2 和步骤 3 的情况汇总，得出企业内部人力资源供给的预测数据
5	分析影响外部人力资源供给的外部性因素
6	根据步骤 5 的分析，得出外部人力资源供给的预测数据
7	将内、外部人力资源供给预测汇总，得出企业人力资源供给的预测结果

人力资源供给预测技术包括企业内部人力资源供给预测技术与企业外部人力资源供给预测技术。

（1）内部供给预测方法

①现状核查与员工技能清单法。现状核查与员工技能清单法是通过对企业的工作职位进行分类，划分其级别，确定每一职位、每一级别所需的人数，统计得到企业所需的各类员工技能列表。同时，通过对目前人力资源进行盘点，了解企业员工的现状和在岗员工工作技能的适应性，分析企业的职务调整和技能培养政策，统计出员工调整的比例，结合各部门可能出现的具体人事调整情况，得出企业内部人力资源供给预测。

②人员接替模型。建立人员接替模型的关键是根据职务分析的信息，明确不同职位对员工的具体要求，然后确定一位或几位较易达到这一职位要求的候选人，或者确定哪位员工具有潜力，经过培训后可以胜任这一工作。然后把各职位的候补人员情况与企业员工的

流动情况综合起来考虑，控制好员工流动方式与不同职位人员接替方式之间的关系，对企业人力资源进行动态管理。借助人员接替模型，可以看出每一个职位的外部招聘人数、晋升人数、退休和辞职人数、具备晋升实力人数等信息。

③马尔科夫转移矩阵分析法。马尔科夫转移矩阵分析法是根据企业的历史资料，计算出不同职类与不同职层的员工流向另一类或另一级别的平均概率，根据统计数据建立一个人员变动矩阵，这个矩阵实际上是描绘企业历史劳动力的供给趋势。根据年底各类人员数量和人员变动概率矩阵，可预测第二年组织可供给的人数。若企业的各种条件在某种程度上是比较稳定的，则这种矩阵还可以用来预测未来劳动力的供给状况。

(2)外部供给预测方法

任何企业都难免在企业外部人才市场上招聘员工。外部劳动力供给预测方法一般有市场调查法和相关因素预测法。市场调查法是企业人力资源管理人员通过市场调查，在掌握第一手劳动力市场信息资料的基础上，经过分析和推算，预测劳动力市场的发展规律和未来趋势的一类方法。相关因素预测法是通过调查和分析，找出影响劳动力市场供给的各种因素，分析各种因素对劳动力市场发展变化的作用方向和影响程度，从而预测未来劳动力市场的发展规律和趋势的方法。

3. 企业人力资源供需平衡的方法

企业人力资源规划的最终目的是要实现人力资源供给和需求的平衡。因此在企业人力资源规划咨询中，咨询人员在预测出企业的人力资源供给和需求之后，需要将需求与供给进行比较，并根据比较的结果提出问题的解决方案。

(1)供给和需求总量平衡，结构不匹配

企业人力资源供给和需求完全平衡一般是很难发生的，即使在供需总量上达到了平衡，往往也会在层次和结构上出现不平衡。对于结构性的人力资源供需不平衡，咨询机构可以建议企业采取下列措施实现平衡：

①进行人员内部的重新配置，包括晋升、调动、降职等，来弥补那些空缺的职位，满足这部分的人力资源需求。

②对人员进行有针对性的专门培训，使他们能够从事空缺职位的工作。

③进行人员的置换，释放那些企业不需要的人员，补充企业需要的人员，以调整人员的结构。

(2)供给大于需求

当预测的供给大于需求时，咨询机构可以建议企业采取以下措施从供给和需求两方面来平衡供需：

①企业要扩大经营规模或者开拓新的增长点，以增加对人力资源的需求，例如企业可以实施多种经营吸纳过剩的人力资源供给。

②永久性的裁员或者辞退员工，这种方法虽然比较直接，但是由于会给社会带来不安定因素，因此往往会受到各种条件限制。

③鼓励员工提前退休，即给那些接近退休年龄的员工以优惠的政策，让他们提前离开企业。

④冻结招聘，即停止从外部招聘人员，通过自然减员来减少供给。

⑤缩短员工的工作时间，实行降薪轮休或者降低员工的工资，通过这种方式也可以减少供给。

⑥对富余员工实施培训，这相当于进行人员的储备，为将来的发展做好准备。

二、工作分析咨询

工作分析是人力资源管理的重要职能之一，也是管理咨询机构在人力资源管理咨询中需要经常面对的任务。

1. 工作分析的含义与作用

工作分析是指通过观察和研究，确定企业中各种工作的内容和特点，以及担任该种工作人员应具备的条件，并用书面文件表达出来的人力资源管理职能。根据这一定义，工作分析的内容主要包括两部分内容：

①岗位工作有关内容分析。根据企业以及部门的目标和工作内容，确定每个岗位的工作名称、工作编号、岗位目的、工作职责、工作任务、工作目标、权力和沟通关系等。

②岗位工作环境和任职条件分析。根据职务标准，分析岗位的工作环境及任职者必须具备的条件，包括通用知识、专业知识、工作技能、应用能力和体能等。

工作分析对于企业有着重要的意义，即通过工作分析形成明确的岗位说明书有助于发现岗位职责交叉、空白或者模糊不清的现象。明确的岗位说明书有助于管理人员更好地了解下属的工作任务，理解自己的管理职责与权限，从而实行更有效的管理。明确的岗位说明书有助于新进入岗位的员工最快、最全面地熟悉岗位工作，避免岗位职责因人而异的情况出现。在人力资源开发管理各项职能中，工作分析处于核心位置。工作分析的结果是选人的依据、考核的标准、激励的目标、培训开发的要求。工作分析是人力资源管理的基础工作，通过工作分析可以做到因事设人，避免因人设岗，明确岗位职责，提高管理效率。

2. 工作分析的过程

咨询机构在进行具体的工作分析咨询时，应与企业密切配合，采用合理的工作思路和工作方式，保证工作分析任务的完成。

(1)确认工作分析的目的并选择岗位说明书模板

确定企业通过工作分析要解决的管理问题是什么，因为工作分析的目的不同，工作分析中所重点关注的事项会有差别，信息获取的详略也会有差别。工作分析的目的将决定采用何种职位说明书模板来统筹整个工作分析。

(2)组建工作分析小组

工作分析人员一般由咨询机构的专业工作分析人员担任，可根据意愿邀请企业人力资源管理部门和部分直线经理参加。工作分析人员应具备一定的经验和学历，保持调查分析活动的独立性。小组成员间应分配进行工作分析活动的责任和权限，以保证分析活动的顺利进行。

(3)获得员工的认可

员工对工作分析的认同是相当重要的，如果公司的管理阶层没有做好沟通的工作，告诉员工什么是工作分析，它的目的为何，很多员工会对为什么要做工作分析感到困惑，则工作分析很难进行，同时也给后续的咨询方案实施带来困难。

(4)选择信息收集方法

信息来源有任职人、管理者、客户、工作分析人员以及有关工作分析手册。信息要齐全、准确,不能残缺、模糊。采用某一调查方法不能将工作信息收集齐全时,及时用其他方法补充。应选择有代表性、典型性的工作(职位)进行先期试验,以保证信息收集的质量。

(5)查看工作现场,了解工作流程

进一步明确分析对象,了解情况,为选择信息收集方法做准备。

(6)进行信息收集

根据所选定的信息收集方法,通过召开说明会、座谈会、访谈、调查、观察等方法,开始信息收集。要努力使公司所有与工作调查有关系的人员了解工作调查的方法、步骤并予以配合。一次工作调查不可能也没有必要将所有工作信息都收集来,因此,必须事先对本次工作调查的重点加以确定。

(7)记录收集到的各类信息

通过预先准备的统一记录表格,准确、全面地记录所收集到的信息。

(8)工作分析小组汇总信息收集结果并进行分析

汇总、审核收集到的各种工作信息,分析、归纳、总结出工作分析的必要材料和要素。

(9)重复第(7),(8)步,对信息分析结果以书面的形式进行现场确认和核实。

(10)按照预先选定的职位说明书模板整理工作分析产出"职位说明书"。

3. 工作分析信息的收集方法

在进行工作分析时,选择正确的方法是至关重要的。只有方法得当、可行,才能收集到有关工作的足够信息,编制出一份完整合理的职位说明书。在人力资源管理工作分析中,常用的信息收集方法有以下几种。

(1)部门职责分解法

部门职责分解法是指工作分析人员首先明确各部门的职责,然后在此基础上,根据部门的岗位设置,逐层分解部门职责,从而明确各岗位基本职责的方法。与其他方法相比最主要的差异在于此方法为演绎法,而其他方法则为归纳法。部门职责分解法的优点是适用范围广泛,对所有类型的企业和岗位均可使用,可以避免岗位职责的交叉与空白,总成本低,效率较高。缺点是由于该方法是对部门职责的逐层分解,因而对进行分解的人员管理素养的要求很高且很难明确各个岗位非常具体的任务。

(2)面(访)谈法

面(访)谈法是指通过工作分析人员与任职人员面对面的谈话来收集工作信息数据的方法。该方法通过较深入的讨论来了解他们做的什么工作,为什么要做这些工作,以及如何来做这些工作等,访谈法可以是一对一访谈,也可以是集体访谈。访谈法的优点是直接,任职人员与咨询人员双向交流,了解较深入,有时可以发现新的、未预料到的重要工作信息。不足之处在于回答问题时可能有随意性、即时性,准确度有待验证。工作分析人员的思维定式或偏见影响判断和提问,对任职人员工作影响较大。该方法对工作分析人员的素质要求高,工作分析人员素质的高低将对访谈结果产生重大影响。

(3)观察法

观察法是指工作分析人员在工作现场运用感觉器官或其他工具,观察特定对象的实际工作动作和工作方式，并以文字或图表、图像等形式记录下来的收集工作信息的方法。观察法的优点是直观、适用于大量标准化、周期短的体力活动为主的工作。缺点是不适用于以智力活动为主的工作；不适用于周期长、非标准化的工作；不适用于高、中级管理人员的工作。

(4)问卷法

问卷法是指由任职人员填写并经过特别设计的调查问卷来获取工作信息的方法。问卷法的调查问卷经过特别设计，任职人员填写问卷前，最好就填写要领进行必要的辅导，任职人员独立填写。调查问卷的内容要简明、扼要，不能过于复杂、烦琐。问卷法的优点是可以比较全面地收集尽可能多的工作信息，可以收集到较准确、规范含义清晰的工作信息，可以随时安排调查。缺点是问题事先已经设定，调查难以深入，工作信息的采集受问卷设计水平的影响较大，对任职人知识水平要求较高。

(5)工作日志法

工作日志法是指岗位任职者在一定周期内，按照时间顺序详细记录自己的工作内容，并以此为基础经过分析、归纳与整理，明确岗位相关信息的一种工作分析方法。工作分析法一般适用于循环周期较短，内容相对稳定的工作。

上述信息收集的方法需要根据咨询对象的特点来进行选择，很多时候咨询机构应选择两种以上的信息收集方法组合使用，如以问卷法为主，以访谈法和观察法为辅等开展工作信息收集与调查，这样才能使岗位信息收集得更加完整和有效。

4. 工作分析的成果——职位说明书

工作分析的最终成果是编写职位说明书。职位说明书是对组织中各类岗位的工作性质、责任、权限、工作标准、工作环境及任职资格条件的综合描述文本。职位说明书是企业人力资源管理的最基础性文件，它体现了以“事”为中心的工作管理，是考核、培训、录用及指导职务工作人员的基本文件，也是工作评价的重要依据。事实上，表达准确的工作说明书一旦编写出来，该工作的等级水平层次就客观地固定下来了，工作评价则是对这种客观存在的准确认识。职位说明书一般应包括“一般资料”“工作规范”“工作环境”“任职条件”四个方面的内容。

一般资料构成职位说明书表格的表头部分，主要给出岗位的基础性信息，主要包括岗位名称、工作代码、所属部门、所辖人数、直接上级、直接下级、岗位编制和可替换岗位等内容。

工作规范是对工作整体的全面认识，主要包括岗位目的、职责与任务分析、权力、督导与组织关系、工作衡量标准等内容。

工作环境是对该岗位工作场所条件的客观描述，主要包括工作的物理环境、工作的安全环境、工作的社会环境、工作待遇条件等。

任职条件是对从事该岗位人员要求的规定，主要包括教育培训情况、必备知识、经验、能力、心理素质、性格特点等。

上述4个方面的内容组合在一起，就构成了一个职位说明书的基本内容，表7.4给出了一个常用的职位说明书模板。

表 7.4　岗位说明书模板

<table>
<tr><td>岗位名称</td><td></td><td>工作代码</td><td></td></tr>
<tr><td>直接上级</td><td></td><td>直接下级</td><td></td></tr>
<tr><td>所辖人数</td><td></td><td>所属部门</td><td></td></tr>
<tr><td colspan="4">岗位目的：</td></tr>
<tr><td colspan="4">职责与工作任务：</td></tr>
<tr><td rowspan="3">职责一</td><td colspan="3">职责表述：</td></tr>
<tr><td rowspan="2">工作任务</td><td colspan="2">1.</td></tr>
<tr><td colspan="2">……</td></tr>
<tr><td rowspan="3">职责…</td><td colspan="3">职责表述：</td></tr>
<tr><td rowspan="2">工作任务</td><td colspan="2">1.</td></tr>
<tr><td colspan="2">……</td></tr>
<tr><td colspan="4">权力：</td></tr>
<tr><td colspan="4">1.</td></tr>
<tr><td colspan="4">……</td></tr>
<tr><td colspan="4">关键业绩指标：</td></tr>
<tr><td colspan="4">1.</td></tr>
<tr><td colspan="4">……</td></tr>
<tr><td colspan="4">工作协作关系：</td></tr>
<tr><td>内部协调关系</td><td colspan="3"></td></tr>
<tr><td>外部协调关系</td><td colspan="3"></td></tr>
<tr><td colspan="4">工作环境条件：</td></tr>
<tr><td>物理环境</td><td colspan="3"></td></tr>
<tr><td>安全环境</td><td colspan="3"></td></tr>
<tr><td>……</td><td colspan="3"></td></tr>
<tr><td colspan="4">任职资格：</td></tr>
<tr><td>教育与专业</td><td colspan="3"></td></tr>
<tr><td>培训经历</td><td colspan="3"></td></tr>
<tr><td>经验与能力</td><td colspan="3"></td></tr>
<tr><td>……</td><td colspan="3"></td></tr>
<tr><td colspan="4">其他：</td></tr>
<tr><td>……</td><td colspan="3"></td></tr>
<tr><td colspan="3">编制人：</td><td>年　月　日</td></tr>
<tr><td colspan="3">审定人：</td><td>年　月　日</td></tr>
</table>

三、招聘录用咨询

员工招聘是指为了实现企业目标和完成任务，由人力资源部门和其他部门按照科学的方法，运用先进的手段，选拔岗位所需人力资源的过程。也就是按照企业人力资源规划的安排，依据工作分析的要求，把优秀合适的人招聘进企业，把合适的人放在合适的岗位上的过程。

管理咨询人员作为企业的外部力量，在员工招聘咨询过程中，更多的是帮助企业制定相关的招聘方案，并根据岗位要求提供专业化的评估方案来评估应聘者。为此咨询机构必须要协助企业把握好员工招聘的工作流程、员工招聘的渠道和员工甄选评价的方法。

1. 员工招聘的工作流程

员工招聘的一般程序包括制定招聘计划、发布招聘信息、应聘人员甄选、确认录用、招聘过程评价等。

(1)制定招聘计划

招聘计划应在人力资源规划的基础上产生，具体内容包括：确定招聘目的、描述应聘岗位名称和人员的标准与条件、明确招聘对象的来源范围、明确招聘的规模数量、确定传播招聘信息的方式、确定招聘组织人员、确定参与面试人员、确定招聘的时间和新员工进入企业的时间、确定招聘经费预算等。

(2)发布招聘信息

发布招聘信息是指利用各种传播工具发布岗位信息，鼓励和吸引人员参加应聘。在发布招聘信息时应注意以下几点：

①信息发布的范围。信息发布的范围取决于招聘对象的范围，发布信息面越广，接收到到该信息的人就越多，应聘者就越多，组织招聘到合适人选的概率就大，但费用支出相应也会增加。

②信息发布的时间。在条件允许、时间允许的情况下，招聘信息应尽早发布，以缩短招聘进程，同时也有利于使更多的人获取信息，从而增加应聘者。

③招聘对象的层次性。组织要招聘的特定对象往往集中于社会的某个层次，因而要根据应聘职务的要求和特点，向特定层次的人员发布招聘信息。

(3)接受应聘者申请

应聘者在获取招聘信息后，向招聘单位提出应聘申请。应聘申请常有两种方式：①通过信函或电子邮件向招聘单位提出申请；②直接填写招聘单位应聘申请表，网上填写提交或到单位填写提交。

(4)应聘人员甄选

此阶段是对求职者的选拔过程，具体又包括如下环节：简历初筛、笔试、首次面试、其他测试、二次面试、确定合格人员、体检、确认录用等。咨询机构可以根据招聘职位的层次和重要程度选择适当的甄选方法并对甄选程序做适当增减。

(5)确认录用

这是招聘企业与入选者正式签订劳动合同并向其发出上班试用通知的过程。通知中通常应写明入选者报到的时间、地点、部门、人员等。

(6)招聘过程评价

这是招聘活动的最后阶段。对整个招聘活动做总结和评价，并将有关资料整理归档，评价指标包括招聘成本的核算和对录用人员评估。

2. 员工招聘渠道来源

员工招聘的渠道与方法可以分为两大类，即企业内部渠道和企业外部渠道。每一类渠道又可细分为多种途径。企业内部招聘渠道主要有5种途径，即内部提升、工作调换、工作轮换、转岗培训、返聘或重新聘用。企业外部招聘渠道主要有7途径，即刊登招聘广告、招聘会、校园招聘、就业代理机构、猎头公司、推荐和网上招聘。由于内部渠道的组织相对容易，此处对外部招聘渠道加以简单说明。

刊登招聘广告的媒体选择主要有报纸、杂志、广播电视等。在这些媒体上刊登、播放招募信息受众面广，企业一般会收到较多的应聘资料，同时也可以宣传企业的形象。通过这一渠道应聘的人员分布广泛，但高级人才很少采用这种求职方式，所以一般招聘企业的中基层和技术职位的员工时比较适用。同时该渠道的一个缺点在于对求职者信息的真实性较难辨别，人力资源部门在这方面需要花费大量的人力和时间。当然，这些广告媒体除具备以上共性外，还分别具有不同的优缺点，企业应根据具体的情况来选择最适合自己的媒体。

招聘会就是通过参加社会举办的供需见面会进行人员招聘的方式。招聘会上供需双方可以进行面对面的交流，但是双方只能进行初步的选择，企业将大量的信息带回并进行进一步的筛选。人才市场组织的招聘会由于受到招聘会本身宣传力度的局限，求职者的数量和质量难以保证。人才招聘会是比较传统的，也是被广泛使用的招聘方式。

校园招聘是指企业招聘人员直接走进校园，从在校的即将毕业的学生中选拔人才。一般来讲，学校是组织招聘专业技术人员的主要来源和最佳场所。毕业生薪酬低，可塑性强，发展空间巨大。在设计校园招聘活动时，应注意两点：①选择学校；②吸引工作申请人。校园招聘的缺点在于企业人员录用的时间只能与学生毕业的时间吻合，人员到位的速度较慢，不适合急需填补的职位空缺招聘。

就业代理机构指人才交流中心、职业介绍所、劳动力就业服务中心等机构。这些机构承担着双重角色，既为组织择人，又为求职者择业。企业通过代理机构进行招聘的职位有两个特点，即不需要高度专业化技能的中等或低水平职位；社会上较为稀缺的或技能特殊的职位。通过就业代理机构进行招聘的优点是没有财务风险，只要有招聘需求，就业代理机构通常会马上推荐许多人选，不需要企业进行前期的宣传工作。有的就业代理机构还可负责安排面试，帮助企业初步筛选应聘者。缺点在于就业代理机构的初选标准往往与企业有较大差别，很可能过于重视人员数量而忽视质量。

猎头公司实际上也是一种就业代理机构，但由于其操作方式和服务对象的特殊性，经常被看作是一种独立的招聘渠道。猎头公司是通过专业人士为企业提供招聘服务的机构，其招聘对象是高级管理人才和高级专业人才。猎头公司的主要优点在于搜寻人才快速且人才质量高。因为其一般都有专业的、广泛的资源可以利用，手中有大量的人才储备，所以搜寻人才的速度非常快，质量比较高。猎头公司的任务是搜寻并设法诱使这些人离开正在服务的组织，就职到委托的企业中来。通过猎头公司招聘人才的缺点是费用比较高，人才到岗时间往往比较慢。

推荐是指通过企业的员工、客户或者合作伙伴推荐候选人来进行招聘。推荐招聘是外部招聘的一种重要方法，也是比较有效的一种渠道，主要表现在新员工进入公司后离职率低，工作满意度较高，工作绩效较好。由于推荐的主体不同，可以划分为申请人自荐、员工推荐、顾客推荐等。

随着互联网的普及,网上招聘已经逐渐被企业和求职人员所认可。有的企业已经把网络招聘作为人员招聘的主要渠道。网上招聘主要有三种方式:①在本企业的网页上发布招聘信息;②由专业网络招聘服务机构提供招聘服务;③通过搜索引擎来推广招聘信息。网上招聘具有成本较低廉、招聘信息发布不受时空限制、受众时效性强、信息传播速度快、范围广、供需双方选择余地大等优点,因此越来越得到企业的重视。

上述几种招聘渠道各有优缺点和不同的适用情况,咨询机构在辅助企业进行招聘渠道选择和制定招聘计划时,要根据不同招聘渠道的优缺点,结合咨询企业招聘职位的具体要求和招聘预算,做出合理的决定。

3. 员工甄选常用技术与方法

(1)面试

面试是一种面试人与求职者之间相互交流信息的有目的的会谈。它使招聘方和受聘方都能得到充分的信息,以在招聘中做出正确的决定。面试是一个双方彼此考量和认知的过程。任何组织在人才招聘过程中都要进行面试,对应聘者的面试是人事员工甄选实践中普遍使用的一种方法。

咨询机构在协助企业开展面试过程中,要注意面试过程一般分为五个阶段,每一个阶段的主要目的和提问方式应有所区别。

①预备阶段。此阶段应主要以社交话题为主,主要是为了帮助应聘者消除紧张戒备心理,建立起面试阶段所需的和谐、宽松、友善气氛。

②引入阶段。此阶段主考官一般根据应聘者的履历情况提出问题,逐步引入面试主题。在这个阶段要给应聘者一个真正发言的机会,同时主考官开始对应聘者进行实质性的评价。

③正题阶段。此阶段是面试的实质性阶段,主考官通过广泛的话题从不同的侧面了解应聘者的心理特点、工作动机、能力与素质等,评价内容基本上是面试评价表中所列的各要素,这个阶段要注意面试提问的技巧。

根据面试中所提的问题,正题阶段的面试可分为结构化面试、非结构化面试和混合式面试三种。结构化面试要先制定好所提问题问话提纲和顺序,然后逐一提问。这样有准备的系统提问有利于提高面试的效率,使了解的情况较为全面,但谈话方式程式化,不太灵活。非结构式面试是指在面试中可随时发问,无固定的提问程式。针对每位应聘者所提的问题的不同,这种面试可以了解到特定的情况,但缺乏全面性,效率较低。混合式面试是将结构式面试与非结构式面试结合起来的面试,这种方法可以取二者之长,避二者之短,所以是常用的一种面试方法。

面试中最常用的是发问和聆听。发问的技巧有多种,面试中较多采用的是开放式的提问,让应聘者多讲,然后面试者注意聆听,由于面试的目的是了解应聘者,所以面试者不要暴露自己的观点、情绪,不要让面试者了解面试官的倾向。聆听时,可做一些澄清式或封闭式的提问,但不要随便打断求职者的讲话,不要随声附和,整个提问可以先易后难,针对疑点逐一提问,以达到预期的目的。

④转换阶段。对于正题阶段所提问题和求职申请表所填内容,有时应聘者可能会编造一些假象。为了真实的考察求职对象的工作能力和工作经验,可以对应聘者过去工作行为中的特定例子加以询问。基于行为连贯性原理,所提问题并不一定集中于某一个点上,而

是一个连贯的工作行为。这个阶段是面试的收尾阶段，主考官可以根据需要提一些比较尖锐、敏感的问题，以便能更深入地了解应聘者，但要尊重他人的人格和隐私。

⑤结束阶段。此阶段是指面试结束之前，应留有时间回答应聘者的问题。结束要自然，不要让应聘者感到很突然，留下疑惑。同时要立即整理面试纪录，在评价表上记录对于候选人的评价。

（2）选拔测试

选拔测试是指运用各种科学或经验的方法对应聘者进行评价，从而挑选出那些符合职位要求人员的过程。选拔测试一般包括知识测试、能力测试、性格测试三种。

知识测试主要是用来衡量应聘者是否具备完成职位职责所要求的知识，虽然具备职位所要求的知识并不是实际工作绩效良好的充分条件，但却往往是它的一个必要条件，因此选拔录用中要对应聘者的相关知识进行测试。对于不同的职位知识测试的内容将有区别。

能力测试就是衡量应聘者是否具备完成职位职责所要求的能力。能力是指个人顺利完成某种活动所必备的心理特征，任何一种活动都要求从事者具备相应的能力。能力测试有两种功能：①判断应聘者具备什么样的能力，即诊断功能；②测定在从事的活动中成功的可能性，即预测功能。能力测试包括一般能力测试和特殊能力测试两种。

性格指个人对现实的稳定态度和习惯的行为方式，按照不同的标准可以将人们的性格划分成不同的类型。由于人们的性格在很大程度上决定着他们的行为方式，而不同的职位所要求的行为方式又不同，因此对应聘者的性格进行测试有助于判断他们是否胜任所应聘的职位。

（3）公文筐测试

公文筐测试也叫公文训练或篮中练习，被认为是很有效的一种人员甄选方法。第二次世界大战期间，美国情报机关在向纳粹派遣敌后情报人员的过程中，试用此种情景模拟法物色可靠人选，结果大获成功。情报机关的这一发明刺激了商界精英的管理灵感，20 世纪 50、60 年代美国电报电话公司率先将该方法由军用转为民用，先后对多名年轻经理人进行了这种别具一格的、以工作情景模拟为核心的测验。该测验重点评估管理人员的知识、技能、价值观和个人职业追求，同样获得了轰动性的成果。除美国电报电话公司外，福特汽车、通用电器等诸多大型企业集团均将此法作为企业选聘、提拔人员的重要手段。

在公文筐测试中，候选人假定要接替或顶替某个管理人员的职位，每个人都收到一篮子公文，文件数一般不少于 5 份，不多于 30 份。其中有文件、信函、电话记录、命令、备忘录、上级指示、请示报告等。这是根据这个管理职位经常会遇到的各种典型公文而设计的，从日常琐事到重要大事等。要使应聘者意识到他既不是在演戏，也不是在代理职务，而是一位真正的手握实权的负责人，要根据他自己的经验、知识、能力、性格、风格去处理各种问题。要求应聘者在一定时间内处理完毕，并且还要通过文字或口头的方式报告他们处理的原则与理由。

一般来说，所有的问题都是棘手的问题，并且问题之间相互影响、关系错综复杂。因此，被测对象只有全力以赴地认真分析和统筹考虑方能有效应对，时间有限，可利用的资源有限，现有的信息又残缺不全。被测对象必须借助于丰富的知识、大胆的设计、勇敢的推理和果断的决策才能摆脱困境，必须要在孤立无援的情况下对所有问题迅速地理出思路，对文件筐中的材料形成文字处理意见或报告。

从上述测试过程可以看出，公文筐测试可以较好地反映被评价者在管理方面的计划能力、组织协调能力、判断能力、沟通能力、决策能力以及领导能力等，此外还可以反映其对信息的收集和利用能力、处理问题的条理性和灵活性,以及对他人的敏感性等。

(4)无领导小组讨论

无领导小组讨论是指数个应聘者集中在一起就某一问题进行讨论,事先并不指定讨论会的主持人,评委们在一旁观察应聘者的行为表现并做出评价的一种方法。无领导小组讨论具有互动性、比较性、真实性的特点。在讨论中,评价者可以自由观察每个求职者是如何参加讨论的,观察到谁会主动担当领导的角色,谁会提出有建设性的建议,每个人的领导能力、说服能力和表达能力如何,处理人际关系的能力怎样,自己的独立见解如何,能否倾听他人意见,是否尊重别人的发言权,是否侵犯别人的发言权等情况,从而可以据此考察每个人的领导能力、处理人际关系的能力以及对资料的利用能力等。

评价者根据自己的观察,依据一定的标准,分别对无领导小组中的每一个人的组织能力、决策能力、控制能力、分析判断能力、个人影响力、口头表达能力、说服力、人际交往能力、反应和应变能力等素质进行评价。然后,在评价者之间交换意见,对被评价者的素质做出客观全面的评价,并预测被评价者的发展潜力。

四、员工培训与开发咨询

培训就是向新员工或现有员工传授其完成本职工作所必需的相关知识、技能、价值观念、行为规范的过程。开发则是增加和提高员工的知识和能力,以满足企业目前和将来的工作需求。培训更多的是一种具有短期目标的行为,而开发则更多的是一种具有长期目标的行为。管理咨询机构在培训与开发咨询中的主要任务是为企业提供符合企业实际需要的员工培训与开发工作方案。为此,必须要掌握企业培训与开发的工作流程、企业培训需求分析的方法和常用的员工培训与开发方法。

1. 员工培训与开发的工作流程

(1)培训需求分析

培训需求分析的目的是确定员工是否需要培训,在哪方面需要培训。需求分析一般包含两个方面:①人力资源管理部门根据企业的战略规划,参考各部门所报计划,分析企业需求与现实的差距,提出培训需求意向;②人力资源管理部门运用一定的方法对培训需求做出判断。

(2)制订培训计划

在确认只要通过对现任人员的培训就可消除或减少工作差距后,即可开始编制培训计划,培训计划应包括的内容如表 7.5 所示。

表 7.5 员工培训与开发计划的内容

序号	计划内容
1	根据培训需求分析确定培训内容
2	确定培训时间
3	确认培训方式,主要是指选择什么样的培训方式,是企业自己内部组织培训还是外派培训
4	确定受训人员,要考虑时间的安排、培训成本等因素
5	选择培训教师
6	培训费用的预算

(3)设计培训内容

培训内容主要包括培训课程的设计、授课内容的确定和选择合适的培训方法。

(4)实施培训

实施培训是指真正开始培训内容的安排,要注意培训具体时间与场地等的安排,同时要对受训人员进行考核。

(5)培训效果评估反馈

培训效果评估主要包括对培训教师的考评、对培训组织管理的考评。反馈是指经过培训后,受训人员到工作岗位上工作一段时间后,通过问卷调研和访谈法等对其受训作用进行考查。此外还应做好培训资料的总结归档。

2. 培训需求分析的层面与方法

培训与开发需求分析是企业通过界定绩效差距,分析差距背后的具体影响因素,从而进一步揭示组织及其成员在知识、技术和能力方面的差距,为培训和开发活动提供依据的管理过程。通过需求分析可以了解以下信息:明确企业的目标以及达成目标的战略、实现当前目标绩效所需要的工作技能及其差距、分析未来期望绩效所需要的工作技能及其差距、培训与开发活动所处的组织环境。

(1)培训与开发需求分析的层面

企业培训与开发需求产生于组织、任务和人员三个层面,因此培训与开发需求分析也应该在相应的层面上展开。组织层面分析主要是从企业发展角度,预测企业未来在技术、市场销售、组织结构方面可能发生的变化及对人力资源的数量和质量的需求。职务层面分析是指通过查阅职务说明书或具体分析完成某一工作需要的技能,了解员工为有效完成该项工作必须具备的条件,找出差距,确定培训需求,弥补不足。人员分析一般是对照工作绩效标准和实际绩效水平,分析员工的工作胜任能力与任职要求的差距,分析员工职业生涯规划,从而确定培训对象、培训内容和培训应达到的效果。表7.6列出了三个层面的分析结果。

表7.6　员工培训与开发需求分析的三个层面

分析层面	分析的结果
组织层面	揭示企业中哪个职能或部门需要培训与开发,以及在何种战略背景下进行培训与开发
任务层面	揭示为了有效地完成工作任务,必须做什么以及如何做,需要什么样的知识和技能
人员层面	揭示对谁进行培训与开发,培训与开发什么,采取何种培训与开发对策

(2)培训与开发需求分析的方法

培训与开发需求分析的实施过程包含了对信息和数据的收集、加工和分析。因此,咨询人员必须要借助科学的收集方法和加工分析技术,做到对信息和数据的收集客观、全面,分析过程科学和结果可靠。常用的培训与开发需求分析方法有访谈法、问卷调查法、头脑风暴法、现场观察法、关键事件法和绩效管理资料法等。关于访谈法、问卷法、头脑风暴法和现场观察法,本书第三章已有说明,此处简单介绍关键事件法和绩效管理资料法。

①关键事件法是指通过考察企业经营管理活动中对组织目标具有关键影响的事件,特

别是有消极作用的事件,例如重大安全责任事故、市场占有率的急剧下降、销售成本突然提高等。对造成这些关键事件背后原因的分析,可以揭示当事人行为、知识、技术和能力的缺陷,从而获得培训与开发需求的信息。

绩效管理资料研究法是指通过员工的绩效管理档案来获取培训需求信息的方法。对于绩效管理工作比较规范的企业来讲,企业绩效管理档案资料记录了每个员工历年的绩效考核记录与培训的历史情况,既包括了员工绩效的评估结果,也记录了员工发展的方向,具有系统性和连续性。这些二手资料可以作为咨询机构进行培训与开发需求分析重要的二手资料来源,它所提供的信息和数据翔实而全面。利用对这些资料的分析,既可以根据员工当前绩效差距分析得到培训需求,又可以根据员工的将来职业发展方向设计个人开发计划。

3. 常用的员工培训与开发方法

在人力资源管理培训实践中,人们总结出了大量的员工培训与开发方法。每种方法各有特点,适用于不同的培训目的、培训内容和培训对象。因此,咨询人员在为企业设计员工的培训与开发方案时,应针对不同的培训与开发情形,选择不同的培训方式。

(1)讲授法

讲授法是教师按照准备好的讲稿或课件系统地向受训者传授知识的过程,它是常见的也是最基本的培训方法。其特点是场所固定、集中办班、成本低、效果好。讲授法通常包括讲解、讲述、讲演等形式,三者既可以独立使用,也可以综合运用。现代通行的讲授法多以课堂讲授为主。讲授法的优点在于:①信息传播量大;②培训者易于控制培训过程、实施培训教学内容;③培训者在制订培训方案时更有针对性,能够较好地达到培训目标;④讲授法传授内容多,知识比较系统,可以全面地、大面积地培养人才;⑤对培训环境要求不高;⑥学员可在集中的教室环境中相互沟通,也能便于教师解答员工提出的疑难问题。因此讲授法被大量应用于对各类学员进行知识、概念、理论、方法和学科前沿理论的系统培训方面。但其缺点在于:①信息是单向流动,难以引起共鸣,培训效果难于把握;②对于培训者的要求较高。

(2)专题讲座法

专题讲座法形式上和课堂讲授法基本相同,但在内容上有所差异。课堂教学一般是系统知识的传授,按照教材体系每一章和每一节地去讲授。专题讲座是针对某一个专门知识,一般只安排一次培训或一个系列的专题报告,它是一种单向沟通的方式。讲座法的成本最低、最节省时间;有利于系统地讲解和接受知识,易于掌握和控制培训进度;有利于更深入地理解难度大的内容;而且可同时对多人进行教育培训。因此,它可作为其他培训方法的辅助手段。专题讲座法比较适合管理人员或技术人员了解专业技术发展方向或当前管理和经济形势的热点问题。

(3)演示法

演示法是指运用一定的实物和教具,通过演示使学员对工作流程有一个完整熟悉过程的培训方法。常用的演示法是视听法,它是在传统讲授法的基础上,利用视听结合手段,如广播、电影、幻灯、录像、录音等而形成的一种教学法,强调在一定情境中听觉感知与视觉感知相结合。这种方法可用来展示预先录制的内容以便展示行为、技术或说明问题,还可用来录制和重放受训者在课程中的表现,因此被广泛用于提高受训者的沟通技能、面谈技能、服务技能等方面。现场观摩法也是一种常用的演示法,现场观摩通过组织学员到有教学示范作用的工作现场进行观摩、听取示范讲解、解答疑难问题和发表观感的方式来对员工进行培训。该种方法通常是在具有较好的示范现场，学员的层面较高的情况下使用。

（4）远程学习法

远程学习法是指通过视频会议系统、公司专用培训系统、第三方会议系统、在线视频等方式组织处于不同地点的员工进行分散式培训的方式。远程学习法通常被一些地域上较为分散的企业用来向员工提供关于新产品、企业政策或程序、技能培训以及专家讲座等方面的信息。远程学习的主要优点在于可以为分布区域广、难以集中的员工提供高水平的专家培训，并节省大笔的差旅费和时间。它的最大缺点是教师与学生、学生与学生之间缺乏互动。

（5）案例法

案例法是由哈佛大学首创的一种非常有实战特点的教学与培训方法。所谓案例法，是指围绕一定的培训目的，把实际工作中真实的情景加以典型化处理，形成能够供学员学习思考和分析解决的案例，通过案例加深学员的学习印象及提高处理能力的培训方法。案例分析法是一种信息双向性交流的培训方式，它将知识传授和能力提高两者融合到一起，是一种非常有特色的培训方法。

案例分析主要可分为两种类型：第一种是描述评价型，指的是描述解决某种问题的全过程，包括其实际后果，不论后果成功或失败。这种类型在选择案例时一定要注意案例的典型性。这种类型的案例分析，留给学员的任务是分析案例中的做法，提出自己的见解和对策建议。第二种是分析决策型，即只介绍某一待解决的问题，没有整个案例的结局，由学员去分析并提出对策。这种方法更能有效地培养学员分析、决策、解决问题的能力。案例法的优点在于它能为学员提供一个很好的思考、学习和解决问题的范式，能够做到学用一致，且具有深化和强化的作用。案例法缺点在于收集到典型的、有针对性的案例比较困难；同时案例对工作流程不具有广泛和普遍的指导作用，使学员难以得到较为系统的和完整的技能或知识。

（6）讨论法

讨论法是在教师引导下，学员围绕某一个或几个主题进行交流，相互启发的培训方法。讨论法通过学员之间的讨论来互相学习，解决疑难问题、拓宽知识面。讨论法在实际员工培训与开发中往往与案例法配合使用，主要有集体讨论、分组讨论、对立式讨论等形式。讨论法的优点在于强调学员的积极参与，有利于培养学员的综合能力。能够使学员主动提出问题，表达个人感受，有利于开发其学习积极性和主动性，同时也能够起到鼓励学员积极思考、勇于探索的作用。讨论法的缺点在于对研讨题目和内容的准备要求较高，对指导教师的组织研讨的能力要求较高，培训效果受培训组织者及学员主动性、积极性和认识能力及水平的限制。

（7）自我指导学习

自我指导学习是指通过员工自主学习来提高自己的培养训练方法。组织考虑到某些知识或技能通过员工自己揣摩能够理解和掌握时，可以用布置任务或发布倡导的方式，要求员工利用一切可以利用的时间和条件，学习和掌握相应的知识和技能。如果该知识或技能属必备知识或技能的，可以在规定的期限组织考试或考核。有关学习资料难于获取的，组织应提供有关资料。该法的优点是成本低，能够充分调动员工的主动性、积极性和创造性，但缺点在于只适用于浅显易懂的内容。

(8)工作指导法

工作指导法又称教练法、实习法,这种方法是由一位有经验的工人或直接主管人员在工作岗位上对受训者进行培训。负责指导的教练,其任务是教给受训者如何做,提出如何做好的建议,并对受训者进行激励。工作指导法的最大优点是应用广泛,不用脱岗培训,不耽误生产和工作。角色扮演是常用的工作指导法之一。角色扮演是在一个模拟的工作环境中,让受训者设身处地地模拟日常工作,并按他在实际工作中应扮演的角色处理工作事务,一旦发现在处理各种事物时所出现的问题,教练随时给予纠正以提高学员实际处理问题的能力。通过角色扮演,受训人员可以体会到与自己工作有关的其他角色的心理活动,从而有助于改正过去工作中的不良行为,有利于建立良好的人际关系。在客户关系处理、销售技巧、商务谈判等行为能力提高培训中,多使用角色扮演法。

(9)学徒制

学徒制是非常传统和古老的培训方法,但至今仍然为许多组织所采用。学徒制通过由经验丰富的员工担任导师,在与受训者共同从事的实际工作任务中帮助受训者提升自己的知识、能力和经验。学徒制最明确的优点在于实效性、安全性和可行性。学徒制易于落实,通过师傅带徒弟的方式,每一名员工只要具有足够的敬业精神和工作责任感,在一个岗位工作一定的时间后,都会有所收获,从而也会具备传授技能或知识的能力。学徒制培训成本较低,学徒在师傅身边学习的过程也是工作的过程,是边学边干。学徒在师傅指导下工作,可以避免盲目的摸索,学徒在学习的同时能获取收入,具有一定的积极性。学徒制的不足在于师徒之间可能会存在一定的竞争关系,从而影响培训效果。

(10)工作轮换

工作轮换法是有计划地安排受训者到组织内不同部门的不同工作岗位上进行实际工作或实习的一种系统而正式的培训方法。这种方法是让受训者在若干年内有计划地变换工作岗位,使其获得不同岗位的工作经验。工作轮换法的目的是让被培训者了解整个组织的运作和各部门的职能,同时也使被培训者找到适合自己的工作岗位,确定自己的职业目标。因此,工作轮换法倾向于在受训者职业生涯的早期进行,一般用于中高级管理者的培训。工作轮换的优点是能改进员工的工作技能、增加员工的工作满意度,使受训者明确自己的长处和弱点,找到自己适合的位置。

(11)游戏培训法

游戏培训法严格来讲也属于情景模拟法的一种,常用的是管理游戏培训。管理游戏,主要用于开发受训者的经营决策能力和管理技能。在游戏中,受训者被要求在规定的场景中,必须收集信息,分析情况,仿照商业竞争规则或管理规则,做出决策,推行方案。决策内容可能涉及企业经营管理实践、财务管理、市场营销、劳工关系等各个方面的活动。例如,一种在企业培训与开发中使用较多的企业决策模拟竞赛即是一种典型的商业游戏。这种游戏将受训者分成几个小组,每个小组组成一个“微型企业”,每人在本“企业”中分工承担一定的责任或职务。各组按照规定的情景和规则分析信息、制订方案、相互竞争。商业游戏能够模拟出商战的竞争性质,能够帮助培育凝聚力很强的群体,并迅速构建团队的信息框架,具有很强的参与性、互动性和一定的仿真性,因此可以激发受训者的学习动力。

三、员工绩效管理咨询

绩效管理是企业人力资源管理的一个重要职能,也是咨询机构在为企业实施人力资源管理咨询时的重要工作内容。由于绩效管理与人力资源管理的其他职能密切联系,因此绩效管理通常被认为是企业人力资源管理的核心。同时由于绩效管理尤其是绩效考核与企业每一名员工的切身利益息息相关,而绩效也因不同岗位的工作内容不同而有多种表现形式,所以对绩效实施管理和考核具有较大难度。绩效管理,尤其是绩效考核通常被认为是企业人力资源管理中最有挑战性的环节。由于绩效管理的挑战性和复杂性,加之企业内部完全自主推行绩效管理的变革会遇到更多的阻力,所以很多企业会选择通过管理咨询机构来实施和推进此项工作。管理咨询机构在接受企业绩效管理咨询任务后,需要帮助企业明确绩效管理理念,建立绩效管理方案和推进绩效管理实施。

1. 绩效、绩效管理与绩效考核

关于什么是绩效,历来有着多种不同的看法。从管理实践的历程来看,人们对于绩效的认识是不断发展的,从单纯地强调数量到强调质量再到强调满足顾客需要;从强调"即期绩效"发展到强调"未来绩效"。绩效实际上反映的是员工在一定时期内以某种方式实现某种结果的过程。目前学术界对于绩效的理解有四个方面,即绩效是完成工作任务、绩效是工作的实际结果或产出、绩效是完成组织目标过程中组织所需要的能力或者态度、绩效是完成组织目标过程中组织所需要的行为。之所以对于绩效有着多种理解,一个非常重要的原因是因为现实世界的组织种类很多,组织中的工作也千差万别。有的工作可以直接定量的确定产出,有的工作则很难直接用数量衡量。因此,上述四种对于绩效的理解反映了工作的复杂性和难以衡量性,这也加大了绩效管理与绩效考核工作的难度。

绩效管理是对组织绩效实现过程各要素的管理,是通过企业战略的建立、目标分解、业绩评价,并将绩效成绩用于企业日常管理活动中,以激励员工业绩持续改进并最终实现组织战略及目标的一种正式管理活动。可以看出,绩效管理在组织中发挥的作用是努力使员工的工作活动和工作产出能够与组织的目标保持一致。绩效管理是从战略高度对绩效进行的管理过程,它着眼于组织绩效和长远发展,强调事先的沟通与承诺。一个完整的绩效管理过程侧重于信息沟通与绩效提高,与组织的其他活动一直相伴。

绩效考核也叫绩效评估,是组织依照预先确定的标准和一定的考核程序,运用科学的考核方法,按照考核的内容和标准,对考核对象(员工)的工作能力、工作成绩进行定期或不定期的考察和评价。绩效考核着眼于个人或部门绩效的事后评价,侧重于判断和评估,只出现组织管理的特定时期,是绩效管理过程中的局部环节和手段。

一个完整的绩效管理循环应该包括绩效计划制定、绩效辅导实施、绩效考核评价和绩效结果应用四个方面。可以看出,绩效管理与绩效考核是整体与部分之间的关系,一个完整的绩效管理包括4个主要步骤,绩效管理循环如图7.1所示。

(1)绩效计划制定

绩效计划是指在新绩效期开始阶段,管理者和员工要对员工在绩效期内的工作目标和标准达成共识,在共识的基础上,员工对工作目标做出承诺,明确在绩效考评阶段应该做什么事情,应该将事情做到什么程度。也就是说,确定员工绩效目标,约定成功标准。在绩效管理咨询中,绩效计划的制订应该由咨询人员、企业人力资源专业人员、员工的直接上级及员工本人四个方面共同承担。

(2)绩效辅导和实施

绩效辅导和实施是指考核人和被考核人相互支持,执行绩效计划,完成绩效目标的过程。在此阶段,考核人和被考核人相互沟通,传递组织战略,改善绩效,共同规避潜在的目标障碍,解决遇到的突发问题,调整绩效计划。绩效计划的辅导和实施是连接绩效计划和考评的中间环节,且贯穿于绩效管理循环的整个过程。在绩效辅导和实施阶段,考核人需要帮助与指导考评对象,与被考核人保持沟通,保证被考核人完成绩效计划。具体来说,考核人需要掌握工作状况,以便适时地给予激励和指导;诊断员工的绩效行为,肯定优点,纠正偏差;协调团队工作,使团队行为与组织目标相一致;收集考评与反馈信息,帮助和指导员工进步。

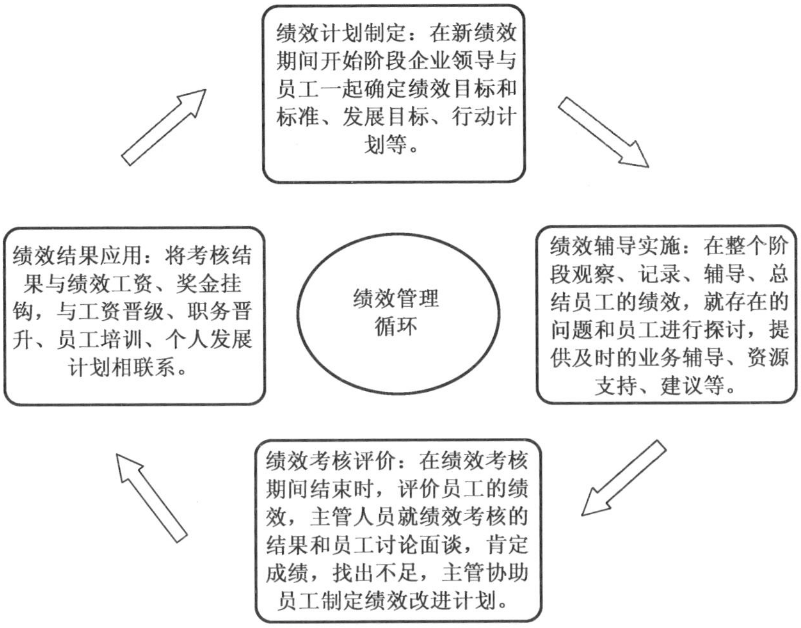

图 7.1　绩效管理循环

(3)绩效考核评价

绩效考核评价是指通过科学的方法和程序来考核和评价员工在岗位上的工作行为和工作结果,即在绩效期结束时,依据预先制订好的计划,主管人员对下属的绩效目标完成情况进行考评。绩效考核评价不但要衡量出员工的实际绩效水平,还要将考核结果反馈给考核对象。绩效反馈面谈是指通过考评人与被考评人之间的有效沟通,帮助被考评人了解自身绩效水平。作为绩效管理的手段,反馈和辅导的最终目的是提升被考评人的绩效水平。通过反馈,员工可以了解管理者对自己的评价和期望,从而能够根据要求不断提高自己。

(4)绩效结果应用

绩效考评结果可以为人力资源管理和其他管理决策提供大量有用的信息。考核结果可以用于工资调整和奖金分配、晋升调配、培训教育、招聘决策和末位管理等多项人力资源管理职能。

2. 企业绩效管理咨询的基本程序

(1)企业绩效管理现状调查与诊断

绩效管理现状调查的任务主要是了解清楚企业目前有无实施绩效管理与考核,企业目前绩效管理与考核工作是怎样做的,存在些什么问题,产生问题的原因是什么,进一步开展绩效管理与考核必须克服哪些障碍，绩效管理与考核应该采取何种方法等。通过对一系列绩效管理内容的分析，目的是把握客户现行绩效管理机制的脉络，分析了绩效管理的现状，收集企业各级人员对绩效管理的意见和建议，将其作为绩效管理诊断和详细分析的依据，写出报告书，经与客户沟通被认可后，为详细的绩效管理方案设计奠定基础。企业绩效管理现状调查一般采用资料调研法、问卷调查法、访谈法、座谈法等。

(2)企业绩效管理详细方案设计

详细方案设计是依据框架意见，对绩效管理与考核各项具体工作逐一进行设计。在此基础上拟定绩效管理与考核制度，把绩效管理与考核各项工作内容全部包括进去，形成完整的、可操作的执行文件，同企业经过充分讨论并原则批准后，可作为草案试行。

(3)企业绩效管理方案实施指导

在企业绩效管理方案的实施过程中，咨询机构应协助企业根据绩效管理与考核的各项制度、做法和执行性文件，对各级领导者进行培训。各级领导者是绩效管理的推动者与执行者，使他们从思想和方法上掌握绩效管理与考核制度的核心内容，这是绩效管理与考核工作能够顺利进行的保证。其次，管理咨询机构应协助企业实时跟踪绩效管理各项工作的进展，帮助企业解决绩效管理各项制度在实施中遇到的问题。再次，咨询机构应与企业一起总结绩效管理与考核的工作经验，完善各种办法和管理制度。

3. 有效企业绩效管理方案的设计要求

(1)与企业发展战略的一致性

战略一致性是指绩效管理方案与组织的战略、目标和文化的一致性程度。企业的绩效管理系统应该为企业的发展目标服务，因此在考核指标、考核标准、考核结果应用等考核导向上应突出对企业发展战略的支持，通过绩效考核系统辅助战略方案的落实。例如，如果一家公司强调对客户的服务，那么它的绩效管理系统就应该对其员工向客户提供服务的好坏程度进行重点评价；如果一家公司强调工艺流程的精确性，那么它的绩效管理系统就应该针对员工是否严格遵守流程的要求来重点进行。

(2)明确性

明确性是指绩效管理系统在多大程度上能够为员工提供一种明确的指导，告诉他们公司对他们的期望是什么，以及如何才能达到这些期望的要求。如果绩效管理系统没有能够给员工指出明确的方向以及员工目前绩效存在的问题，那么就无法让员工改善他的绩效。

(3)准确性

绩效评价的准确性是指所设计的绩效管理方案应该把员工工作标准和组织目标联系起来，把工作要素和评价内容联系起来，明确一项工作成败的界限。工作绩效标准是就一项工作的数量和质量的要求，它具体规定员工行为是否可接受的界限。工作分析描述一项工作的要求和对员工的素质要求，而工作绩效标准是规定工作绩效合格与不合格的标准，实际的工作绩效评价则是具体描述员工工作中的优缺点。绩效评价的准确性要求对工作分析、工作标准和工作绩效评价系统进行周期性的调整和修改。

(4)可接受性

可接受性是指运用绩效管理系统的人能否接受它。许多经过精心设计的绩效管理系统看起来十分精巧，但是在真正使用这一绩效管理系统的时候可能会耗费管理者太多的时间，因此他们拒绝使用这些系统；另一方面那些接受考评的人也可能会因为公平性而拒绝接受这种管理系统。可接受性受到员工们在多大程度上认为绩效管理系统是公平的这样一种情况的影响。能够被人们所感知的公平有以下三种类型，即程序公平、人际公平和结果公平，其含义和对于绩效管理系统的重要性如表 7.7 所示。

表 7.7　绩效管理系统中的公平

公平的类型	对绩效管理系统的重要性	含义
程序公平	开发	给予管理者和员工参与绩效管理系统设计过程的机会；在对不同员工进行考评时采取一致性的标准
人际公平	利用	使考评者误差和偏见减少到最低程度；及时全面的反馈；允许员工对绩效考评的结果提出质疑；在尊重和友好的氛围中提供考评结果反馈
结果公平	结果	就绩效考评及其标准问题与员工交换意见；告诉他们公司对于他们的期望；就报酬问题与员工们交换意见，告诉他们公司对于他们的期望

4. 企业绩效管理方案设计内容

为企业设计合适的绩效管理方案是管理咨询机构在企业绩效管理咨询中的主要任务之一。绩效管理方案的实施由企业负责，咨询机构辅助实施。因此能够在充分调查和诊断企业绩效管理现状和问题的基础上，为企业设计科学合理、便于执行的绩效管理方案，是决定绩效管理咨询任务成败的关键因素。咨询机构在设计企业绩效管理方案的过程中，需要关注以下内容。

(1) 绩效管理机制框架设计

咨询机构基于前期调研的成果，经过与企业沟通后，进行绩效管理机制框架设计，框架设计的内容主要有以下几个方面：

①选择绩效管理体系的设计思路和原则；

②明确绩效管理体系的结构层次及绩效考核的责任主体和角色分工；

③在设计思路和原则的指导下，通过咨询双方互动研讨，选择绩效考核具体采用的方法类型；

④设计考核的维度，即不同层次的考核、不同业务特点部门的考核分别包括的主要考核方面；

⑤根据企业实际情况，为了更有效地发挥绩效考核对各部门岗位的监督、激励和督促作用，选择合适的考核周期。

(2) 构建目标管理和计划执行体系

与企业共同分析，沟通确定绩效管理要实现的目标，指引方案设计，为方案确定总体导向，并根据项目进度和要求，确定绩效管理主要工作计划内容和时间安排。

(3) 设计绩效管理方案

确定绩效管理机制框架后，需要着手设计绩效管理方案，具体内容包括以下几个方面：

①要明确制定绩效管理体系的原则、考核的目的、考核的主体、考核的对象、考核的要素、考核的周期等。

②明确考核组织、组织管理权限、考核结果信息的传递方式、传递层次等各项内容,使员工在透明的制度下规范自我行为。

③建立绩效考核目标体系,阐述如何总体目标逐级、逐条细化成为各部门、各岗位考核基本内容(或指标)。其内容涉及目标体系层次的划分、目标建立的要求、设立目标的步骤及目标体系管理工具的设计等。

④绩效管理体系运行的检查和实施办法,包括检查周期和内容,检查程序及检查中出现问题的解决方案等。

⑤绩效评价的具体办法,包括明确各指标完成结果、相应的评判标准、评价分值(或对应的考核系数)以及针对各类评价结果将采取的奖惩措施等。

⑥整个绩效管理运作程序中所需要的表格汇总。

(4)实施指导方案设计

绩效管理方案设计完成后,还需对方案的实施做出规划和设计。实施方案应包括具体的实施时间与步骤、各项工作的分工和具体责任人、阶段性工作内容与成果、工作方式和各项预算等。

5. 企业绩效考核的常用办法

(1)主观评价法

主观评价法的基本原理是:一个员工的绩效是通过与其他员工的绩效相比较来进行评价的。即在对员工进行相互比较的基础上对员工进行排序,提供一个员工工作相对优劣的评价结果。这种方法采用的是排序而不是评分,排序的主要方法包括简单排序法、交错排序法、配对比较法和强制分布法。

①简单排序法。在实行简单排序法的情况下,评价者将员工按照工作的总体情况从最好到最差进行排序。这种方法所需要的时间成本很少,简便易行,一般适合于员工数量比较少的评价需求。在员工的数量比较多的情况下,就需要选择其他的排序方法。

②交错排序法。交错排序法是简单排序法的一个变形。在实行交错排序法的情况下,评价者在所有需要评价的员工中首先挑选出最好的员工,然后选择出最差的员工,将他们分别列为第一名和最后一名。然后在余下的员工中再选择出最好的员工作为整个序列的第二名,选择出最差的员工作为整个序列的倒数第二名。依此类推,直到将所有员工排列完毕,就可以得出对所有员工的一个完整的排序。

③配对比较法。配对比较法是评价者根据整体工作情况将每一员工与其他员工进行逐一比较,并将每一次比较中的优胜者选出。最后,根据每一员工净胜次数的多少进行排序。

④强制分布法。强制分布实际上也是将员工进行相互比较的一种员工排序方法,只不过它是对员工按照组别进行排序,而不是将员工个人进行排序,其理论依据是数理统计中的正态分布。强制分布法认为员工的业绩水平遵从正态分布,因此可以将所有员工分为优秀、良好、中等、合格和不合格五种情况。强制分布法的优点是可以克服评价过分宽容或过分严厉的现象,也可以克服所有员工不分优劣的平均主义,其缺点是容易引起员工不满。

(2)行为评价法

行为评价法是一种依据员工行为事实来界定绩效考核的方法,其主要内容是首先利用各种技术对与工作有关的行为加以界定,然后要求考核者对雇员在多大程度上显示出了这些行为做出评价,根据行为出现的频率或程度等来评价员工绩效。行为评价法有三种典型的方法，即关键事件法、行为观察量表法、行为锚定等级评价法。

①关键事件法。关键事件法就是通过观察，记录下有关工作成败的"关键"性事实，依此对员工进行考核评价。该方法在实施中，考核者将员工在工作中表现出来的代表有绩效和无绩效的行为和具体事例记录下来，形成一份书面报告，考核者在对员工的优点、缺点和潜在能力进行评论的基础上提出改进工作绩效的意见。如果评价者能够长期观察员工的工作行为，对员工的工作情况十分了解，同时也很公正和坦率，那么这种评价报告是很有效的。关键事件法为考核者向下属人员解释绩效考评结果提供了一些确切的事实证据，这一方法有助于为培训工作提供基础，也有助于绩效反馈面谈。同时它还会促进考核者在对下属员工的绩效进行考察时所依据的是员工在整个年度中的表现，而不是员工在最近一段时间内的表现。但是，由于书面报告是对不同员工的不同工作侧面进行描述，无法在员工之间、团队之间和部门之间进行工作情况的比较。关键事件工作绩效考评方法通常可作为其他绩效考评方法的一种很好的补充。

②行为观察量表法。行为观察量表法是规定一系列与工作绩效有关的行为，考核者根据员工各种行为的表现频率来评估他的工作绩效。例如，要评价某员工"是否在必要时情愿推迟下班并在周末加班工作"，按频率分为 5 个等级。5 分表示总是；4 分表示经常；3 分表示有时；2 分代表偶尔；1 分代表极少或从不。根据员工表现对其打分，然后把各项得分汇总起来就是他的评价结果。

③行为锚定等级评价法。行为锚定等级评价法实质上是把量表法和关键事件法结合起来，使其兼具两者之长。它为每一工作的各考评维度都设计出一个评分量表，并有一系列典型的行为描述句与量表上的一定等级尺度（评分标准）相对应和联系（即所谓锚定），供考评者在给被考评者实际表现评分时作为参考依据。设计行为锚定等级法的步骤有以下几步：一是确定工作所包含的活动类别或者绩效指标；二是为各种绩效指标撰写一组关键事件；三是由一组处于中间立场的管理人员为每一个评价指标选择关键事件，并确定每一个绩效等级与关键事件的对应关系；四是将每个评价指标中包含的关键事件从好到坏进行排列，建立行为锚定等级评价法体系。

（3）特征评价法

特征评价法是根据个人特征来对员工绩效进行评价的一种方法。该方法主要关注的是员工在多大程度上具有某些被认为是对组织成功非常有利的特征或特点，然后把这些特征作为"维度"，将每一个维度做成量表或确定为一定分值，然后根据这些特质来对员工进行绩效评价。特征评价法有两种典型方法，即图评价尺度法和混合标准尺度法。

①图评价尺度法。图评价尺度法通过一个员工业绩评价量表从不同的业绩维度对员工进行评价，其特点是展示一系列被认为是达到较高工作绩效所必须具备的特征，如领导力、合作性、竞争力、适应性、主动性、团队精神等，对每一个特征将其作为一个评价维度，给予相应的得分，开发出评价尺度标尺，用于员工绩效评价。对于评价的每一个维度，需将其划分为若干等级，这些等级代表不同业绩维度的优劣程度。等级划分可粗可细，根据业绩评价需要而定。通常情况下为五级，可以用文字表示：优异、良好、中等、合格、较差，或以数字（分值）1，2，3，4，5 等表示。在很多情况下，由于各个维度对业绩的作用并不相同，所以可以根据每个维度的重要性给予不同的权重，这样就可以通过加权求和的方式实现对员工业绩的评价。图评价尺度法由于操作简便，通用性强，对于很难直接定量确定工作成果的工作具有较好的适用性，因而在现实中应用十分广泛。图评价尺度法的举例如表 7.8 所示。

表 7.8　图评价尺度法举例

绩效维度	评价尺度				
	优秀	良好	中等	合格	较差
知识	5	4	3	2	1
领导能力	5	4	3	2	1
沟通能力	5	4	3	2	1
判断能力	5	4	3	2	1
管理技能	5	4	3	2	1
团队精神	5	4	3	2	1
人际关系能力	5	4	3	2	1
主动性、创造性	5	4	3	2	1
工作态度	5	4	3	2	1
发现/解决问题能力	5	4	3	2	1

②混合标准尺度法。混合标准尺度法是为了解决图评价尺度法出现的一些问题而开发的一种绩效考核方法。该方法不同于图评价尺度法之处在于“混合标准量表”在设计时首先选定相关业绩维度并进行界定，然后将每一维度分为“好”“中”“差”三个等级，对每一等级的标准需结合工作的表现进行具体描述和说明，因此这种方法比图评价尺度法准确性和可信度高。在实际评价时，可以将这些评价维度和等级的排序打乱，使评价者不易察觉各描述句是在哪一维度，或表示哪一等级，因而评价结果避免了评价者个人的主观因素。评价中，评价者将被评价者的实际表现与评价量表中定义的业绩标准的描述句逐一对照。所有项目对照评价完毕后，按照评分规则可以计算出被评价者每个评价维度的得分。混合标准尺度法不仅可以作为特征导向的绩效考核，而且可以用于行为导向的绩效考核中。

(4)结果评价法

结果评价法注重对员工的工作或某一工作群体可衡量性结果的考核。该方法假设绩效考核过程中的主观因素是可以消除的，同时，工作结果也是对员工为组织做出贡献而进行评价的最为接近的指标。结果评价法中最主要的考评方法是目标管理考评法。

目标管理法是由员工与主管共同协商制定个人目标，个人的目标依据企业的战略目标及相应部门的目标而确定，并与它们尽可能一致。该方法用可观察、可测量的工作结果作为衡量员工工作绩效的标准，以制定的目标作为员工考评的依据，从而使员工个人的努力目标与组织目标保持一致，减少管理者将精力放到与组织目标无关的工作上的可能性。

目标管理法的基本步骤是：

第一，目标确定。企业的最高管理层首先要为企业确定下一年度的战略目标。这些目标会被分解到下一级管理层，管理者们就需要明确为实现企业的这些目标，他们应当完成哪些任务。这种目标确定的过程依次延续下去，直到企业中的所有管理者都确定了为实现企业总目标的“个人”目标为止，这样就形成了整个企业的目标体系。需要指出的是上述目标设定的过程不是上级直接将目标单向的布置给下属，而是需要管理者与下属之间协商来完成。

第二，执行计划。目标确定以后，管理者和下属都应执行这个计划。大家应讨论如何实现这个计划目标,确定完成任务的必要步骤,评价和确定每一步骤的责任。

第三,发展过程检查。工作项目发展的正规监控在于判明困难的出现是否属于偶然现象,行动的矫正是否正确必要。目标管理的检查评价不是评价行为,而是评价工作绩效。如果目标确立具体、可验证,那么评价过程就简单。管理者与员工讨论是否完成了工作,以及为什么能完成或不能完成,将这些检查评价工作情况记录下来并成为正式的绩效评价。

第四,自我调节。每一个管理者都应该协调他自己的工作项目并对自己和下属的行为加以必要的矫正。

(5)关键绩效指标法(Key Performance Indicators,KPI)

KPI 法是在分析和归纳出支撑企业战略目标的关键成功因素的基础上,对企业的战略目标进行全面地层层分解,从中提炼出企业、部门和岗位的关键绩效指标。KPI 方法的实质性目的是建立一种机制,将组织战略转化为内部过程和活动,以不断增强组织的核心竞争力和持续地取得高效益,使考核体系不仅成为激励约束手段,更成为战略实施工具。通过关键绩效指标的建立可以传递市场压力,使工作聚焦、责任到位、成果明确。通过关键绩效指标的牵引使得个人目标、部门目标与组织目标之间保持一致,从而保证组织的长足发展。与其他方法相比,关键绩效指标法从繁多的绩效指标中提炼出少数关键指标来进行考评,在减少了对员工的束缚的同时还大大降低了绩效管理的成本。它不仅有利于提高绩效管理的效率,还有利于增强企业的核心竞争力。

关键绩效指标是组织宏观战略目标经过层层分解产生的可操作性的战术目标,是连接个体绩效目标与组织战略目标的桥梁,对员工的行为起到直接的指导作用。关键绩效指标是基于企业经营管理绩效的系统考核体系,适用于考核或管理被考核者绩效的可量化或可行为化的标准体系。关键绩效指标是对企业战略目标有增值作用的指标,通过在关键绩效指标上达成的承诺,员工与管理者可以就工作期望、工作表现、未来发展进行良好的沟通。

关键绩效指标法在实施过程中经常遇到的问题,就是很难确定客观的、量化的关键绩效指标。组织在具体操作时普遍感到,对于生产型或销售型的工作,比较容易设定量化的考核指标,可以较为客观地进行考核,而对于某些职位来说进行关键绩效指标的设计则比较困难。另一问题是关键绩效指标体系的指标在分解中会走样,导致考核指标及考核标准无法与组织目标相一致,或者是无法落实操作。

管理咨询机构在为企业设计 KPI 考核体系时需注意,关键绩效指标应由咨询人员、管理者和员工集体讨论,优化产生。在设计关键绩效指标时,首先要明确企业的战略目标,找出业务重点,并确定企业在这些领域的关键绩效指标(企业级 KPI)。然后,各部门的经理根据企业级 KPI 来制定本部门的 KPI,再依次确定各岗位的 KPI。关键绩效指标用于考核和管理被考核者绩效时必须是可量化的或可行为化的标准,这样才可以为员工的价值评价提供客观公正的数据,可最大限度地避免各级主管因各种人为因素而造成的价值评价偏差,保证员工对立足于关键指标而建立的价值评价系统的认同。

(6)平衡计分卡

作为企业战略规划和管理的一种有效工具,平衡计分卡的内容在本书第三章中已经有所介绍。但是需要指出的是,平衡计分卡不仅是一种战略管理系统和管理工具,同时也是一个绩效管理系统。通过平衡计分卡的具体内容可以看出,该方法实现了长期目标与短期目标之间、外部计量(股东和客户)和关键内部计量(内部流程/学习和成长)之间、所求结果和动因之间、客观性测量和主观性测量之间的平衡。

企业在应用平衡计分卡来建立绩效评价体系时，一般经过以下步骤：

①公司的愿景与战略的建立及实施。公司首先要建立愿景与战略，使每一部门可以采用一些绩效衡量指标去完成公司的愿景与战略。另外，也可以考虑建立部门级战略。同时，成立平衡计分卡小组或委员会去解释公司的愿景和战略，并建立财务、客户、内部业务流程、学习与成长四个方面的具体目标。

②绩效指标体系的设计与建立。主要任务是依据企业的战略目标，结合企业的长短期发展的需要，为四类具体的指标找出其最具有意义的绩效衡量指标。对所设计的指标要自上而下，从内部到外部进行交流，征询各方面的意见，吸收各方面、各层次的建议。这种沟通与协调完成之后，使所设计的指标体系达到平衡，从而能全面反映和代表企业的战略目标。

③加强企业内部沟通与教育。利用各种不同沟通渠道如定期或不定期的刊物、信件、公告栏、标语、会议等让各层管理人员知道公司的愿景、战略、目标与绩效衡量指标。

④确定每年、每季、每月的绩效衡量指标的具体数字，并与公司的计划和预算相结合。

⑤绩效指标体系的完善与提高。首先，应重点考察指标体系设计的是否科学，是否能真正反映本企业的实际。其次，要关注在采用平衡计分卡后，绩效评价中的不全面之处，以便补充新的测评指标，从而使平衡记分卡不断完善。

六、员工薪酬管理咨询

现代人力资源管理认为，薪酬中的“薪”是指薪水，薪金、薪资，即工资，包括奖金，偏重指货币因素。“酬”指报酬，报答、酬谢。报答是指用实际行动表示感谢；酬谢是指用金钱、礼物等表示谢意。薪酬不仅包含货币因素，还包含非货币因素。综合来看，薪酬是指员工从事某个企业所需要的劳动，而得到的以货币形式和非货币形式所表现的补偿，是企业支付给员工的劳动报酬。可见，薪酬与各种意义上的工资概念都不尽相同，它的涵盖面比工资要广得多。薪酬的货币形式即为广义的工资，工资所不包含的，是非货币形式的薪酬。

薪酬管理是指组织针对所有员工所提供的服务，确定他们应当得到的报酬总额、报酬结构和报酬形式的过程。从薪酬的内涵来看，薪酬管理的内容包括岗位评价与薪酬等级、薪酬调查、薪酬计划、薪酬结构、薪酬制度的制定与调整等。

薪酬对于企业来讲，有五个方面的功能：①保障功能，即满足员工的安全需求；②激励功能，即激励员工绩效的手段；③竞争功能，即企业实力的体现，企业在劳动力市场的薪资水平是获取人才的工具；④导向功能，即企业战略、政策、目标、领导意图通过薪酬政策表达；⑤凝聚力功能，即公平合理的薪酬可以增加员工对企业的情感依恋。

1. 薪酬的构成

在企业中，员工的薪酬一般由四个部分构成，即基本薪酬、奖励薪酬、附加薪酬和间接薪酬。

基本薪酬指企业根据员工所承担的工作或者所具备的技能而支付给他们的较为稳定的经济收入，是以员工的劳动熟练程度、工作的复杂程度、责任大小以及劳动强度为基准，按员工完成定额任务（或法定时间）的实际劳动消耗而支付的薪酬。

奖励薪酬，是根据员工超额完成任务以及优异的工作成绩而支付的薪酬，包括红利、利润分享、奖金等，奖励薪酬是基于绩效而确定的。其作用在于鼓励员工提高劳动生产效率和工作质量。

附加薪酬,又称津贴。是为了补偿和鼓励员工在恶劣工作环境下的劳动而支付的薪资。

间接薪酬又称员工福利,是为了吸引员工到企业工作或者维持企业骨干人员稳定而支付的作为基本薪酬的补充的若干项目,如失业金、养老金、午餐费、各种保险等。

2. 企业薪酬管理的目的

薪酬管理的目的是在保障员工基本生活的同时,充分激励、发挥员工的能力,为实现企业的战略目标服务。具体为:

(1)吸引和留住组织需要的优秀人才。薪酬水平不仅反映职位在组织的价值,还体现个人的价值。有竞争力的薪酬,最能吸引并且留住人才。

(2)鼓励员工高效率地工作。薪酬管理的目的不仅是让员工获得一定的经济收入,使他们能够维持并不断提高自身的生活水平,而且还要引导员工的工作行为,激发员工的工作热情,不断提高他们的工作绩效。

(3)控制薪酬管理预算。人工的费用往往占运行成本的很大比例,因此,薪酬管理的有效与否,会影响企业的产品或服务在市场上的竞争能力,进而影响获利的多少。

(4)维持薪酬在员工之间的公平。

(5)协调企业目标与员工个人发展目标。

(6)减少不必要的人员流动,创造留住优秀人才,有利于员工成长的公平的竞争环境。

3. 企业薪酬管理咨询的工作内容

企业薪酬管理咨询是指管理咨询机构受企业委托,帮助企业梳理现有分配体系,找出其中的问题,并建立新的价值分配体系的过程。企业薪酬管理咨询的基本工作程序与内容如下:

(1)企业薪酬管理诊断

薪酬诊断是企业薪酬体系设计的前提,通过专业的诊断方法,对企业薪酬问题进行系统的梳理,并进行排序,明白哪些问题是最重要的,哪些问题是多因的,哪些问题是其他问题的根源,在此基础上根据企业的经营理念和发展战略,理清薪酬战略和付薪逻辑,才能更好地构建符合公司发展战略需要和实际情况的薪酬体系。

薪酬管理诊断的目的是深入细致地了解咨询企业在薪酬管理方面面临的问题,分析问题产生的原因,并根据企业的规模大小以及所在行业、地区等因素,提出解决问题的意见和思路。为了达到这一目的,薪酬诊断中必须要做以下五方面的调查和分析:①员工薪酬满意度调查;②外部薪酬调查;③企业现行薪酬政策分析;④企业现行薪酬结构分析;⑤企业薪酬水平及竞争性分析。薪酬管理诊断方法主要有人员访谈、资料分析、问卷调查分析和外部走访等。薪酬管理诊断要形成关于企业薪酬管理现状的诊断报告和问题的解决建议,在获得企业认可的基础上,则可以开始企业薪酬体系调整或者重新设计的工作。

(2)企业薪酬方案设计

咨询机构为企业进行薪酬方案设计时,重点要做以下三方面工作:

①工作分析。如果企业将人力资源管理全案工作都交由咨询机构进行,则工作分析已经作为咨询机构整体工作的一部分。如果企业仅将薪酬模块交由咨询机构进行,则在薪酬设计阶段也需要对企业各岗位进行工作分析。因为工作分析是有关岗位信息最为基础的文件,没有工作分析,薪酬设计就没有工作基础。全面和深入地进行工作分析,可以使咨询项目组充分了解工作的具体特点和对岗位人员任职资格的要求,为下一阶段的岗位评价及

薪酬方案设计打下基础。若企业前期已经进行了工作分析，则咨询机构可以根据企业原有工作分析的情况，决定是否需要进行新的工作分析。

②岗位评价。岗位评价是在工作分析的基础上，对岗位的责任大小、工作强度、工作条件、所需资格条件等特性进行评价。岗位评价的目的是确定岗位相对价值、明确各个岗位级别、使各岗位之间具有可比性。岗位评价的结果将对各岗位薪酬水平产生重要影响。薪酬设计的公平性原则要求薪酬必须要体现出不同岗位之间的差别，以促进企业的内部公平。

③薪酬管理方案设计。薪酬管理方案设计是薪酬管理咨询的核心环节。咨询机构首先要为企业确定薪酬管理体系框架，包括薪酬政策、薪酬模式、薪酬结构等；其次是通过市场调查等方法确定岗位薪酬水平；最后进行具体薪酬管理方案设计，建立合理的薪酬分配和管理体系，包括薪酬管理制度和薪酬调整变动办法等。

（3）薪酬方案培训与宣贯实施

咨询机构在为企业设计好薪酬方案并得到企业认可后，还需要对企业相关人员进行培训和辅导实施。由于薪酬改革涉及企业员工的切身利益，影响面广、关注程度高，所以是其他管理变革所不能比拟的。实施新的薪酬管理方案，必须就新的薪酬方案进行广泛、深入地宣传，并对相关人员进行培训，要在企业的管理者和员工都能对新的薪酬方案的先进性、优越性有充分理解的基础上实施。

4.企业薪酬设计的原则

咨询机构在为企业设计薪酬管理体系的时候，必须要坚持以下几个原则。

（1）战略导向原则

战略导向原则强调企业设计薪酬时必须从企业战略的角度进行分析，制定的薪酬政策和制度必须体现企业发展战略的要求。企业设计薪酬时，必须从战略的角度分析哪些因素重要，哪些因素不重要，薪酬的分配要向战略需要的方向倾斜。

（2）公平性原则

薪酬设计要体现出外部公平和内部公平。外部公平主要体现在薪酬设计要考虑到地区、行业和其他企业薪酬情况。内部公平则包括横向公平，即企业所有员工之间的薪酬标准、尺度应该是一致的；纵向公平，即企业设计薪酬时必须考虑到历史的延续性。

（3）经济性原则

薪酬设计的经济性原则强调企业设计薪酬时必须充分考虑企业自身发展的特点和支付能力。

（4）激励性原则

企业在设计薪酬策略时要充分考虑各种因素，使薪酬的支付获得最大的激励效果。一方面，激励性原则要求企业在薪酬设计的时候要在结构上尽可能地满足员工的实际需要；另一方面，激励原则要求企业在内部各类、各级别的薪酬水平上要体现按能力、按绩效分配的原则。

（5）外部竞争性原则

外部竞争性原则强调企业在设计薪酬时必须考虑到同行业薪酬市场和竞争对手的薪酬水平，保证企业的薪酬水平在市场上具有一定的竞争力，能充分地吸引和留住企业发展所需的战略、关键性人才。

（6）稳定性与弹性相结合原则

薪酬设计的稳定性与弹性，是指在员工薪酬结构中固定比例与浮动比例之间的关系。稳定性原则是指薪酬中固定部分比例比较高，而浮动部分比较少。弹性原则是指薪酬中固定部分比例比较低，而浮动部分比例比较高。稳定性与弹性相结合的原则要求咨询机构在为企业设计薪酬结构的时候，需要根据企业的行业特点、企业内部员工的工作特点来进行权衡，在稳定性与弹性之间寻求合适的比例。

5. 企业薪酬设计常用模式

（1）以岗位为基础的薪酬模式

以岗位为基础的薪酬模式即根据岗位职责的复杂程度、责任大小、劳动强度和劳动条件等因素来确定薪酬。这种薪酬模式的理论前提是岗位的重要性是可以评价并计量的，组织的结构体系基本稳定并且所有岗位是经过合理配置的。岗位本身的价值和功能与处在这一岗位上的任职者关系不大，换言之，岗位任职者的能力的大小不影响岗位在组织结构中的地位和作用。因此这种薪酬模式它更多的是强调责任、任务而不是能力。

岗位薪酬模式首先要求进行薪酬的市场调查，并根据企业的经营情况决定总体薪酬水平；其次，要搜集岗位信息，对岗位进行分类，确定一个基本岗位；然后，对每一岗位所包含的评分要素进行打分，以评估不同类型岗位系列的重要程度；最后根据岗位所得分值对其排序、分级，并与相应的薪酬等级相对应。这种评价方式具有比较全面的信息基础和某种程度的客观性，有助于实现内部薪酬支付的公平性。

（2）以绩效为基础的薪酬模式

以绩效为基础的薪酬模式即根据组织、团队、个人的绩效来确定员工薪酬。它更多是强调工作的产出。以绩效为基础的薪酬模式将员工薪酬与业绩挂钩，公平性较强，在企业中接受和认可的程度较高。业绩可以直接反映人的能力和行为态度，同时也能实现岗位设置的真正目的。因此，这种薪酬模式可以避免以岗位定薪酬的弊端，具有更强的公平性、灵活性、激励性。但是该模式在实践中经常遇到的问题是，在企业中很多岗位的工作绩效难以直接进行明确衡量。

（3）以能力为基础的薪酬模式

以能力为基础的薪酬模式即根据员工本身所具有的知识、技能和潜力的大小来确定员工薪酬。它更多的是强调能力而不是任务。以能力为基础的薪酬模式是根据能力大小支付报酬，从理论上讲有助于员工稳定并激励员工成长。但是，由于能力往往与教育程度、工作经验相联系，导致这一模式往往过分侧重于学历、资历，有时能力评价与实际能力相差甚远，容易压抑员工的创造性和积极性。能力本身不可量化的特性使这些问题更加严重。但是由于有些工作的绩效难以直接衡量，以能力为基础的薪酬模式在实践中也有很多组织采用。

（4）以市场供求为基础的薪酬模式

以市场供求为基础的薪酬模式即根据劳动力市场的价格以及组织对人员的需求程度来确定员工薪酬。随着科学技术的迅猛发展和全球经济的一体化进程，劳动力市场的竞争逐渐加剧。随着中国人力资本市场的进一步发展，以市场供求为基础的薪酬模式也越来越受到企业的重视。企业注重根据劳动力市场的价格以及组织对人员的需求程度来确定员工薪酬，这种模式对引入组织急需的关键人才、紧缺人才非常适合。

6. 企业薪酬调查的常用方法

咨询机构在为企业设计薪酬方案的过程中，必须要对咨询企业的薪酬状况进行全面的调查。薪酬调查主要分为企业外部薪酬调查和企业内部薪酬调查。

（1）企业外部薪酬的调查

薪酬外部调查重在解决薪酬的对外竞争力问题。企业在确定薪酬水平时，需要参考劳动力市场的薪酬标准。薪酬外部调查的对象，应尽力选择与咨询企业有竞争关系的企业或同行业的类似企业，重点考虑企业员工的流失去向和招聘来源。薪酬外部调查的数据，要有调查对象上年度的薪资增长状况、不同职位和不同级别的职位薪酬数据、奖金和福利状况、长期激励措施以及未来薪酬走势分析等。常用的外部薪酬调查方式有以下几种：

①企业合作式的相互调查，即同行业企业之间以座谈会、问卷调查等方式进行联合调查，共享薪酬资料信息。

②委托专业机构进行调查，即委托专门的市场调查公司等商业机构进行调查，通过专业机构调查可以减少咨询工作的工作量，但是需要支付一定的费用。

③从公开渠道了解。调查公开的信息是指调查政府公布的信息，有关的专业协会或学术团体提供的数据、报纸、杂志、网络上的数据等。此外还可以通过本企业的应聘人员了解其原企业的薪酬状况。

（2）企业内部薪酬的调查

企业内部薪酬调查主要包括现有薪资数据收集、现有福利政策调查和员工福利需求调查三个方面。

薪酬数据收集表是获取企业薪酬数据现状的一种工具，它主要了解公司过去12个月的薪酬发放情况。因为过去12个月的薪酬数据最能反映公司薪酬数据的现状。薪酬数据收集表由任职者基本信息、薪酬数据及任职者简历三部分构成。该表单一般是由公司人力资源或财务部人员填写，在实际操作过程中，主要考虑哪个部门填写的数据是最全面的，就由哪个部门来填写。由于内部统计的缘故，有时候企业人力资源部提供的数据是最准确的，有时候财务部提供的数据是最准确的。在一些民营企业中，如果这两个部门都无法完全准确地提供所需的数据，甚至可能直接让企业的高层来填写。薪酬数据收集表的数据收集一般是采取抽样调查方法。也就是说收集数据的样本对象不一定是企业全体员工，咨询机构可以选择其中一部分人员的薪酬数据来进行分析。

薪酬福利调查表是了解企业福利现状的一个重要工具。企业福利政策调查表是提交给公司人力资源部的调查问卷，一般由公司的人力资源部经理或薪酬福利主管填写。该表收集的主要信息是公司目前福利安排的项目以及项目的具体内容。虽然通过收集的薪酬制度也可以了解该部分的信息内容，但是从经验来看，由于很多企业的管理制度还不是很完善，存在收集不全面、缺失的可能性，因此企业福利政策调查表能起到重要的补充作用。企业福利政策调查表涉及的内容不仅仅是补充福利部分，还包括基本福利。该表是管理咨询顾问所钟爱的工具，往往具有广泛的适用性。

福利需求调查表是获取公司全体员工对于福利需求的一个调查表，它主要是针对补充福利而进行的调查。一般来说，福利分为基本福利与补充福利两个部分。基本福利即法定福利，是国家强制规定的福利；而补充福利是企业为了提高人力资源管理的竞争力而额外给员工的补充福利。福利需求调查表的操作最需要的是内容设计的针对性。一般在设计之前要组织一次员工福利需求的座谈会。该座谈会要分小组进行，例如，按照性别、年龄段进行分组讨论,或按照职位类别进行分组讨论。因为不同年龄、类别的员工对于福利需求往往是不同的。在座谈会后,咨询机构对企业员工的福利需求的内容就有了大致了解,从而可以设计出专门针对企业的福利需求调查表。

7. 岗位评价常用方法

岗位评价即确定企业内部各个岗位的相对重要性。岗位评价是针对岗位的评估,所以应当着眼于岗位的职责及最低任职要求,而不是对目前在职人员状况的一个评估。目前企业薪酬设计中常用的岗位评价方法有以下几种。

(1)美世国际岗位评估法

美世国际岗位评估法原是欧洲学者为配合欧洲一体化进程而设计的岗位评价的统一标准,以保证欧洲共同体所有国家的各类企业都能运用。后来,这一岗位评估系统被美世管理咨询公司修改完善,运用于人力资源管理领域并广为流传。美世国际岗位评估法共有四个因素,即影响、沟通、创新和知识。在这四个因素里,又可细分为对企业的影响、监督、责任范围、沟通技巧、任职资格、解决问题的难度、工作特征七个要素。

(2)华信惠悦因素分析法

该方法由华信惠悦(Watson Wyatt)公司于1988年开发,是一个基于职位职责的职位评估系统,主要适应于职位评估。因素分析法的评价要素分为知识、经验、工作范围、决策责任、失误后果、内部联系、外部联系、督导职责、督导人数与研究分析。运用华信惠悦的因素分析法进行评估,就是依据对上述各个因素的等级描述,判断被评估对象各因素的得分,并根据各因素权重及因素级别的得分,计算出每个职位的总得分。

(3)翰威特岗位因素分析法

翰威特岗位因素分析法也是得到广泛采用的一种职位评估方法,它主要从以下六个要素来全面衡量每一个职位对企业价值的贡献大小。这些要素包括知识与技能、影响与责任、解决问题与制定决策、行动自由度、沟通技能、工作环境。

(4)海氏职位评价法

海氏(Hay Group)职位评价法也称海氏三要素评估法,是由世界著名的薪酬问题咨询公司——海氏集团开发出来的一套工作评价体系。它通过知识与技能(Know - How)、解决问题(Problem - Solving)以及应负责任(Accountability)三大要素来对职位的价值进行评估,并且通过较为准确的分值计算确定职位的相对价值与等级。海氏职位评价系统认为尽管职位之间存在差异,但一个职位能够存在的理由是必须承担一定的责任,即该职位的产出。而这种产出需要担任该职位的人员具备并投入一定知识和技能,通过"解决问题"的这一过程,才能获得最终的产出——"应负责任"。所以,所有职务都应包含三种主要的付酬因素,即知识与技能水平、解决问题的能力、职务所承担的责任,这就是职位之间的共性所在。

海氏职位评价系统包括三大要素和若干子要素。海氏职位评价系统为三大要素分别设计了相应的三套标尺性评价量表,三大要素中的每一子要素都可以分解为更加具体的、不同的等级水平,在进行职位评价时,不同子要素之间的等级结合就对应形成了某一要素的分值。最后将所得分值加以综合,就可算出各个工作职位的相对价值。

(5)要素计点法

要素计点法是一种定量分析岗位价值的方法,该方法在薪酬设计岗位评价中应用比较广泛。该方法通过对每个岗位确定不同的点值,并对这些点值的大小进行比较的方式来确定不同岗位的价值。其主要内容是首先要确定若干个薪酬要素,然后对每个要素分等,根据每一个要素的不同等级或水平来分配权重和点值。上述内容完成后，在对岗位价值进行评价时，则对评价岗位在每个薪酬要素上的情况与事先设定的标准进行对照，从而确定评价岗位在该要素上的点值。最后将评价岗位各个要素的点数相加，得到岗位的总点数值，然后将总点数值转化为相应的工资等级。具体步骤如下：

①确定岗位系列。由于不同部门的岗位差别较大，通常使用多种点值评估方案来对所有岗位进行评估；

②确定岗位的评价要素。比如知识、经验、职责、技能要求、监督管理、工作环境等；

③界定评价要素和划分要素等级。用通俗、清楚的文字，为每一个评定要素下定义，以确保评价者在应用这些要素时能保持一致。在界定清楚要素后，根据各要素的复杂程度决定合适的等级。每个要素等级一般不超过6个，等级数主要取决于评价者的评价需要，只要可以清楚地区分岗位的水平即可；

④确定评价要素的权重。这是非常重要的一步，不同的岗位，同样的要素一般来说其权重是不同的。各要素所占的权重，应根据企业的需要和工作的性质来灵活确定；

⑤确定各要素计分的点数以及各要素等级的点值。要素计点法中各个要素点数之和，以及各要素权重与点数分配应以易于转化为货币工资为准。将总点数与各个要素的权重相乘，则得出各个要素的点数。再将各个要素的点数平均分配到各个要素的等级上去。

⑥实施评价。根据岗位说明书，按照各薪酬要素分别对该评价岗位进行评价，再将各岗位中各要素对应的点值进行加总，就得出了该岗位的总点值，即岗位价值。

(6)因素比较法

因素比较法是一种量化的工作评价方法，是在确定典型职位（或关键岗位）和付酬因素（企业认为应当并愿意为之支付报酬的因素）的基础上，对典型职位的付酬因素进行排序并确定每个付酬因素的工资率，从而制成典型的职位排序表，即因素比较标杆，然后将拟评价各职位就付酬因素与典型职位进行比较，确定拟评价职位的工资率。因素比较法并不十分关心具体职位的岗位职责和任职资格，而是将所有的职位的内容抽象成若干个共有的要素。根据每个职位对这些要素的要求不同而得出职位价值。

因素比较法首先要选择职位之间的各项同质因素或薪酬因素，这些同质因素是指普遍存在于各项工作之中的因素，可以作为企业付酬的基础。凭借这些因素可以分辨出不同性质的工作或作为的重要性。这些付酬因素一般包括智力、技能、体力、责任、工作条件五项因素。在界定这些因素时，必须对其内涵进行定义。因素比较法实施的一般步骤如下：

①要确定各职位的各项薪酬要素；

②从全部职位中选择若干典型职位，把其作为评定其他职位的基准职位；

③把典型职位的各要素的相对值从小到大排列，并分成若干等级；

④结合薪酬调查，给各典型职位的各要素等级赋予一定的数值，在此基础上，建立一个综合的薪酬评定体系；

⑤把非典型职位按要素分项与评定体系进行比较，确定其相应的数值和工资标准，加总各要素数值和工资标准，得出各职位的相对数值。

七、员工职业生涯管理咨询

职业生涯是指一个人在一生中所从事的各种职位、工作、职业的过程或轨迹，它不仅指工作本身，也包括培训、教育以及旨在提高成功完成工作技能和准备个人未来发展的一系列开发过程。职业生涯作为个体的人一生的工作历程，它以时间为主线，以工作内容为载体，具有动态性和发展性。职业生涯可以是间断的，也可以是连续的，它包含一个人所有的工作、职业、职位的外在变更和对工作态度、体验的内在变更。员工职业生涯管理是指组织和员工个人对职业生涯进行设计、规划、执行、评估和反馈的一个综合过程。通过员工和组织的共同努力与合作，使员工的职业生涯目标与组织目标相一致。有效的职业生涯管理需要企业和员工的共同参与合作。

1. 员工职业生涯管理的主要工作

(1)协调企业目标和员工个人目标

确定员工的职业发展目标，要同时考虑员工个人职业发展需要与企业的人力资源需求，找出两者之间的交集。职业目标要在尊重员工个人意愿的基础上，尽可能地考虑企业的需求。让员工个人的发展目标与企业的人力资源战略一致起来。一般来说，可以参照企业的人力资源规划方案，确定企业需要什么样的人才。这是员工职业生涯管理的着眼点，由此而形成的员工职业生涯规划，能够支持企业的战略目标。员工的职业发展目标包括短期目标、中期目标、长期目标和人生目标。目标能否实现往往与目标的明确性有关。人生目标和职业发展长期目标虽然指出了员工努力的方向，但不够明确、具体，可操作性较差。确定员工的人生目标和职业生涯长期目标，要进一步将其分解为具体的小目标，这样才能落到实处。

(2)企业给员工设计职业发展道路并提出建议

企业的人力资源管理部门、员工的直线主管和员工本人应该成为职业生涯管理的职责承担者。企业人力资源管理部门应该从公司层面制定员工职业生涯发展的政策与制度，为员工设计不同的职业生涯发展通道。职业生涯发展通道是指组织为其成员设计的个人自我认知、成长和晋升的管理方案。职业生涯发展通道是作为组织战略目标与个人发展目标有机结合的有效途径而存在的。一方面，职业生涯发展通道的个人自我认知功能既帮助组织成员清楚地认识自己，又将个体认知信息反馈给组织，使组织掌握个体有关职业的需要；另一方面，职业生涯发展通道是组织设计的成员职业成长和晋升的途径，不同组织所确定的成员的职业成长和晋升的条件、程序和标准是有所差别的。此外，直线主管应帮助员工制定职业生涯计划，为员工进行咨询和指导，为员工职业生涯发展提出建议。对于员工职业生涯发展中所遇到的问题、所需要的条件等，应尽力给予解决。此外，员工的直线主管要经常和员工就职业生涯发展问题进行沟通，让员工知道自己职业生涯状况及应对策略。员工也应不断对自己的职业生涯发展情况进行反思和规划。

(3)职业生涯的日常管理

员工职业生涯的日常管理是指在企业整体人力资源管理规划和职业生涯管理方案的指导下，日常需要开展的各项工作。主要包括以下几个方面。

①发布企业岗位需求信息。企业应该定期将内部的职位空缺向全体员工公布，内部员工可以自由申请，通过规范的内部招聘流程和调动流程帮助员工实现自己的职业理想。

②举办职业生涯研讨会。企业人力资源部可以通过针对全体员工的职业生涯研讨会，达到宣传企业职业生涯规划政策、相关流程和制度、职业生涯管理办法、组织结构及职位信息系统的目的，同时也能提高员工对职业生涯管理的参与度，为企业职业生涯管理机制的有效运作打下良好的基础。

③了解员工的职业发展要求和想法。通过定期与员工沟通，帮助员工明确自己的职业

发展需求，促使员工树立明确的职业奋斗目标。

④帮助员工认识、评估个人特质、能力和兴趣爱好，帮助员工分析和选择最适宜的工作岗位。企业人力资源部通过开发一些实用、有效的测评工具，帮助员工正确认识自己的特质、能力和兴趣，并提供相关的职业咨询，促使员工选择最匹配的职业发展道路。

2. 员工职业生涯管理咨询的目标

职业生涯管理对于企业发展具有十分重要的意义，因此越来越多的企业开始对员工的职业生涯管理工作逐渐重视。职业生涯管理咨询是指企业将自身整体的员工职业生涯规划和设计工作委托给咨询机构，由咨询机构与企业一起规划和设计员工职业生涯管理方案和实施办法的过程。因此，职业生涯管理咨询的基本目标就是帮助企业建立适合其具体情况、满足其实际需求的职业生涯管理体系和相关制度，实现企业提升雇员工作能力和忠诚度、有效保留优秀雇员的目标，为企业战略目标配置充足的人才储备提供制度保障。

3. 员工职业生涯管理咨询的程序与内容

(1)明确企业进行职业生涯管理咨询的目的和具体目标

咨询人员通过对企业高层领导、人力资源部主管和部分直线经理的访谈，了解企业面临的问题、咨询目的、具体的咨询目标，为下一步的管理诊断指明方向。

(2)诊断企业的职业生涯管理问题

诊断的任务是准确理解企业面临的问题，分析产生这些问题的原因，并且为找到解决问题的方法收集必要的信息。在职业生涯诊断过程中，应重点分析和了解企业当前的职业生涯管理现状。需了解的内容包括员工信息、组织机构图、岗位说明书、职位空缺、各岗位任职资格标准、职位晋升制度、职位调动制度、员工培训及技能发展体系、员工离职率、离职原因、职位晋升现状等内容。建立切实可行的职业生涯发展通道的前提条件是企业必须有健全的职位变动制度，尤其是科学合理的晋级制度。收集信息的方法主要包括与内部人员访谈、内部资料分析以及职业生涯规划问卷等。咨询机构在诊断阶段需要与企业就项目成果达成一致，并且就前期发现的问题与企业进行沟通，提出初步的解决思路和建议。

(3)为企业设计多重职业发展通道

咨询机构应帮助企业建立不同类别员工的多重职业发展通道。对企业员工进行分类，为不同类型的员工建立不同的职业发展通道。本阶段需根据企业所属行业特点，建立符合行业特点及企业个性的多重职业发展通道，并使通道得到企业及雇员的认同。

(4)确定企业各职级任职资格标准

咨询机构应帮助企业建立员工各岗位任职资格体系。通过明确描述每一职业通道的不同职位等级的任职资格标准，使员工清晰地知道自己目标岗位所需的知识、技能和经验。职位等级任职资格标准是在岗位说明书及胜任力素质模型的基础上，针对不同职位通道的不同职位等级确定的。

(5)建立企业的员工素质评价机制

咨询机构应帮助企业建立员工素质评价机制。该机制能够帮助员工明确自己的职业兴趣、性格特点、能力与特长等，帮助员工分析他们职业发展期望的合理性与可实现性，为员工正确选择自己的职业发展道路提供支持。

(6)建立企业员工职业生涯管理系统

咨询机构应帮助企业整合、完善与员工职业生涯管理相关的人力资源管理制度和措施，建立员工职业生涯管理系统。员工职业生涯管理系统需要绩效评价系统、培训制度、员工调动制度、员工晋升制度、岗位信息发布制度、内部招聘制度等制度以及员工职业发展研讨、咨询和效果评估等活动的配合,才能真正发挥效力。

4. 员工职业生涯管理咨询的常用理论与方法

咨询机构在为企业设计整个职业生涯管理方案过程中,除了要了解和掌握企业职业生涯管理方面的基本信息外,还需要掌握一定的理论与方法。这样才能更好地为企业提供咨询与服务。

(1)约翰·霍兰德"人业互择"理论

约翰·霍兰德,美国霍普金斯大学心理学教授和著名的职业指导专家。他于1959年提出了具有广泛社会影响的"人业互择"理论。他根据自己对职业性向测试的研究,即根据劳动者的心理素质和对职业的选择倾向,发现了六种基本的人格类型或性向,在此基础上将相应的职业也划分为6种类型,即实际型、研究型、艺术型、社会型、企业型(事业型)、传统型(常规型)。

"人业互择"理论的关键在于以下观点:①不同个体之间存在着本质上的个性差异;②工作具有不同的类型;③当工作环境与个人的个性类型协调一致时,会产生更高的满意度和更低的离职率,并更能有利于个人的职业生涯发展。霍兰德的职业选择理论的核心就是实现个体与职业的互相匹配与适应。组织和管理者通过收集、调查相关信息来分析员工个性特征和组织内职业特点,基于员工个性差异合理配置组织内不同的个人与职位。在员工个性差异与组织职业特征之间寻求最佳匹配的重要价值在于,能够有针对性地指导和规划员工个人的职业生涯,高效开展职业生涯管理。

(2)埃德加·施恩的"职业锚"理论

"职业锚"理论是由美国著名职业指导专家施恩在对麻省理工学院斯隆管理学院44名毕业生长达10年的职业生涯发展进行跟踪研究后提出来的。他认为,职业生涯规划与发展实际上是一个持续不断的职业探索过程,在这一探索过程中,每个人都会根据自己的天资、能力、动机、需要、态度和价值观等逐渐形成一个较为明晰的与职业有关的自我概念。随着个体对自己越来越了解,就会越来越明显地形成一个占主要地位的职业锚。所谓职业锚,就是当一个人不得不做出某些职业选择的时候,他不会放弃的那种至关重要的东西或价值观,即职业锚是人们选择和发展自己的职业时所围绕的中心。

施恩教授认为,一个人的职业锚由三部分组成,即自己认识到的自己的才干和能力(以各种作业环境中的实际成功为基础);自己认识到的自我动机和需要(以实际情景中的自我测试和自我诊断以及他人的反馈为基础);自己认识到的自己的态度和价值观(以自我与组织和工作环境的价值观之间的实际状况为基础)。施恩教授经过研究提出典型的职业锚有以下五种,即技术/职能能力型职业锚;管理能力型职业锚;安全/稳定型职业锚;创造型职业锚;自主/独立型职业锚。

具有较强的技术或功能型职业锚的人,总是倾向于选择那些能够保证自己在既定技术或功能领域不断发展的职业,往往不愿选择那些带有一般管理性质的职业。这种以技术职能能力为锚位的员工的职业发展目标是技术和技能的不断提高;具有管理能力型职业锚的个体愿意承担较高责任,具有从事管理工作的强烈动机,他们相信自己具有提升到一般管理性职位上所需要的各种能力和价值倾向,并且其最终目标倾向于追求担任较高管理职位;具备创造型职业锚的员工具有这样一种需要,即建立或创设某种完全属于自己的东西。他们以创造为自我扩充的核心,要求拥有自主权,并具有强烈的创造需求和欲望,意志坚定,敢于冒险;拥有自主或独立型职业锚的个体希望能够决定自己的命运,自主地安排个人的生活与工作方式,最大限度地摆脱来自组织的限制与约束,追求能够施展个人职业能力的工作环境;拥有安全或稳定型职业锚的个体追求长期的职业稳定和工作的保障性,他们偏好有保障的工作、体面的收入以及可靠的未来生活(如良好的退休计划和较高的退休金保证等);在行为表现上,安全或稳定型职业锚的人倾向于按照组织对他们的要求行事,对组织具有较强的依赖性。

“职业锚”理论的实际意义在于,一个人的职业选择和规划实际上就是一个持续不断的探索过程。在这一过程中,每个人都在根据自己的天资、能力、动机、需要、态度和价值观等逐渐地形成较为清晰的与职业有关的概念和思路。随着一个人的阅历和工作经验的丰富,对自己的了解就越多,在此基础上就会逐渐形成一个明确的或占主导地位的职业选择倾向。

(3)职业生涯阶段理论

职业生涯阶段理论认为员工职业生涯的发展存在不同阶段,处于同一职业生涯发展阶段的不同个体可能会存在某些共性特征,即职业生涯是具有一定规律性的。因此,组织需要深入理解这些规律,结合组织成员的特点和工作实践为成员提供比较专业的职业生涯发展咨询服务。根据学者的研究,可以将职业生涯划分为四个不同阶段,即职业探索阶段、职业建立阶段、职业中期阶段和职业后期阶段。针对不同的职业生涯发展阶段,组织应采取不同的职业生涯管理措施。

职业探索阶段是从个体参加工作时起到25岁左右,因不同个体在知识储备、成长经历、家庭环境等方面的不同,此阶段具体时间持续的长短是有所不同的。一般来说,处在职业探索阶段的个人会通过三个阶段来完成其社会化的过程,即前期社会化阶段、碰撞阶段、改变与习得阶段。

职业建立阶段是个体经过职业探索而选定自己的职业方向的阶段,大致在25岁至35岁。在这一阶段,成员个体选定职业方向后就将关注自己在组织中的成长和发展。而组织应该准确把握处于这一阶段的个体的特点和他们对培训与开发、晋升与发展的需求,帮助他们寻找到合适的职业生涯发展路线。

职业中期阶段是一个时间跨度较长且变化不定的时期,这一时期一般是从35岁到50岁。职业中期阶段是一个复杂的阶段,因为这一阶段既能实现个人的职业成功,又能引发其职业危机。为此在职业生涯中期阶段,企业应注意帮助员工解决职业高原现象,协助其处理好家庭与工作之间的关系。

职业后期阶段是职业生涯的最后阶段,从50岁左右直至退休。处在职业后期阶段的人们具有一些显著的特征:①这一阶段的人们将自己对职业发展的期望转为维持自己在组织中的地位与成就的需求;②这些人们普遍缺乏灵活性、创造力和活力,但又拥有丰富的工作经验和娴熟的职业技能;③退休会对他们产生较大冲击,同时也会对其工作表现产生较大影响。针对这些特点,组织要注重帮助即将退休的人们做好退休前的各项心理和工作方面的准备,以实现他们向退休生活的顺利过渡。

【本章主要知识点】

本章主要对人力资源管理各职能的咨询进行介绍,通过本章学习,要掌握企业人力资源管理咨询的内容与工作程序,学会各职能咨询的基本操作。

(1)人力资源是指能够推动整个经济和社会发展的具有智力劳动能力和体力劳动能力的人们的总和。人力资源具有生成过程的时代性、开发对象的能动性、使用过程的时效性、开发过程的持续性、闲置过程的消耗性、组织过程的社会性等特点。

(2)现代企业人力资源管理的职能包括人力资源战略与规划、工作分析、雇佣与招聘、培训与开发、薪酬与福利设计、绩效考核与管理、员工职业生涯设计与关系管理等方面。

(3)企业人力资源管理咨询的任务主要是分析判断客户人力资源管理中存在的问题，设计人力资源优化配置、高效运作的机制，协助客户搞好人力资源的开发教育，指导其建立健全有关人力资源管理的制度。

(4)人力资源管理咨询的意义在于可以帮助企业发现自身在人力资源管理方面存在的问题;为企业实施人力资源管理变革提供帮助;提供有效、独立、公正的人力资源管理解决方案;系统、深入地更新企业人力资源管理的理念;全面提升企业解决人力资源管理问题的综合能力。

(5)对企业人力资源管理体系的诊断主要是对企业内部的人力资源管理机制和系统，包括组织结构、职位体系、能力管理体系、绩效管理体系、薪酬管理体系、招聘选拔体系、培训管理体系、员工职业发展体系进行分析和判断。常用的诊断方法有集中访谈法、问卷调查法、客户资料研究法以及混合法等。

(6)企业人力资源规划主要包括对企业在特定时期内的人员供给和需求进行预测和根据预测的结果进行供需平衡两个方面。企业人力资源需求预测在咨询中常用两类方法:主观判断法与定量分析预测法。人力资源供给预测技术包括企业内部人力资源供给预测技术与企业外部人力资源供给预测技术。企业人力资源规划的最终目的是要实现人力资源供给和需求的平衡。

(7)工作分析是指通过观察和研究，确定企业中各种工作的内容和特点，以及担任该种工作的员工应具备的条件，并用书面文件表达出来的人力资源管理职能，工作分析应该按照周密系统的步骤来进行。

(8)工作分析中常用的信息收集方法有部门职责分解法、面(访)谈法、观察法、问卷法、工作日志法。工作分析的最终成果是编写职位说明书，职位说明书一般应包括一般资料、工作规范、工作环境、任职条件四个方面的内容。

(9)管理咨询人员作为企业的外部力量，在员工招聘咨询过程中，更多的是帮助企业制定相关的招聘方案，并根据岗位要求提供专业化的评估方案来评估应聘者。员工招聘的一般程序包括制定招聘计划、发布招聘信息、应聘人员甄选、确认录用、招聘过程评价等。

(10)员工招聘有企业内部渠道和企业外部渠道。企业内部招聘渠道主要有内部提升、工作调换、工作轮换、转岗培训、返聘或重新聘用等。企业外部招聘渠道主要刊登招聘广告、招聘会、校园招聘、就业代理机构、猎头公司、推荐和网上招聘等。

(11)管理咨询机构在培训与开发咨询中的主要任务是为企业提供符合企业实际需要的员工培训与开发工作方案。员工培训与开发的工作流程主要包括培训需求分析、制订培训计划、设计培训内容、实施培训、培训效果评估反馈。

(12)员工培训与开发的形式主要有讲授法、专题讲座法、演示法、远程学习法、案例法、讨论法、自我指导学习、工作指导法、学徒制、工作轮换、游戏培训法等多种。咨询人员在为企业设计员工的培训与开发方案时，应针对不同的培训与开发情形，选择不同的培训方式。

(13)企业绩效管理咨询的主要任务是帮助企业明确绩效管理理念，建立绩效管理方案和推进绩效管理实施。一个完整的绩效管理循环应该包括绩效计划制订、绩效辅导实施、绩效考核评价和绩效结果应用四个方面。企业绩效管理咨询的基本程序包括企业绩效管理现状调查与诊断、企业绩效管理详细方案设计、企业绩效管理方案实施指导三个方面。

（14）为企业设计合适的绩效管理方案是管理咨询机构在企业绩效管理咨询中的主要任务之一。绩效管理方案的实施由企业负责，咨询机构辅助实施。咨询机构在为企业设计绩效管理方案时应使方案与企业发展战略保持一致性，方案应具有明确性、准确性和可接受性。

（15）企业绩效考核的常用办法有主观评价法、行为评价法、特征评价法、结果评价法、关键绩效指标法（Key Performance Indicators，KPI）、平衡计分卡法等。

（16）在企业中，员工的薪酬一般由四个部分构成，即基本薪酬、奖励薪酬、附加薪酬和间接薪酬。薪酬管理的目的是在保障员工基本生活的同时，充分激励、发挥员工的能力，为实现企业的战略目标服务。

（17）企业薪酬管理咨询的基本工作程序包括薪酬管理诊断、薪酬方案设计、薪酬方案培训与宣贯实施三个方面。咨询机构在为企业设计薪酬管理体系时应坚持战略导向原则、公平性原则、经济性原则、激励性原则、外部竞争性原则、稳定性与弹性相结合原则。

（18）企业薪酬设计常用的模式有以岗位为基础、以绩效为基础、以能力为基础和以市场供求为基础的薪酬模式。咨询机构在为企业设计薪酬方案的过程中，必须要对咨询企业的薪酬状况进行全面地调查。薪酬调查主要分为企业外部薪酬调查和企业内部调查。

（19）目前企业薪酬设计中常用的岗位评价方法有美世国际岗位评估法、华信惠悦因素分析法、翰威特岗位因素分析法、海氏职位评价法、要素计点法和因素比较法。

（20）员工职业生涯管理的主要工作包括协调企业目标和员工个人目标、企业给员工设计职业发展道路并提出建议、职业生涯的日常管理三个方面。员工职业生涯管理咨询的常用理论有“人业互择”理论、“职业锚”理论、职业生涯阶段理论等。

（21）员工职业生涯管理咨询的程序与内容主要包括明确企业进行职业生涯管理咨询的目的和具体目标；诊断企业的职业生涯管理问题；为企业设计多重职业发展通道；确定企业各职级任职资格标准；建立企业的员工素质评价机制；建立企业员工职业生涯管理系统等六个方面。

【复习与思考】

1. 企业人力资源包括哪些基本职能？
2. 企业人力资源咨询对企业有何意义？
3. 企业人力资源体系诊断的角度与内容有哪些？
4. 企业人力资源供给预测的步骤有哪些？
5. 促进企业人力资源供需平衡可以采用哪些方法？
6. 工作分析的一般过程有哪些步骤？
7. 员工招聘录用的一般工作程序是什么？
8. 面试一般可以分为几个阶段？每个阶段的基本任务是什么？
9. 如何进行企业员工的培训需求分析？
10. 一个完整的绩效管理循环应该包括哪些工作？
11. 咨询机构在为企业进行绩效管理方案设计时应包含哪些内容？

12. 目标管理法的基本步骤和工作内容有哪些?
13. 咨询机构在对企业进行薪酬管理诊断时应做哪些方面的调查和分析?
14. 企业薪酬设计可以采用的薪酬模式有几种?
15. 因素比较法的基本操作步骤有哪些?
16. 员工职业生涯的日常管理包括哪些工作?
17. 员工职业生涯管理咨询工作程序与内容是什么?
18. 职业锚有哪几种类型?职业锚理论对于员工职业生涯管理有什么实际意义?

考试大纲

第一部分　课程性质与目标

一、课程性质与特点

本课程是为了使学生掌握现代管理咨询与诊断的基本原理、基本知识和基本技能而设置的一门专业课。课程从理论和实践的角度对企业管理咨询的基本概念、过程、方法等进行了较为详细的介绍。课程力求清晰明确地向学生展示企业管理咨询的内涵与作用、企业管理咨询及诊断的程序与过程、企业管理咨询常用的工具与方法、企业管理咨询的成果、企业管理咨询人员的职业要求等基本知识,并以企业战略管理咨询和人力资源管理咨询为例,介绍了具体的咨询过程与方法。本课程内容安排力求简明、实用,注重基本理论的讲解;吸收了国内外最新的研究成果,知识结构清晰,语言流畅。本课程是进一步学习现代企业管理的基础性课程。

二、课程目标与基本要求

本课程的目标是:通过课程学习,系统深入地掌握企业管理咨询与诊断的基础知识、理论和方法,在此基础上紧密结合相关学科理论的学习,能够树立综合的现代管理咨询与诊断理念,能够进行初步的咨询与实践操作,为进一步的理论学习和开展企业咨询与诊断实践活动打下坚实的专业基础。

本课程的基本要求是:了解企业管理咨询与诊断的含义和业务领域,掌握管理咨询的特点与工作原则,了解我国管理咨询业的发展情况。掌握企业管理咨询与诊断的程序与过程,能够进行企业管理咨询与诊断的组织与安排。熟悉企业管理咨询成果的特点和要求,能够科学规范地给出企业管理咨询的各类成果。了解企业管理咨询人员的角色和职业要求。熟悉企业战略管理咨询与诊断的相关知识,掌握企业战略管理咨询的程序与工作方法,能够进行初步的战略管理咨询实践操作。熟悉企业人力资源管理咨询与诊断的常用方法及其运行机制,熟悉企业人力资源管理不同模块的咨询内容,能够进行初步的企业人力资源管理咨询实践操作。

第二部分　考核内容与考核目标

第一篇　咨询理论

第一章　绪　　论

考核知识点

管理咨询的含义、管理咨询与管理诊断的区别;管理咨询的特点;管理咨询的工作原则;管理咨询的业务领域;管理咨询对企业的作用;我国管理咨询业发展的趋势。

第二章　企业管理咨询的程序与过程

考核知识点

企业管理咨询的5个阶段划分;咨询洽谈阶段具体的工作步骤和工作要点;咨询预备调查的主要任务;项目建议书的主要内容和编写要求;咨询调研分析的工作步骤;诊断报告的主要内容;咨询改善方案的质量要求;项目总结与评价的主要内容。

第三章　企业管理咨询常用工具与方法

考核知识点

访谈法、问卷调查法的实施过程与要点;资料收集法的信息来源渠道;头脑风暴法和德尔菲的实施过程与要点;PEST分析的主要内容;波特五力分析模型的主要内容;波士顿矩阵分析的内容;7S模型的主要内容;平衡计分卡的一般实施步骤。

第四章　企业管理咨询成果

考核知识点

企业管理咨询成果的含义与特点;咨询报告的写作要求;咨询报告的结构和内容;可行性研究报告的重要组成部分;市场调查报告的主要内容;商业计划书主体部分包含的内容。

第五章　企业管理咨询人员的职业要求

考核知识点

企业管理咨询人员在咨询中应扮演的角色类型;管理咨询人员的角色功能;管理咨询工作对于咨询人员的技能要求;管理咨询人员的工作原则;我国管理咨询人员资格认证的相关做法;管理咨询人员内部培养的常用方法。

第二篇　咨询实务

第六章　企业战略管理咨询

考核知识点

战略的含义与特征;企业战略的层次体系;企业战略管理的过程;战略管理咨询的含义与特点;战略管理咨询的工作程序;行业环境分析的5个方面内容;竞争者分析的一般步骤;战略要素评价矩阵法(IFE);愿景与使命的含义;企业总体战略、业务层面战略通常可供选择的方式;制定战略方案实施计划应注意的问题。

第七章　企业人力资源管理咨询

考核知识点

人力资源管理的含义;人力资源管理咨询的含义与内容;人力资源管理咨询的任务;人力资源管理咨询的作用;人力资源诊断的角度与内容;人力资源供求平衡的方法;职位说明书的结构;员工招聘的工作流程与渠道来源;员工培训与开发的工作流程;企业绩效管理方案的设计内容;企业薪酬管理咨询的工作程序与内容;绩效考核与岗位评价的常用方法;员

工职业生涯管理咨询的工作程序；员工职业生涯管理的常用理论。

第三部分　有关说明与实施要求

一、指定教材

《企业管理咨询与诊断》(第 2 版)，由杨贵彬、彭尔霞、贾立江主编，哈尔滨工程大学出版社 2021 年出版。

二、自学方法指导

1. 在开始阅读指定教材某一章之前，先翻阅大纲中有关这一章的考核知识点及对知识点的能力层次要求和考核目标，以便在阅读教材时做到心中有数，有的放矢。

2. 指定教材每一章开始的“本章学习目标”、每一章结束时的“本章主要知识点”和“复习与思考”是全书的重点内容，应该深入掌握。

3. 阅读教材时，要逐段细读，逐句推敲，集中精力，吃透每一个知识点，对基本概念必须深刻理解，对基本理论必须彻底弄清，对基本方法必须牢固掌握。

4. 在自学过程中，既要思考问题，也要做好阅读笔记，把教材中的基本概念、原理、方法等加以整理，可从中加深对问题的认知、理解和记忆，以利于突出重点，并涵盖整个内容，可以不断提高自学能力。

5. 自学考试内容覆盖较广，因此自学应考者必须全面、系统地学习，切忌猜题、押题。

参 考 文 献

[1] 全国管理咨询师考试教材编写委员会. 企业管理咨询实务与案例分析[M]. 北京:企业管理出版社,2012.

[2] 焦玉英,陈远. 管理咨询理论与实践[M]. 武汉:武汉大学出版社,2009.

[3] 顾元勋. 企业管理咨询[M]. 2 版. 北京:清华大学出版社,2014.

[4] 丁栋虹. 管理咨询[M]. 3 版. 北京:清华大学出版社,2013.

[5] 卢小宾. 咨询导论[M]. 北京:中国人民大学出版社,2012.

[6] 徐国君. 管理咨询[M]. 大连:东北财经大学出版社,2010.

[7] 刘广林. 管理咨询原理与实务[M]. 上海:立信会计出版社,2011.

[8] 刘建华. 现代企业管理咨询[M]. 沈阳:辽宁大学出版社,2008.

[9] 陈宪. 现代咨询方法与实务[M]. 北京:机械工业出版社,2012.

[10] 李靖. 咨询业在中国[M]. 北京:企业管理出版社,2001.

[11] 刘继勇. 管理咨询方法[M]. 北京:华夏出版社,2002.

[12] 余明阳. 咨询学[M]. 上海:复旦大学出版社,2005.

[13] 王成. 咨询业务的全程运作[M]. 北京:机械工业出版社,2003.

[14] 王璞. 在中国做管理咨询[M]. 北京:机械工业出版社,2003.

[15] 贝切斯. 造就卓越的咨询顾问[M]. 段盛华,译. 北京:中国标准出版社,2003.

[16] 王璞. 人力资源管理咨询实务[M]. 北京:机械工业出版社,2003.

[17] 方少华. 人力资源管理咨询[M]. 北京:机械工业出版社,2006.

[18] 王璞. 战略管理咨询实务[M]. 北京:机械工业出版社,2003.

[19] 丁文京. 如何撰写商业计划书[M]. 北京:中国经济出版社,2001.

[20] 王舒. 新编商业计划书写作一本通[M]. 北京:中国致公出版社,2007.

[21] 颜爱民,方勤敏. 人力资源管理[M]. 2 版. 北京:北京大学出版社,2011.

[22] 西尔伯曼. 咨询师的工具箱:45 种高效的实用咨询工具[M]. 高变华,译. 北京:机械工业出版社,2002.

[23] 葛秋萍. 现代人力资源管理与开发[M]. 北京:北京大学出版社,2012.

[24] 李燕萍,李锡元. 人力资源管理[M]. 2 版. 武汉:武汉大学出版社,2012.

[25] 吴宝华. 人力资源管理实用教程[M]. 2 版. 北京:北京大学出版社,2012.

[26] 葛玉辉. 员工培训与开发实务[M]. 北京:清华大学出版社,2011.

[27] 于桂兰,苗宏慧. 人力资源管理[M]. 北京:北京交通大学出版社,2009.

[28] 张卫星. 人力资源管理[M]. 北京:北京工业大学出版社,2009.

[29] 葛玉辉. 人力资源管理[M]. 北京:清华大学出版社,2006.

[30] 殷智红,李英爽,平宇伟. 人力资源管理[M]. 北京:北京邮电大学出版社,2008.

[31] 石磊. 技术性人力资源管理系统设计及实务操作[M]. 2 版. 成都:西南财经大学出版社,2012.

[32] 杨顺勇,王学敏. 人力资源管理[M]. 3 版. 上海:复旦大学出版社,2008.

[33] 秦杨勇. 跟老 HR 学薪酬设计[M]. 厦门:鹭江出版社,2013.
[34] 李志畴. 薪酬体系设计与管理实务[M]. 南京:凤凰出版社,2012.
[35] 周斌. 现代薪酬管理[M]. 成都:西南财经大学出版社,2011.
[36] 萨德勒. 管理咨询优绩通鉴[M]. 北京:中国劳动社会保障出版社,2004.
[37] 温伯格. 咨询的奥秘:成功提出和获得建议的指南[M]. 李彤,关山松,译. 北京:清华大学出版社,2004.
[38] 周素萍. 企业战略管理[M]. 北京:北京交通大学出版社,2012.
[39] 高金章. 市场调查与分析[M]. 上海:立信会计出版社,2008.
[40] 刘继勇. 管理咨询方法[M]. 北京:华夏出版社,2003.
[41] 谢弗,燕清. 高绩效咨询[M]. 北京:中国劳动社会保障出版社,2004.
[42] 胡晓明. 美国管理咨询顾问的培养及其启示[J]. 情报探索,2014(8):46-50.
[43] 肖志雄. 中国管理咨询业发展的进程与问题分析[J]. 商业经济,2013(18):5-7,9.
[44] 刘文超,李杰侠. 影响管理咨询服务成功的因素分析与验证[J]. 沈阳师范大学学报(社会科学版),2013,37(4):28-31.
[45] 中国企业联合会管理咨询委员会. 我国管理咨询业发展中存在的问题与差距[J]. 企业管理,2012(12):34-37.
[46] 李峰. 中国管理咨询行业发展面临的问题及对策分析[J]. 经济研究导刊,2012(34):220-221.
[47] 强志源. 现代西方管理咨询业的发展及其启示[J]. 南开经济研究,2000(4):24-28.
[48] 牛全保. 五种咨询角色模式比较与咨询角色定位[J]. 技术经济与管理研究,2003(4):39-40.
[49] 杜馥君. 我国管理咨询业的发展分析[J]. 山西财经大学学报,2011(52):27.
[50] 汪虹,卓俏青. 管理咨询顾问的角色分析[J]. 企业研究,2002(5):13-15.
[51] 王爱珍. 英国国家职业资格证书制度(NVQ)[J]. 职业技术教育,2000(21):28-31.
[52] 韩颂. 我国管理咨询业发展现状及对策研究[J]. 长春理工大学学报(社会科学版),2011,24(10):60-61.
[53] 赵立营,刘进. 论管理咨询顾问的素质要求[J]. 商场现代化,2007(62):57-58.
[54] 丁金华. 我国咨询业与国外咨询业的比较研究[J]. 情报科学,2003(8):819-821.
[55] 叶莎莎. 我国咨询业的现状分析与发展对策研究[J]. 现代情报,2011(10):85-90.
[56] 朱丹. 我国管理咨询业发展的若干问题及对策[J]. 图书馆学研究,2005,4(30):99-100.